Teologia
e Literatura

Dados Internacionais de Catalogação na Publicação (CIP)
(Câmara Brasileira do Livro, SP, Brasil)

Bingemer, Maria Clara
Teologia e literatura : afinidades e segredos compartilhados / Maria Clara Bingemer. – Petrópolis, RJ : Vozes ; Rio de Janeiro : Editora PUC, 2015.

Bibliografia
ISBN 978-85-326-5155-6

1. Religião e literatura 2. Teologia na literatura I. Título.

15-09174 CDD-210.14

Índices para catálogo sistemático:
1. Teologia e literatura   210.14

Maria Clara Bingemer

Teologia e Literatura

Afinidades e segredos compartilhados

Petrópolis

© 2015, Editora Vozes Ltda.
Rua Frei Luís, 100
25689-900 Petrópolis, RJ
www.vozes.com.br
Brasil

Todos os direitos reservados. Nenhuma parte desta obra poderá ser reproduzida ou transmitida por qualquer forma e/ou quaisquer meios (eletrônico ou mecânico, incluindo fotocópia e gravação) ou arquivada em qualquer sistema ou banco de dados sem permissão escrita da editora.

Diretor editorial
Frei Antônio Moser

Editores
Aline dos Santos Carneiro
José Maria da Silva
Lídio Peretti
Marilac Loraine Oleniki

Secretário executivo
João Batista Kreuch

Revisão de originais: Nina Lua de Freitas Ferreira
Editoração: Fernando Sergio Olivetti da Rocha
Diagramação: Sandra Bretz
Capa: Omar Santos

ISBN 978-85-326-5155-6 (Vozes)
ISBN 978-85-8006-177-2 (PUC-Rio)

Editado conforme o novo acordo ortográfico.

Este livro foi composto e impresso pela Editora Vozes Ltda.

PUC
RIO

Reitor
Pe. Josafá Carlos de Siqueira, S.J.

Vice-reitor
Pe. Francisco Ivern Simó, S.J.

Vice-reitor para Assuntos Acadêmicos
Prof. José Ricardo Bergmann

Vice-reitor para Assuntos Administrativos
Prof. Luiz Carlos Scavarda do Carmo

Vice-reitor para Assuntos Comunitários
Prof. Augusto Luiz Duarte Lopes Sampaio

Vice-reitor para Assuntos de Desenvolvimento
Prof. Sergio Bruni

Decanos
Prof. Paulo Fernando Carneiro de Andrade (CTCH)
Prof. Luiz Roberto A. Cunha (CCS)
Prof. Luiz Alencar da Silva Mello (CTC)
Prof. Hilton Augusto Koch (CCBM)

Editora PUC-Rio
Rua Marquês de S. Vicente, 225
Projeto Comunicar – Casa Editora / Agência Gávea
22451-900 Rio de Janeiro, RJ
Tel.: (21) 3527-1838/1760
edpucrio@puc-rio.br
www.puc-rio.br/editorapucrio

Conselho editorial
Augusto Sampaio, Cesar Romero Jacob, Fernando Sá, José Ricardo Bergmann, Luiz Alencar Reis da Silva Mello, Luiz Roberto A. Cunha, Miguel Pereira, Paulo Fernando Carneiro de Andrade, Sergio Bruni.

Sumário

Prefácio, 7
Alex Villas Boas Mariano

Breve nota sobre os textos, 11

Literatura, inspiração e fé (intercorrências do espírito na palavra humano), 13

Parte I – Literatura brasileira, 23

Deus: experiência originante e originada (o texto materno-teologal de Adélia Prado), 25

Iniciação e paixão (a tensão dialética entre Eros e ágape em dois romances de Clarice Lispector), 71

As escrituras de João (reflexões sobre o bem e o mal em *Grande sertão: veredas*), 111

Notas da Parte 1, 136

Parte II – Literatura de outras latitudes, 145

Albert Camus: um ateu com espírito, 147

Georges Bernanos e François Mauriac (a experiência mística entre a teodiceia e a santidade), 176

Simone Weil e os Irmãos Grimm (elementos para uma soteriologia nas asas do mistério de um conto), 204

A liberdade do Espírito em duas escritoras místicas contemporâneas: Etty Hillesum e Adélia Prado, 230

Notas da Parte II, 270

Posfácio, 281

Referências, 287

Prefácio

Alex Villas Boas Mariano

Em determinada ocasião fiz menção ao trabalho de investigação em teologia e literatura da autora da seguinte maneira: "Maria Clara Bingemer, através da literatura, acentua a relação de alteridade e transcendência do existir como componente antropológico inerente à identidade da mística cristã, em que o Deus da revelação cristã se revela a partir dessa proximidade e similitude com o profundamente humano, mostrando a sua diferença como "epifania maior sobre o sentido da vida", na qual a fé em Deus é também fé no humano" (*Teologia e Poesia*, 2011: 45).

Salvo melhor juízo, parece-nos que sua presente obra foi se amalgamando, tal qual uma bricolagem poética, tanto quanto o exercício contemplativo do *mirandum* comum entre poetas e teólogos(as) foi desvelando um excesso de sentido em meio ao aparente absurdo do existir. Se o olhar da fé tem algo de poético, pois supõe um encanto no que contempla, a poesia, em sentido *latu*, tem algo de fé, de um insistir em encontrar um sentido na realidade humana.

Assim, com sua sensibilidade feminina e latino-americana extrai da poesia de Adélia Prado e dos romances de Clarice

Lispector uma racionalidade teológica *logopática* em que não se contenta com a clareza dos argumentos, mas em seduzir o leitor a atingir seu interior de modo a não poder fingir que não se trata de algo a ver com ele. Você que se atreveu a ler, agora aceite ser lido pela poesia. O trabalho da teopoeta é levantar questões para o leitor mergulhar no mundo da literatura, inquietado pela questão de um Mistério de Sentido em meio ao desafio da vida. Mistério de profunda transcendência, mas também de radical imanência, tal qual a experiência da paixão, atentamente esculpida pela pena da autora.

Não de menor fôlego é o convite a revisitar "drama de amor e ódio, de salvação e perdição que constitui a saga do jagunço Riobaldo, seu desejo de amar, seus encontros e desencontros, mormente a relação com Diadorim, que constituirá – a nosso ver – sua epifania maior sobre o sentido da vida". Nessa abordagem narrativa, propõe uma releitura da questão da teodiceia a partir da obra de João Guimarães Rosa, *Grande sertão: veredas*.

Na segunda parte, ao deslocar sua atenção para as latitudes do norte, dá novas cores aos problemas que fatidicamente se impõem à existência, guiada pela pena de Camus ao âmago da existência que ousa enfrentar o absurdo, para dali emergir as questões teológicas, permeadas de questões existenciais, tema privilegiado pela autora, ou seja, de pensar a fé a partir da existência cristã, ou seja, no concreto da vida. Do mesmo modo, irá adentrar ao universo de Bernanos, Mauriac, Simone Weil e os Irmãos Grimm, em que mística e literatura confluem no terreno da vida, e de modo especial da vida marcada por essa mudança de época.

Por fim, Bingemer une os dois hemisférios ao aproximar a mística apaixonada de Adélia Prado com a igualmente apaixonada Etty Hillesum, mostrando em seu voo panorâmico as diferenças, mas também as proximidades do antigo e do novo continente, ambos morada do ser humano, chamado a habitar poeticamente o mundo.

Como leitor que acompanhou a produção destes mesmos textos em momentos distintos de seu labor, com temáticas e autores diversos, parece-nos que, ao reagrupar os textos, e se lhes dar nova tessitura em forma de livro, alguns pontos ficam mais evidentes em sua teopoética, a saber que mística, literatura, paixão, amor, angústia, sofrimento, esperança... indicam uma teologia que parte da vida, não sem o conhecimento da tradição teológica e mistagógica, de modo que, por vezes, salvaguardadas as devidas proporções, parece-nos que a Modernidade se encontra tão a fim das inquietações da Tradição, e esta tão moderna. Quiçá seja o paradoxo a linguagem por excelência para falar do Mistério que marca o tempo com seus instantes de eternidade, não raro melhor captado pelo poeta, que nesse instante se descobre como teólogo(a), *poeta theologus*. Eis o convite de Bingemer: Em toda poesia há algo de teologia e em toda autêntica teologia há algo de poesia.

Breve nota sobre os textos

A maioria dos textos aqui não são inéditos, mas foram publicados em periódicos ou como capítulos de livros. Indico aqui estas publicações: "Teologia e literatura (afinidades e segredos compartilhados)" (In: *Vida Pastoral*, vol. 55, 2014, p. 3-8). Este texto aqui recebe o título de "Literatura, inspiração e fé (intercorrências do espírito na palavra humana)".

"Deus: experiência originante e originada (o texto materno-teologal de Adélia Prado)" (In: DE MORI, G.; SANTOS, L. & CALDAS, C. (orgs.). *Aragem do sagrado* – Deus na literatura brasileira contemporânea. São Paulo: Loyola, 2011, p. 235-268).

"Iniciação e paixão (a tensão dialética entre Eros e ágape em dois romances de Clarice Lispector)" (In: *Teoliteraria* – Revista Brasileira de Literaturas e Teologias, vol. 2, 2012, p. 144-178).

"As escrituras de João (reflexões sobre o bem e o mal em *Grande sertão: veredas*)" (In: YUNES, E.L. & BINGEMER, M.C. (orgs.). *Bem e mal em Guimarães Rosa*. Rio de Janeiro: PUC-Rio/Uapê, 2009, p. 109-126).

"Georges Bernanos e François Mauriac (a experiência mística entre a teodiceia e a santidade)" (In: CABRAL, J.S. &

BINGEMER, M.C. (orgs.). *Finitude e mistério* – Mística e literatura moderna. Rio de Janeiro: PUC-Rio/Mauad, 2014, p. 171-192).

O texto "A liberdade do Espírito em duas escritoras místicas contemporâneas: Etty Hillesum e Adélia Prado" havia sido até então publicado somente em espanhol, sendo inédito em língua portuguesa. A referência do ensaio publicado em Buenos Aires é: "La libertad del Espíritu en dos místicas contemporáneas: Etty Hillesum y Adelia Prado" (In: AVENATTI DE PALUMBO, C. (org.). *La libertad del Espíritu* – Tres figuras en diálogo interdisciplinario: Teresa de Avila, Paul Ricoeur y Hans Urs von Balthasar. Buenos Aires: Agape, 2014, p. 117-147). O leitor atento perceberá que os dois textos aqui publicados sobre Adélia Prado possuem algumas partes em comum.

O texto sobre Simone Weil e o conto de Grimm dos seis cisnes foi publicado, em primeira versão, na Revista *Teoliteraria*. Aqui se encontra ampliado e retrabalhado ("Os seis cisnes e a menina – Algumas reflexões sobre a salvação em Simone Weil. *Teoliteraria* – Revista Brasileira de Literaturas e Teologias, vol. 1, 2011, p. 97-123).

O texto "Albert Camus: um ateu com espírito" é inédito. Foi publicada uma primeira versão de uma página no *Jornal do Brasil* on-line, mas todo o desenvolvimento que aqui se apresenta é inédito.

Literatura, inspiração e fé
(intercorrências do espírito na palavra humano)

Parábola
É muito difícil esconder o amor
A poesia sopra onde quer
O poeta no meio da revolução
Para, aponta uma mulher branca
E diz alguma coisa sobre o Grande enigma
Os sábios sonham
Que estão mudando Deus de lugar
(Murilo Mendes).

O vento sopra onde quer e não sabes de onde vem nem para
onde vai. Assim é todo aquele que nasceu do Espírito
(Jo 3,3).

Atrevo-me a escrever este texto sobre teologia e literatura com tremor e temor. Mas com amor. Conhecedora razoável e amante ardente de literatura e poesia, crente com firmeza de que a espiritualidade e a teologia têm parentesco próximo com o espírito que inspira os poetas e os escritores, começo tentando situar os termos.

Literatura: O que é a literatura e qual é a melhor maneira de defini-la? A resposta não é óbvia, em absoluto, porquanto o termo pode ser usado em muitos sentidos diferentes. Pode significar qualquer coisa escrita em verso ou em prosa. Pode significar unicamente aquelas obras que se revestem de certo mérito. Ou pode referir-se a mera verborragia: "tudo o mais é literatura". Para os nossos propósitos, será preferível começar por defini-la de um modo tão amplo e neutro quanto possível, simplesmente, como uma arte verbal; isto é, a literatura pertence, tradicionalmente, ao domínio das artes, em contraste com as ciências ou o conhecimento prático. Seu meio de expressão é a palavra, em contraste com os sinais visuais da pintura e da escultura ou os sons musicais.

Poesia vem do grego *poíesis*, que significa "ação de fazer algo". Poesia, portanto, é práxis, apesar de ser a mais gratuita das práxis. Entre as suas inúmeras definições, o *Aurélio* e o *Houaiss* nos fornecem uma que interessa de perto a nossa temática: entusiasmo criador, inspiração.

Espiritualidade vem de espírito, definido como a parte incorpórea, inteligente ou sensível do ser humano; o pensamento; a mente. *Espiritual* seria então o incorpóreo, o imaterial, sintonizado com o mistério, o místico, o sobrenatural.

Teologia, por sua vez, vem do grego *theología*, "ciência dos deuses". Pode ser o estudo das questões referentes ao conhecimento da divindade, de seus atributos e relações com o mundo e com os homens, e à verdade religiosa. Em segundo lugar, pode significar igualmente o estudo racional dos textos sagrados, dos dogmas e das tradições do cristianismo. Pode ser ainda um tratado ou compêndio sobre as verdades da fé; ou o conjunto de conhecimentos relativos aos dogmas de fé, ou que têm implicações com o pensar teológico, ministrados em cursos ou nas respectivas faculdades. A teologia é linguagem segunda, posterior a duas outras: a da revelação e a da fé. Sistematiza duas palavras a ela anteriores: a que Deus mesmo falou, rompendo seu silêncio eterno, e a que o ser humano fala, respondendo à Palavra de Deus, pronunciada no meio da história, rompendo o silêncio do tempo e do espaço.

Teologia e espiritualidade: separação e união

A separação entre teologia e espiritualidade tem sua origem no divórcio ocorrido a partir do século XVI, de consequências nefastas, tanto para a espiritualidade, que se viu reduzida em consistência e vigor, como para a teologia, que perdeu em movimento, beleza e flexibilidade, tornando-se uma teologia doutrinal puramente explicativa e dedutiva (SOBRINO, 1985a: 60). Uma teologia, enfim, que poderia pensar e falar sistematicamente sobre Deus, mas que talvez, pelo menos em muitos casos, não deixava que Deus mesmo falasse.

O momento atual redescobre para dentro da reflexão teológica o direito de cidadania da espiritualidade cristã, que não é simplesmente vulgarização teológica, mas fonte rica e consistente de ensinamento novo e irrepetível, sopro do Espírito na história, que permite à teologia de hoje dizer novas palavras (VON BALTHASAR, 1974: 142).

Graças a isso, a teologia pode dialogar com a literatura e a poesia e descobrir com ambas uma irmandade ancestral. Pois, graças à espiritualidade, ambas decorrem da inspiração.

Afinidades interdisciplinares entre teologia e literatura

Acreditamos que há uma afinidade constitutiva entre teologia e literatura. Por isso, passamos em seguida a levantar alguns elementos que a nosso ver podem construir ligação e afinidade entre teologia e literatura.

1) *A inspiração*: na origem tanto da literatura quanto da teologia está o fenômeno da inspiração. A respeito da *inspiração*, a fisiologia e a Bíblia nos dizem que tem a ver com o ar em nossos pulmões. Esse ar, sem o qual não se vive, diz a Bíblia que é como o próprio Espírito de Deus, que leva e traz a vida, sem se saber de onde vem nem para onde vai (Jo 3,1ss.). Sob a força da inspiração, os profetas disseram com boca humana as palavras divinas, os hagiógrafos escreveram o que Deus desejava que escrevessem. É o mesmo Espírito que enche de inspiração o poeta para que passeie pelas vias da beleza e diga o que vê e o que sente em versos e palavras. Inspirada igualmente é a profecia do profeta, sendo que o Espírito que o possui e por vezes o derruba é o mesmo que simultaneamente o exalta e enche de entusiasmo. Inspirada, por sua vez, é a poesia do poeta, que seduz e arrebata.

2) *A palavra*: quando dizemos que o meio de expressão literário é a palavra, ultrapassamos o significado etimológico de literatura, que deriva do latim *littera* – "letra" –, e parece referir-se, portanto, de modo primordial, à palavra escrita ou impressa. Contudo, muitas civilizações, desde a grega antiga até a escandinava, a francesa e a inglesa, pro-

duziram importantes tradições orais. Inclusive, extensos poemas narrativos – como a *Ilíada* e a *Odisseia*, de Homero, as sagas islandesas e o *Beowulf* anglo-saxônico – foram, presumivelmente, cantados ou entoados por rapsodos e bardos profissionais, séculos antes de terem sido passados a escrito. Para que possa abranger essas e outras obras verbais, é útil considerar a literatura uma arte verbal, *lato sensu*, deixando em aberto a questão sobre se as palavras são escritas ou faladas.

Por sua vez, a teologia encontra seu nascedouro e sua base na palavra. Palavra que se crê pronunciada por Deus e ouvida pelo ser humano na história, levando este mesmo ser humano, segundo o teólogo alemão Karl Rahner, a ser definido como um ouvinte da palavra (RAHNER, 1989: 37-59). E é igualmente a palavra escrita pelos hagiógrafos ou escritores sacros que recolhem aquelas tradições orais que permanecem por muito tempo sustentando a identidade do povo de Deus e finalmente as registram por escrito. Palavra declarada canônica pela Igreja, que seleciona daquilo que foi escrito o que autenticamente pode encontrar sua fonte na inspiração divina e na inerrância concedida como graça ao ser humano e a declara normativa para tudo e por nada normatizada.

Muito especialmente a teologia das três religiões monoteístas – não em vão ou à toa chamadas "Religiões do Livro" – não é pensável ou inteligível sem essa Escritura que no judaísmo é o sinal concreto e sensível da presença de Deus no meio do povo, no Alcorão é o próprio Verbo feito livro e no cristianismo é o texto sagrado que narra a história das amorosas relações de Deus com esse povo.

A arte de narrar e imitar a vida

A literatura é sempre mais definida hoje como arte verbal. Em que sentido específico a literatura é uma arte? Talvez a maneira mais antiga e mais venerável de se descrever a literatura como arte seja considerá-la uma forma de *imitação*. Isto define a literatura em relação à vida, encarando-a como um meio de reproduzir ou recriar em palavras as experiências da vida, tal como a pintura reproduz ou recria certas figuras ou cenas da vida em contornos e cores. Poderíamos dizer que a tragédia *Édipo*, de Sófocles, "imita" ou recria as lutas íntimas de um homem soberbo e poderoso que, lentamente, foi forçado a reconhecer e render-se à terrível verdade de que era, involuntariamente, culpado de parricídio e de incestuoso casamento com a própria mãe.

Se tentarmos avaliar esta interpretação da literatura, teremos de reconhecer que ela toca em, pelo menos, dois importantes pontos. Considerada em seu valor aparente, sugere que a literatura imita ou reflete a vida; em outras palavras, a temática da literatura consiste nas múltiplas experiências dos seres humanos em suas vivências. Ninguém negaria que isso é verdade. Mas a dificuldade está em que, ao defini-la dessa maneira, não dizemos grande coisa acerca da literatura, dado que não levamos em conta o que acontece à sua temática – a que poderíamos chamar, na realidade, a sua matéria-prima – quando ela faz parte de um poema, uma peça teatral ou um romance (RICOEUR, 1996). O segundo e importante ponto sugerido pela Teoria da Imitação é que a vida está sendo imitada no sentido de ser reinterpretada e recriada. Neste caso, a ênfase principal parece recair sobre o *modo como* a vida é imitada – que tipo de simulação ou de figuração será escolhido ou que espécie de espelho será usado para refletir as experiências humanas. Esta concepção coloca-nos mais perto de um dos fatos essenciais sobre a literatura, a saber, que a matéria-prima é remodelada e até transformada na obra literária.

Por sua vez, a Bíblia, fonte da revelação e nascedouro da teologia, é tudo menos um manual de piedade. Trata-se do Livro da Vida por excelência. Paul Ricoeur nos diz algo sobre isso ao refletir sobre a nomeação de Deus (que é o objeto central da teologia) nos textos bíblicos. A nomeação de Deus sempre acontece no seio do seguinte pressuposto: nomear Deus é o que já teve lugar nos textos que o pressuposto de minha escuta tem proferido (RICOEUR, 1996). Significará isso que eu coloco os textos acima da vida? A experiência religiosa não é a primeira? O pressuposto não significa absolutamente que não exista "experiência" religiosa. Todas essas experiências são alguns dos sinônimos do que chamamos fé e, portanto, têm algo a dizer à teologia. Assim, a fé é um ato que não se deixa reduzir a nenhuma palavra, a nenhuma escritura. Esse ato representa o limite de toda hermenêutica porque ele é a origem de toda interpretação (RICOEUR, 1977: 15-54).

Portanto, o pressuposto da teologia que é reflexão sobre a experiência de fé não é que tudo é linguagem, mas que é numa linguagem que a experiência religiosa (no sentido cognitivo, prático ou emocional) se articula. Mais precisamente: o que é pressuposto é que a fé, enquanto experiência vivida, é instruída (no sentido de formada, esclarecida, educada) no interior de um conjunto de textos escritos que a pregação cristã traz de volta à palavra viva. Esse pressuposto da textualidade da fé bíblica (bíblia quer dizer livro) distingue essa fé de qualquer outra. Num certo sentido, pois, os textos precedem a vida (RICOEUR, 1996). Eu posso nomear Deus na minha fé porque os textos da Escritura já o nomearam antes de mim.

Frequentemente é afirmado que, quando a palavra viva é entregue às "marcas externas" – que são as letras, os sinais escritos –, a comunicação fica irremediavelmente amputada: perdeu-se alguma coisa que dependia da voz, do rosto, da comunidade de situação dos interlocutores. Não é falso. Pelo contrário, é tão verdadeiro que a reconversão da Escritura em palavra viva tende a recriar uma relação não idêntica, mas análoga à relação dialogal de comunicação. Mas a reconversão recria a situação precisamente para além da etapa escriturística de comunicação e com características próprias que dependem dessa situação pós-textual da pregação.

O que a apologia unilateral do diálogo desconhece – insiste Ricoeur – é a extraordinária promoção que acontece no discurso quando ele passa da palavra para a escritura. Libertando-se da presença corporal do leitor, o texto se liberta também do seu autor, quer dizer: liberta-se ao mesmo tempo da intenção que o texto parece exprimir, da psicologia do ser humano que fica por trás da obra, da compreensão que esse ou essa tem de si mesmo(a) e da sua situação, da sua relação de autor com seu primeiro público destinatário original do texto. Esta tríplice independência do texto em relação ao seu autor, ao seu contexto e ao seu primeiro destinatário explica que os textos estejam abertos a inúmeras recontextualizações pela escuta e pela leitura, como réplica à descontextualização contida em potência no ato mesmo de escrever (RICOEUR, 1996).

Um texto – dirá ainda Ricoeur – é, em primeiro lugar, um elo numa corrente interpretativa: em princípio uma experiência da vida é levada à linguagem, transforma-se em discurso; depois o discurso se diferencia em palavra e escritura, com os privilégios e vantagens que já foram ditos; a escritura, por sua vez, é restituída à palavra viva por meio dos diversos atos do discurso que reatualizam o texto. A leitura e a pregação são essas reatualizações da escritura em palavra. Um texto é, desse ponto de vista, como uma partitura musical que pode ser executada (alguns críticos, reagindo contra os excessos do "texto-em-si", chegam até a afirmar que é o "leitor-no-texto" quem completa o sentido, por exemplo, preenchendo suas lacunas, decidindo sobre suas ambiguidades ou até endireitando a sua ordem narrativa ou argumentativa) (RICOEUR, 1977).

Conclusão: teologia, literatura e antropologia

Na teologia a antropologia ocupa um lugar central, não apenas porque é feita por seres humanos e para seres humanos, mas também porque a humanidade pode iluminar e esclarecer o caminho e a compreensão da revelação de Deus. Se Deus se revela aos seres humanos, Ele o faz através do humano, e a natureza humana de Jesus, que é também reveladora do ser de Deus, é uma prova disso.

O inegável antropocentrismo da literatura – que inventa e narra histórias humanas ou de personagens outros que falam com palavras humanas – se religa, então, ao antropocentrismo da teologia.

E ambas, literatura e teologia, na arte de escrever imitando a vida para transformá-la, encontram sua fonte na inspiração que vem de mais além, cujo segredo é progressivamente desvendado pelos seres humanos que se dispõem a tratar mais intimamente com o mistério desta vida doada gratuitamente pelo Criador a suas criaturas.

Não é à toa, portanto, que a área da interface entre teologia e literatura é uma das que mais crescem na pesquisa hoje. Atraindo-se como dois polos relacionais, ambas as disciplinas fazem o ser humano mais humano e a vida mais bela e digna de ser vivida.

Parte I

Literatura brasileira

Deus: experiência originante e originada
(o texto materno-teologal de Adélia Prado)

> *Teologal*
> *Agora é definitivo*
> *Uma rosa é mais que uma rosa*
> *Não há como deserdá-la*
> *De seu destino arquetípico.*
> *Poetas que vão nascer*
> *Passarão noites em claro*
> *Rendidos à forma prima:*
> *A rosa é mística*
> *(PRADO, 1999b: 129).*

Em poucos poetas e escritores – brasileiros ou não – se pode notar uma intimidade e uma proximidade explícitas com o mistério divino como em Adélia Prado, essa mineira de Divinópolis, esposa de José e mãe de cinco filhos, professora e formada em Filosofia, catequista e católica praticante, vivente e vibradora da espiritualidade franciscana.

A poesia de Adélia é crente. Mas de uma crença que não pretende nem "consegue" ser convencionalmente litúrgica ou teológica ou catequística ou religiosa no sentido mais tradicional do termo. Pelo contrário. A fé e a crença que perpassam o discurso poético em Adélia Prado perpassam todas as correntes mais puramente humanas da vida cotidiana e ali descobrem e dizem o transcendente, presente em epifania e diafania.

Neste texto, procuraremos fazer um percurso – ainda que conscientemente muito incompleto – sobre este itinerário da presença de Deus no discurso adeliano. Tomaremos livremente textos de poesia e prosa, embora os primeiros conheçam predominância, e por algumas vezes os citemos por inteiro. Acreditamos que a obra de Adélia forma um todo e que ela não pode não fazer poesia mesmo quando faz prosa.

Inicialmente procuraremos mostrar o modo como Adélia concebe sua poesia enquanto derivada e nascida da fonte mesma de todo poema, que é a Palavra de Deus. Em seguida, veremos como a poesia adeliana, sendo exercício espiritual, está permanentemente em contato estreito e tangibilidade concreta e incessante com a corporeidade humana. O corpo é o território onde o espírito é experimentado e o sagrado experienciado. E disso é feita a poesia. E, no caso de Adélia, é seu corpo feminino, de mulher, com todas as consequências e características biológicas que isso implica, o lugar onde a epifania divina se dá. O passo seguinte será ver como em Adélia – poeta e mística – o Eros e o místico não são terrenos separados e antagônicos, mas, pelo contrário, se tocam em harmoniosa síntese. Adélia, como todos os místicos autenticamente cristãos, não tem pudor em usar expressões eróticas e sexuais para expressar sua experiência de Deus e traduzi-la em poesia. Finalmente, nos deteremos sobre a dimensão pascal da poesia adeliana. Procuraremos ver como em sua obra a síntese entre dor e alegria, entre sofrimento e gozo são uma constante. E, igualmente, como isso encontra feliz analogia com todo o mistério cristão expresso através dos tempos, na teologia, na mística, na oração, na liturgia, por ter em seu centro o mistério que se depreende da encarnação, da vida, da morte e da ressurreição de Jesus de Nazaré, Verbo de Deus encarnado, vivo, morto e ressuscitado.

O texto poético, materno-teologal de Adélia Prado é, portanto, texto revelado e aderido na fé que, feito poesia, traduz em linguagem artística e estética, literária, os mistérios escondidos e revelados desde a fundação do mundo.

Deus: Palavra antes do nome

Antes do nome

Não me importa a palavra, esta corriqueira.
Quero é o esplêndido caos de onde emerge a sintaxe,
os sítios escuros onde nasce o "de", o "aliás", o "o", o "porém" e o
"que", esta incompreensível
muleta que me apoia.
Quem entender a linguagem entende Deus
cujo Filho é Verbo. Morre quem entender.
A palavra é disfarce de uma coisa mais grave, surda-muda,
foi inventada para ser calada.

Em momentos de graça, infrequentíssimos,
se poderá apanhá-la: um peixe vivo com a mão.
Puro susto e terror
(PRADO, 1999b: 22).

Ler Adélia Prado é como adentrar-se nas origens misteriosas da experiência de Deus do povo da Bíblia que experimentou a presença do Eterno como Palavra. Palavra que desde o silêncio eterno foi livremente pronunciada no tempo e na história, penetrou os ouvidos humanos e fez cair os véus que velavam aos olhos interiores o dinamismo existencial sobrenatural que os habitava.

Nos primórdios da Revelação ao povo de Israel, os homens e as mulheres que captaram e falaram sobre essa revelação identificaram Deus como Palavra. Palavra que rompe o silêncio e fala. Mas se sabe e se declara que fala porque existe um ouvinte, homem ou mulher, que ouviu, ouve e fala daquilo que ouviu.

A linguagem humana, na medida em que toma consciência de si mesma, perceberá que fala do que lhe foi dado, fala do que ouviu, do que recebeu, do que acolheu do dom primordial, do mistério indecifrável e inefável que é fonte de tudo e de todos e está na origem sem origem que foi caos e agora é cosmos.

Se físicos e cientistas se debatem com a pergunta sobre por que existe algo em vez de nada, o poeta, pelo contrário, em sua inspiração, "sabe" o porquê, porque o apalpa em sua povoada ignorância que o faz dizer o que não diria porque não sabia, mas que sabe porque lhe é ensinado gratuita e amorosamente.

No poema "Antes do nome" está, parece-nos, uma chave primordial para começar a percorrer a trajetória de Deus na poesia adeliana. Para Adélia, Deus é mistério santo reservado e revelado. Que se entrega na mesma medida em que se esconde. Que, inapreensível pela indústria humana, pronuncia sobre o "esplêndido caos" primigênio a palavra assistida pelo sopro do Espírito, fazendo emergir as coisas que não são para que sejam.

Adélia "sabe" porque lhe foi dado saber. E este saber doado é a fonte de sua poesia, da palavra que chama com nomes menores, "corriqueira", "muleta", pois na verdade é derivada da única e fundamental substantiva Palavra divina que cria e gera vida ali onde antes só havia o nada.

A inspiração poética adeliana é, consciente e assumidamente, inspiração divina. Antes do nome, portanto, está o Nome que a tudo nomeia e que por nada nem ninguém pode ser nomeado. "Coisa grave e surda, inventada para ser calada." Nome existente no silêncio e nele eloquente como dom amoroso que se experimenta indizível e inexprimivelmente. Nome impronunciável pelos lábios humanos, mas que misericordiosamente se faz acessível à carne perecível e mortal capaz de Deus, destinada à morte e transpassada de finitude.

Nó de relações aberto ao mundo, aos outros, a Deus, o ser humano vive tensionado como arco cuja flecha mira o infinito, lutando com o peso da gravidade que o conduz ao chão, onde partilha com os outros seres criados a condição perecível e o destino mortal. Por seu ouvido aberto, no entanto, penetra continuamente a palavra divina que o constitui ouvinte da Palavra criadora[1] pronunciada antes de todo nome sobre o caos primitivo. E em suas narinas é soprado o *nefesh* divino que lhe imprime o selo que o faz à imagem e semelhança do Criador[2].

Místicos, profetas e poetas, ao longo da história da humanidade, têm expressado essa dignidade da condição humana de ser "confidente" privilegiada do misterioso e "esplêndido caos de onde emerge a sintaxe, os sítios escuros" onde nascem as preposições, os advérbios, os nomes próprios e comuns. São esses, escolhidos e apaixonados confidentes, os que padecem os silêncios da Palavra que é silêncio recolhido e imanipulável; mas são igualmente os gozosos interlocutores que "em momentos de graça infrequentíssimos podem apanhar" esta Palavra divina com a mão, como um peixe vivo, em meio a puro susto e terror.

A Revelação chega ao ser humano como graça que surpreende e convoca a liberdade. Proposta graciosa e gratuita, que pede uma resposta igualmente gratuita por ser fruto da graça que a precede. É, portanto, graça de Deus não só o fato de Ele fazer essa proposta ao ser humano, mas também o fato deste último, em sua limitação e finitude, poder ouvi-la, acolhê-la e a ela responder na fé, carente de evidências e comprovações empíricas. A poesia de Adélia Prado nos parece ser uma dessas possíveis respostas à proposta divina. Resposta inspirada e poética.

O homem e a mulher – seres históricos, sujeitos à caducidade do tempo – são referidos ao ser como mistério, ou seja, são seres sob misteriosa disposição alheia. Por isso, são pacientes mesmo quando agentes, desconhecidos mesmo para si próprios. A salvação os alcança como proposta que vem de Deus, mas que deverá ser experimentada e respondida dentro dos limites humanos: históricos, sociais, culturais. Esta experiência se dá sobretudo na escuta de uma Palavra à qual cada um e cada uma é chamado a responder na liberdade da fé (RAHNER, 1989: 37-59, 123-132).

Sendo algo tão fundamental para a compreensão do que implica ser humano, esta categoria passa a ser uma definição da própria identidade humana: "ouvinte da Palavra" (RAHNER, 1989: 114-144). Mas além de ser um ouvinte da Palavra, o ser humano é um ser criador e emissor de palavra, um ser de linguagem (VAZ, 1986: 159-189; LIBANIO, 1992: 229-248). A linguagem descobre a realidade do ser humano enquanto sinal e expressão, meio de sua condição de criatura. Faz vir à tona sua capacidade criativa. Faz com que este mesmo ser humano se descubra não apenas como ouvinte da linguagem elaborada e proferida por outro, mas também como criador de linguagem.

A fé implica, portanto, não apenas em uma escuta, mas em um discurso que será também comunicação e transmissão daquilo que se escuta e em que se crê a outros. Não em termos de um falar informativo, que descreve, consigna e comprova fatos, dados, eventos, notícias. Mas um falar performativo, que não consiste simplesmente em se referir à realidade, mas em criar e fazer acontecer a realidade (mais compatível com a *Dabar* hebraica do que com o *Logos* grego). A linguagem da fé tem o potencial de criar e transformar a realidade[3].

Sendo performativa, a linguagem da fé descobre e manifesta a realidade do ser humano na mesma medida em que a liberta. Liberta o ser humano da violência muda dos instintos, da rotina, do imediato; provoca a liberdade, abrindo-lhe espaço. O ser humano, portanto, sendo um ouvinte da Palavra, aprende e recebe esta Palavra que lhe é dada ao mesmo tempo em que, no bojo da resposta da fé, enquanto ser de linguagem, a constrói e a profere[4].

A linguagem da fé, então, descobre e revela o ser humano como ser que se deve a si mesmo, permitindo aflorarem e revelarem-se suas múltiplas conexões: origem, tradição, pertença, sociedade; possibilita-lhe fazer presentes o invisível, o ausente, o passado e o futuro, ou seja, a história e a transcendência. Permite-lhe libertar-se do presente redutor e coercitivo e descobrir-se como ser dialógico e criado para os outros, para a relação.

Quanto mais humano vai se tornando, mais o ser humano vai crescendo, consciente, no entanto, de que não é sua a primeira nem a última palavra. Percebe-se referido a uma palavra que não é sua nem de outros homens: palavra que é verdade, poder, amor e liberdade. A fé nomeia essa Palavra fundamental que constitui a vida humana como Palavra de Deus[5].

Palavra e linguagem que brotam da fé são, então, poder e impotência, reveladoras da realidade do ser humano como criatura que se pergunta ao mesmo tempo sobre o fundamento de seu ser e de sua existência e sobre a relação entre seu ser criatura e a transcendência criadora. Sendo ambígua porque humana, mas ao mesmo tempo participando da possibilidade de dizer aquilo que é maior do que ela, a palavra humana pode expressar Deus. Deus é palavra da linguagem humana, em sua grandeza e limitação. A fé que responde à palavra revelada que desvela ao mesmo tempo em que vela o mistério absoluto constitutivo do ser humano diz aquilo que ouviu e experimentou.

A fé que responde a Deus que fala e que fala de Deus no mundo, portanto, pode dizer-se e atestar-se. A palavra

Deus não é teórica, mas eficaz. Cria a realidade ao falar, introduz mudanças no tecido do real, faz o que diz, e faz fazer. Essa realidade produzida pela palavra *Deus* e pela palavra *de Deus* não só pode ser conhecida, mas também reconhecida, e não pode ficar cativa da injustiça. Porque senão se fala de Deus, mas Deus mesmo não fala e sua Palavra não se faz ouvir. Só se pode falar de Deus porque Ele falou primeiro de si próprio na história de um povo. E cremos e professamos que na plenitude dos tempos falou definitivamente pela boca, pela vida e pela prática de Jesus de Nazaré, reconhecido pela primeira comunidade como Verbo de Deus e Perfeito Ouvinte (RAHNER, 1989: 60-68).

Humana e poeta, em gozo fruído e paixão padecida, a mineira de Divinópolis Adélia Prado conhece esse mecanismo revelador. E, em meio a ele, padece e chora silêncios, mas também exulta ao colher com a mão palavras que se dão e se entregam como frutos maduros para que poesia sejam. E por isso, em seu corpo sujeito às necessidades básicas tão comezinhas e prosaicas, reconhece o Espírito de Deus, a quem chama de misericordioso e a quem pede que dela deserte para que possa descansar e que a deixe dormir (PRADO, 1999a: 40).

Porque entende a linguagem, Adélia entende a Deus, cujo Filho é Verbo. E morre porque entende, porque "morre quem entendeu" essa linguagem divina que se fez carne e habitou entre nós e fez visível e palpável o Deus que ninguém poderia ver e continuar vivo[6]. Morre a si mesma para ser mais plenamente si mesma. E da vida do Outro que lhe é injetada sob forma de inspiração vive. Para que vida haja desde si para outros, para todos, em versos que são, mas não são seus.

Como ela mesma diz, no poema "Direitos humanos":

Sei que Deus mora em mim
como sua melhor casa.

Sou sua paisagem,
sua retorta alquímica
e para sua alegria
seus dois olhos.

Mas esta letra é minha
(PRADO, 1999b: 69).

Morada de Deus se sabe Adélia e seu destino é o de todo ser humano: ser o espaço onde Deus habita à vontade como em sua casa; e o laboratório onde faz experiências como sua retorta alquímica; e os dois olhos com que vê o mundo em diafaneidade penetrada pelo Espírito de vida e santidade. E a letra humana que traduz no tempo e no espaço a Palavra pronunciada antes que tudo fosse nomeado será a "transcrição" teografada[7] dessa Palavra que era "no princípio", quando só existia "o caos esplêndido". Palavra que um dia "se fez carne e habitou entre nós". Verbo encarnado.

Corpo: território do poético

O aprendiz de ermitão
É muito difícil jejuar
Com a boca decifro o mundo, proferindo palavras,
Beijando os lábios de Jonathan que me chama Primora,
Nome de amor inventado.
Flauta com a boca se toca,
Do sopro de Deus a alma nasce,
Dor tão bonita que eu peço:
Dói mais, um pouquinho só.
Não me peça de volta o que me destes, Deus.

Meu corpo de novo é inocente,
Como a pastos sem cerca amo Jonathan,
Mesmo que me esqueça.
Ô mundo bonito!
Eu quero conhecer quem fez o mundo
Tão concertadamente descuidoso.
Os papagaios falam, Johathan respira
E tira do seu alento este som: Primora.
"Tomai e comei."
Vosso Reino é comida?
Eu sei? Não sei.
Mas tudo é corpo, até Vós,
Mensurável matéria.
O espírito busca palavras,
quem não enxerga ouve sons,
Quem é surdo vê luzes,
O peito dispara a pique de arrebentar.
Salve mistérios! Salve mundo!
Corpo de Deus, boca minha,
Espanto de escrever, arriscando minha vida:
Eu te amo, Jonathan,
Acreditando que você é Deus e
Me salvará a palavra dita por sua boca.
Me saúda assim como à Aurora Consurgens:
Vem, Primora.
Falas como um homem,
Mas o que escuto é o estrondo
Que vem do Setentrião.
Me dá coragem, Deus, para eu nascer
(PRADO, 1999a: 422).

Centrado no mistério da encarnação, o cristianismo não menospreza o corpo, mas o inclui em sua reflexão e em seu discurso e o situa em lugar proeminente ao refletir e falar sobre o mistério do divino. A experiência da transcendência no cristianismo é a experiência de um Deus encarnado. Portanto, é uma experiência que passa pela corporeidade. Fora deste dado central e indispensável não há cristianismo (BINGEMER, 2001: 117-129).

Desde sempre, para o cristianismo, não havendo encarnação, não existe igualmente a possibilidade de a transcendência assumir todas as coisas em seu interior e viver a história passo a passo, por assim dizer "na contramão" de sua eternidade. Não havendo encarnação da transcendência – mistério que a humanidade não pode alcançar por suas próprias forças, mas que a Revelação cristã atesta haver sucedido na pessoa humana de Jesus de Nazaré – não é possível haver aliança entre a carne e o Espírito. A transcendência ficaria, pois, para sempre banida das possibilidades do pensar e do falar humanos.

No entanto "o Verbo se fez carne", proclama o poema-prólogo que abre o Evangelho de João (Jo 1,1ss.). Sobre esse Verbo, Palavra transcendental e primeira, o evangelista dirá igualmente que "habitou entre nós" (v. 18), não somente no sentido histórico de Deus que se manifestou na pessoa de Jesus de Nazaré, mas também na dimensão da profundeza com que atinge a natureza humana: nosso ser é habitado pelo divino e se diviniza na mesma proporção em que se humaniza. A terceira pessoa da Trindade, o Espírito Santo, habita em nós e em nós geme e clama "*Abba*, Pai!" (Gl 4,6), e pronuncia "Senhor Jesus" (1Cor 12,13). Nada do que é humano, portanto, é estranho ao divino segundo o cristianismo, e toda nova descoberta e toda nova ênfase do pensar e do falar cristãos em termos de humanidade vêm não ameaçar sua identidade, mas, pelo contrário, alimentá-la, nutri-la, fazê-la mais verdadeira. Toda tentativa de escapar e minimizar a corporeidade e a carne é tentação que descaracteriza a fé cristã em sua dinâmica histórica e encarnatória.

Confessar que o Verbo se fez carne e o Espírito foi derramado sobre toda carne implica, pois, buscar a experiência e a união com a transcendência, que se comunica com a humanidade por meio dessa carne e dessa corporeidade, a partir da qual somente é possível experimentá-la.

A partir dessa convicção central cristã – de que o corpo humano é condição de possibilidade da encarnação e sobretudo da experiência do divino –, a poesia de Adélia Prado adquire, aos olhos da teologia, uma luminosidade toda especial. Acreditamos mesmo que aí se encontra o eixo central que rege toda a sua obra, seja em poesia ou em prosa.

Possuída pela convicção profunda de que "Deus não a fez da cintura para cima para o diabo fazer o resto" (PRADO, 2001: 199), Adélia não cessa de redimir e louvar o corpo humano, na sua busca incessante da comunhão com Deus:

> É inútil o batismo para o corpo...
> O corpo não tem desvãos,
> Só inocência e beleza
> Tanta que Deus nos imita
> E quer casar com sua Igreja
> (PRADO, 1999a: 320).

É ainda ela que nos recorda que o cristianismo é por excelência a religião da economia dos corpos, pois no batismo nosso corpo é lavado no Sangue de Cristo. Na Eucaristia, ele se nutre do Corpo de Deus. No matrimônio, "numa só carne" os corpos se fundem no amor que transubstancia o carinho em liturgia e a sexualidade em fonte prazerosa de vida (FREI BETTO, 2000).

Adélia proclama sem cessar, de uma maneira ou de outra, a identidade humana, que é ser espírito encarnado (PRADO, 2001: 22ss.). Essa tensão dolorosa e atribulada, mas não menos fecunda, é a de um espírito que deseja a comunhão com o divino metido numa carne que não é impedimento, mas mediação para essa comunhão. Carne essa que, no entanto, ao mesmo tempo relembra cruelmente os limites e os obstáculos da finitude humana, condição ineлutável para o ser que atravessa todas as páginas da obra.

A própria corporeidade (e também a alheia) está no centro de toda poesia e prosa de Adélia Prado, seja quando a autora critica acerbamente aqueles que por sua soberba ou fatuidade querem fugir da condição carnal e suas implicações (PRADO, 1979: 19), seja ao comentar sem cessar suas próprias dificuldades corpóreas, como a comida e o jejum, por exemplo (PRADO, 1979: 21-22). As dificuldades de lidar com a fome (ou mesmo com a gula) que a instigam sem cessar a fazem experimentar ao mesmo tempo a bênção que é ter um corpo, ser um corpo e poder alimentá-lo, deleitar-se no gozo que o mesmo lhe proporciona ou curvá-lo na oração (PRADO, 1979: 23). Igualmente a faz perceber sua importância até mesmo para os mais ascéticos santos, como São Francisco (PRADO, 1979: 23), e regalar-se com a imagem do Reino de Deus na Bíblia, descrito por meio da metáfora de um grande banquete (Mt 22,4ss., apud PRADO, 1979: 22) e da maneira de Jesus comunicar-se, que é dando seu corpo em alimento (PRADO, 1979: 21).

O poema "A Santa Ceia", que está em *A faca no peito*, demonstra bem a importância que tem a dimensão eucarística da fé para a concepção de Deus de Adélia, tão presente em sua poesia.

> Começou dizendo: "o amor"...
> Mas não pode concluir
> Pois alguém lhe chamava.
> "O amor..." como se me tocasse,
> Falava só para mim,
> Ainda que outras pessoas estivessem à mesa.
> "O amor..." e arrastou sua cadeira
> Pra mais perto.
> Não levantava os olhos, temerosa
> Da explicitude do meu coração.
> A sala aquecia-se
> Do meu respirar de crepitação e luzes.
> "O amor..."
> Ficou só esta palavra do inconcluído discurso,
> Alimento da fome que desejo perpétua.
> Jonathan é minha comida[8]
> (PRADO, 1999a: 420).

Buscando a via para seu estar no mundo e aí encontrar e construir seu estar com e em Deus, Adélia encontra sempre seu corpo em altos e baixos, com seu desejo ardente e sua crucificaçãozinha particular, que é boa para baixar o orgulho. Neste ponto, a autora se identifica com São Paulo, que, ao sentir-se banhado de grandes e elevadas revelações místicas, comenta:

> Já que essas revelações eram extraordinárias,
> para eu não me encher de soberba, foi-me
> dado um aguilhão na carne – um anjo de
> satanás para me espancar – a fim de que eu
> não me encha de soberba. A este respeito
> três vezes pedi ao Senhor que o afastasse de
> mim. Respondeu-me, porém: "Basta-te a
> minha graça, pois é na fraqueza que a força
> manifesta todo o seu poder". Por conseguinte,
> com todo o ânimo prefiro gloriar-me das
> minhas fraquezas, para que pouse sobre
> mim a força de Cristo. Por isto, eu me
> comprazo nas fraquezas, nos opróbrios, nas
> necessidades, nas perseguições, nas angústias
> por causa de Cristo. Pois quando sou fraco,
> então é que sou forte (2Cor 12,7-10).

E ao encontrar seu corpo humano e mortal, encontra o corpo do Senhor encarnado, vivo, morto e ressuscitado e dado eucaristicamente em alimento ao povo.

A poesia adeliana toca aí no coração da mística cristã, inseparável da corporeidade vulnerável e mortal que o próprio Jesus Cristo tomou em sua encarnação. A poeta diz o nome amado e transliterado no de Jonathan. Quem é esse estranho que a seduz e enlouquece de um amor ímpar e sem parâmetro de comparação? O livro *O pelicano*, de 1987, vai ser todo ele habitado por essa presença amorosa e apaixonada que vai atravessar de fogo e desejo a corporeidade feita poesia: Jonathan.

O sacrifício

Não tem mar, nem transtorno político,
Nem desgraça ecológica
Que me afaste de Jonathan.
Vinte invernos não bastaram
Para esmaecer sua imagem.
Manhã, noite, meio-dia,
Como um diamante,
Meu amor se perfaz, indestrutível.
Eu suspiro por ele.
Casar, ter filhos,
Foi tudo só um disfarce, recreio,
Um modo humano de me dar repouso.
Dias há em que meu desejo é vingar-me,
Proferir impropérios: maldito, maldito.
Mas é a mim que maldigo,
Pois vive dentro de mim
E talvez seja Deus fazendo pantomimas.
Quero ver Jonathan
E com o mesmo forte desejo
Quero adorar, prostrar-me,
Cantar com alta voz *Panis Angelicus*.
Desde a juventude canto.
Desde a juventude desejo e desejo
A presença que para sempre me cale.
As outras meninas bailavam,
Eu estacava querendo
E só de querer vivi.
Licor de romãs,
Sangue invisível pulsando na presença
santíssima.

Eu canto muito alto:
Jonathan é Jesus
(PRADO, 1999a: 359-360).

A epifania da transcendência se dá – em desejo doloroso e gozoso ao mesmo tempo – ao apalpar os limites da carne mortal e caduca. Nesta fraqueza é que brilham sua força e sua beleza. Neste limite se dá a presença santíssima. Nesta condição humana finita e mortal acontece a *kenosis* do Verbo que tinha a condição divina, mas a ela não se aferrou.

Adélia deseja e deseja. Deseja e experimenta a beleza da presença. E canta muito alto o reconhecimento que nomeia: Jesus transliterado em Jonathan. Jesus, o verdadeiro amor do qual os outros amores são pálidos reflexos. Jesus, que no entanto se deixa experimentar nestes outros amores e não fora deles.

A beleza da encarnação do Verbo que habitou entre nós é sentida no corpo. Beleza e corpo que têm gênero. Gênero feminino.

O corpo da "outra": sede da mística e da poética

Com licença poética
Quando nasci um anjo esbelto,
desses que tocam trombeta, anunciou:
vai carregar bandeira
Cargo muito pesado pra mulher,
esta espécie ainda envergonhada.
Aceito os subterfúgios que me cabem,
sem precisar mentir.
Não sou feia que não possa casar,
acho o Rio de Janeiro uma beleza e
ora sim, ora não, creio em parto sem dor.

Mas o que sinto escrevo. Cumpro a sina.
Inauguro linhagens, fundo reinos;
dor não é amargura.
Minha tristeza não tem pedigree
já a minha vontade de alegria,
sua raiz vai ao meu mil avô.
Vai ser coxo na vida é maldição pra homem.
Mulher é desdobrável. Eu sou
(PRADO, 1999a: 11).

Ao mesmo tempo em que se dá conta das vicissitudes de ser humana, de ser corpórea, de ser mulher, Adélia se revela alguém plenamente reconciliada com seu corpo feminino, incluídos aí seus ciclos e particularidades. Ao perceber o ciclo menstrual que chega, sente o alívio da mulher que sabe que entra no seu melhor período do mês, que a calma vai vir agora por um tempo até que o corpo dê novamente seus femininos sinais (PRADO, 2001: 33). Ri inclusive da própria ira e ardor por perceber que muito se trata de um fenômeno biológico que a medicina porá no lugar. Essas coisinhas, esse destino miúdo, caquinho de vidro na poeira (PRADO, 2001: 32), ao contrário de abatê-la e asqueá-la, vai aproximá-la mais ainda de Deus, que segundo ela é o único que, "com sua paciência e seu amor estranhíssimo, permanece alto, fiel, incorruptível e tentador como um diamante" (PRADO, 2001: 33).

A católica Adélia toca aí num delicado ponto da teologia e da vida eclesial. Escreve dentro de uma Igreja onde as mulheres ainda se situam à sombra e onde o sistema vigente é claramente patriarcal. Na verdade, a maior discriminação contra as mulheres dentro da Igreja parece dizer respeito a algo mais profundo e muito mais sério do que simplesmente a força física, a formação intelectual ou a capacidade de trabalho. A Igreja ainda é muito fortemente configurada pelo padrão secular do patriarcalismo, tão presente na tradição judaico-cristã. O patriarcalismo sublinha a superioridade do homem não apenas por um viés intelectual ou prático, mas pelo que chamaríamos um viés ontológico.

Em uma certa tradição judaica, as mulheres começam a ser oprimidas por sua própria constituição corpórea. Sua anatomia não lhes permite passar pelo rito de iniciação do judaísmo. São membros do povo eleito apenas se são capazes de conceber e dar nascimento a bebês machos, que passariam, então, pela circuncisão. Os ciclos mensais das mulheres eram considerados não puros. Mais: contagiantemente não puros, e isso as segregou de muitas esferas da vida social, pública e religiosa.

Dentro do marco desta discriminação corporal há uma associação muito forte com a mulher sendo responsável pela entrada do pecado no mundo, e pela morte como consequência do pecado.

Apesar de toda a práxis libertadora de Jesus com relação às mulheres, apesar de a primitiva Igreja haver assimilado, a um nível bem profundo, os ensinamentos de Jesus, introduzindo um ritual de iniciação não sexista, tal como o batismo, a Igreja tardia reassumiu progressivamente a discriminação contra o corpo da mulher.

As experiências místicas de muitas mulheres foram frequentemente olhadas com desconfiança e suspeita, com severa e estrita vigilância de varões encarregados de controlá-las e exorcizá-las. Muitas experiências místicas riquíssimas de mulheres verdadeiramente agraciadas por Deus com comunicações muito íntimas permaneceram ignoradas num universo onde as vias de divulgação permanecem nas mãos de uns poucos e onde casos como o de uma Teresa de Ávila são as exceções que confirmam a regra.

Ao longo da história da Igreja, a mulher foi mantida a uma prudente distância do sagrado e de tudo aquilo que o cerca, assim como da liturgia e dos objetos rituais, e da mediação direta com Deus. Tudo isso, evidentemente, requer um corpo "puro" e é grande a desconfiança sobre se a mulher realmente o tem. Apesar de todos os avanços e progressos que têm sido feitos na participação da mulher a muitos níveis da vida eclesial, ainda continua pesando sobre ela o estigma de ser a sedutora inspiradora de medo, fonte de pecado para a castidade do homem e o celibato do clero. Entre a mulher e o mistério, difícil e raramente se reconheceu e legitimou uma sintonia em termos da "alta" mística, das experiências mais profundas de Deus, restando-lhe mais o campo das devoções menores e de menos importância.

A poesia adeliana, ainda que sem uma intencionalidade explícita, questiona frontalmente tal concepção da corporeidade feminina. O Espírito buscado e experimentado na carne – eis uma constante na poesia de Adélia, assim como o é em toda a sua prosa. A origem dessa convicção é simples e cristalina: Deus não rejeita a obra de suas mãos. Simplesmente não é possível que nos haja criado para rejeitar-nos depois e condenar como coisa pecaminosa e impura o corpo que nos deu com seu próprio e criativo amor.

Deus não rejeita a obra de suas mãos
É inútil o batismo para o corpo,
O esforço da doutrina para ungir-nos,
Não coma, não beba, mantenha os quadris
imóveis.
Porque estes não são pecados do corpo.
À alma sim, a esta batizai, crismai,
Escrevei para ela a Imitação de Cristo.
O corpo não tem desvãos,
Só inocência e beleza,
Tanta que Deus nos imita
E quer casar com sua Igreja
E declara que os peitos de sua amada
São como os filhotes gêmeos da gazela.
É inútil o batismo para o corpo.
O que tem suas leis as cumprirá.
Os olhos verão a Deus
(PRADO, 1999a: 320).

Denunciando o embuste que situou na mulher a sede do pecado sexual, Adélia faz poesia contemplando o corpo do Crucificado:

Mais que Javé na montanha
esta revelação me prostra.
Ó mistério, mistério
suspenso no madeiro
o corpo humano de Deus. É próprio do sexo
o ar
que nos faunos velhos surpreendo,
em crianças supostamente pervertidas
e a que chamam dissoluto.
Nisto consiste o crime,

em fotografar uma mulher gozando
e dizer: eis a face do pecado.
Por séculos e séculos
os demônios porfiaram
em nos cegar com este embuste
(PRADO, 1999a: 281).

Denunciando a falácia que fez tantas gerações de cristãos pensarem que deviam ignorar o próprio corpo para aproximarem-se de Deus, Adélia canta ao Crucificado na Festa do Corpo de Deus:

E teu corpo na cruz suspenso
E teu corpo na cruz, sem panos:
Olha para mim.
Eu te adoro, ó salvador meu
Que apaixonadamente me revelas
A inocência da carne
Expondo-te como um fruto
nesta árvore de execração
o que dizes é amor,
amor do corpo/amor
(PRADO, 1999a: 281).

É esse Deus que a toma por inteiro – corpo e alma –, aquele que vai se transformar em seu objeto de desejo por excelência, a ponto de ela reconhecer não poder falar de outra coisa (PRADO, 2001: 44) e revelar que Ele a leva até os esponsais místicos, ao amor sem jejum de sentimento (PRADO, 2001: 44), fazendo-a exprimir o desejo da santidade em sua condição de santa casada poetisa. Nesse desejo da santidade, Adélia vai declarar não querer ser "*Alter* Clara" ou "*Alter* Teresa" – numa evidente referência a Santa Clara de

Assis e Santa Teresa de Ávila –, mas sim *"Alter* Francisco", Francisco de Assis, o santo de sua predileção, que na verdade queria ser Cristo. E Adélia, no seu encalço, percebe que a santidade é na verdade uma identidade crística, uma identificação sempre mais perfeita e completa com o Cristo, que é o que buscam todos os santos (PRADO, 1999a: 48-49).

Por tudo isso, Adélia vai declarar ser a pessoa mais infeliz do mundo se não houvesse ressurreição da carne (PRADO, 2001: 65). Essa carne inocente e sem desvãos, por ela tão cantada em sua poesia; essa carne que Deus mesmo assumiu, vivendo e morrendo na cruz, imitando-nos para casar com sua Igreja; essa carne será resgatada, proclama Adélia, e isso comprova que "ser santo é tarefa humana" (PRADO, 2001: 67). As considerações sobre esse dogma da fé cristã e católica – a ressurreição da carne –, ela as faz com mais abundância não só em *Solte os cachorros* como em toda a sua obra, onde comenta também com requintes de evidência inspirada a graça de ser mulher e ter um corpo terreno, que ressuscitará direto como uma estrela apaga e acende (PRADO, 2001: 69).

Finalmente, ainda em *Solte os cachorros* nos faz defrontar-nos uma vez mais com a confissão tantas vezes repetida de que a poesia é para ela caminho de salvação. Mais: a poesia é outro nome para Deus. Ela ousa afirmá-lo, descobrindo assim o modo poético de salvação. Escrevendo em versos ou em prosa, Adélia é poeta e continua a sê-lo. Escreve para não morrer, para não acabar, para salvar-se e poder encontrar a Deus, o outro nome da poesia que dela jorra (PRADO, 2001: 17). Poesia que para ela é como uma gestação e parturição (PRADO, 2001: 51), poesia sofrida entre a passividade da inspiração que a toma, da Palavra pronunciada antes do nome e gerada no esplêndido caos de suas entranhas; do Espírito que a possui por inteiro. E o parir o poema não é sem dor, como o parto dos filhos reais. Poesia que a salva de si própria e de seus "cachorros", que é o outro nome por ela dado a seus particulares demônios e tentações.

"Nada em Adélia escapa à concepção de arte como vocação. Ritmo e a precisão vocabular: cada palavra surge precisamente posta naquele desejado lugar", dirá Cecília Canalle[9]. Mas esta exigente missão a cansa, a ela que não é "matrona, mãe dos Gracos, Cornélia, mas sim "mulher do povo, mãe de filhos, Adélia" (PRADO, 1999a: 12). E, por isso, em seu livro de poesias mais recente, se queixa ao Criador, lamentando-se com uma queixa à la Santa Teresa de Ávila:

> **O poeta ficou cansado**
>
> Pois não quero mais ser teu arauto.
>
> Já que todos têm voz,
>
> por que só eu devo tomar navios
>
> de rota que não escolhi?
>
> Por que não gritas, Tu mesmo,
>
> a miraculosa trama dos teares,
>
> já que tua voz reboa
>
> nos quatro cantos do mundo?
>
> Tudo progrediu na terra
>
> e insistes em caixeiros-viajantes
>
> de porta em porta, a cavalo!
>
> [...]
>
> Ó Deus,
>
> me deixa trabalhar na cozinha [...]
>
> (PRADO, 1999b: 9)[10].

Quando o cansaço da exigência da missão de poeta sobre ela se abate, o corpo de mulher, corpo semelhante ao de suas vizinhas e companheiras, mulheres mineiras de Divinópolis, se insurge e clama pelas funções miúdas, cotidianas e não menos nobres: trabalhar na cozinha. A poeta não quer mais carregar o fardo da inspiração, não quer mais ser possuída pelo Espírito que a possui e a deixa bamba de tanto criar. Quer cozinhar para os seus, bater o osso no prato para chamar o cachorro e atirar os restos. Porém a rebelião da carne dura pouco. A obediência triunfará sobre o cansaço e o medo, pois se trata da sedução divina e não de outra. E a salvação sua e da humanidade está aí implicada. Escrever poesia para Adélia não é diletantismo, e sim salvação. Modo poético de salvação.

O trabalhar na cozinha adquire expressão eucarística: "Me deixa fazer teu pão". E a resposta do Senhor é inapelável e não se faz esperar: "Filha, eu só como palavras" (PRADO, 1999b: 9). As palavras que o Senhor apenas come, há que recebê-las, sofrê-las, metabolizá-las, dizê-las, escrevê-las. E, enfim, gozar desse processo pascal de morte e vida que é sobretudo amoroso.

O modo poético de salvação para Adélia é o amor que o Novo Testamento diz ser o nome próprio de Deus (1Jo 4,8). Amor que a faz gozar e sofrer, amor que a faz sentir Deus e ser brutalmente tentada a blasfemar seu santo nome, amor que a faz compreender que não fez o mundo, mas tem que carregá-lo em seus poemas, que doem demais (PRADO, 2001: 52). Consciente de sua vocação e missão de poeta, Adélia ousa comparar-se, em giro lírico-teológico de ousada beleza, ao Servo Sofredor do livro do Dêutero--Isaías (cap. 52-53), que, como um cordeiro, uma ovelha, é levado ao matadouro sem abrir a boca e assim salva o povo. A poesia vai sendo traçada no papel e a poeta é a "ovelha pronta para o sacrifício, ela sabe balir, ela sabe falar, ela escreve, vai parir o poema, começar tudo outra vez" (PRADO, 2001: 53).

Como diz Esther Mian da Cruz, a metapoesia adeliana revela que ao poeta cabe o papel de servir a Deus, porque aquele materializa a palavra deste, que é a própria poesia – "Poesia sois Vós, ó Deus./ Eu busco vos servir" (PRADO, 1999a: 282) –, e que a construção artística associada ao sofrimento da matéria e ligada ao divino presente nas coisas mundanas salva o poeta. Para essa mineira de Divinópolis, a poesia é um destino, um "fado", não uma escolha arbitrária ou pessoal. E ela o proclama com temor e tremor: "O que me fada é a poesia. Alguém já chamou Deus por este nome? Pois chamo eu que não sou hierática nem profética e temo descobrir a via alucinante: o modo poético de salvação" (PRADO, 2001: 20).

A respeito da poesia vinda de Deus, conforme o autor de *A epifania da condição feminina*, Adélia Prado assume "um papel de profeta de Deus, espécie de condição intermediária entre Deus e os homens, que sua poesia cumpriria" (HOHLFELDT, 2000: 82). Em diversas entrevistas, Adélia defende esse conceito que consideramos teologal de poesia: "Considero a poesia a passagem de Deus entre nós, o sinal luminoso de seu dedo na brutalidade das coisas. Tocados por Ele, não morreremos. A ressurreição se garante.

Claro que isso ocorre também fora da arte [...] A poesia é verdade. Posso inventar uma linguagem, nunca uma emoção" (PRADO, apud HOHLFELDT, 2000: 82). E Deus vai receber o fruto maduro de suas entranhas dizendo: "Filha, eu só como palavras...!" (PRADO, 1999b: 9).

Àquela que pariu cinco filhos de carne e osso, gerados no amor com José, em feliz casamento na cidade mineira de Divinópolis, coube além dessa a missão de fecundidade de parir poemas gerados pela própria *ruach* divina que no princípio pairava sobre o caos primitivo qual grande ave chocando o ovo ainda não rompido do mundo. Cumprir a sina feminina de ser fecundada, gestar e parir é fado que não se interrompe na vida de Adélia, apesar dos cansaços que acontecem de vez em quando e que fazem nascer o desejo de voltar para a cozinha e fazer o pão de Deus.

Mas a cozinha poética é de Deus e seus ingredientes são palavras. Essas é que, amassadas no corpo da poeta, fazem o pão que alimenta e dá vida. Palavras nascidas do impulso do Eros e amaciadas no colo macio da ágape que a tudo acolhe e acaricia. Amor – Eros e ágape – que é outro nome da poesia com que a poeta nomeia Deus e que carrega em si a salvação do mundo.

Eros e ágape: a poesia em seu conteúdo poético

Para Adélia Prado, Deus e a poesia se confundem e um é o nome da outra e a outra revela o nome do Um. Falar de um é falar da outra e vice-versa. E este giro poético é comandado por uma dinâmica erótica e amorosa onde os parceiros são carregados pelo amor que os possui e pelo qual são tomados. Lendo a escrita adeliana, seja prosa ou poesia, pode-se então constatar algo fundamental. Em Adélia, mística e erótica se tocam e até mesmo se confundem. Adélia só faz mostrar, com isso, a configuração claramente cristã tanto de sua mística como de sua poesia.

Na mística cristã, a relação amorosa tem o componente antropológico no centro de sua identidade, uma vez que o Deus experimentado e amado se fez carne e mostrou um rosto humano. Por isso os místicos cristãos de todas as épocas encontram palavras tiradas do vocabulário da sexualidade e do amor humanos para descrever seus estados de alma e narrar suas experiências. O gozo e a dor corpóreos e afetivos serão os canais – ainda que pálidos e insuficientes – pelos quais eles e elas buscarão comunicar a experiência inefável da qual são protagonistas por graça e não por esforço próprio.

Tudo que releva da experiência mística, portanto, não pode desviar ou abstrair, ou mesmo distrair, daquilo que constitui a humanidade do ser humano. É paradoxalmente na similitude mais profunda com o humano que o Deus da revelação cristã vai mostrar sua diferença e sua alteridade absolutamente transcendentes.

Trata-se, no entanto, de um dado antropológico original, o que nos é aqui oferecido, já que o místico inaugura em seu processo de conhecimento amoroso na relação com o Deus Transcendente algo da nova criação. A experiência mística recria a pessoa por completo, fazendo-a experimentar-se como nova e recém-saída das mãos do Criador. A mística se dá no lugar da estrutura antropológica onde acontece a passagem do ser em si para o ser para o outro, que é a verdade sobre o ser. A experiência mística é, portanto, constitutiva e inseparavelmente, uma experiência de amor, que carrega em si o processo de uma nova criação, com toda a sua paradoxal dimensão de parto e saída à luz, de dor e alegria, de beleza e sofrimento, de ocultamento e revelação. Aquele que é experimentado é o Criador de todas as coisas, e, fazendo-se experimentar em níveis profundos de união por sua criatura, revelando-lhe os mistérios mais íntimos de sua vida e de seu ser, está realizando nela, por assim dizer, uma nova criação. Eis por que o processo místico é inseparável e paradoxalmente gozoso e doloroso, sem deixar por isso de ser amoroso.

O gozo amoroso experimentado tem como lugar de acontecimento a carne, com sua vulnerabilidade, mortalidade e finitude. E a experiência de um amor maior que tudo que existe provoca sedução e fascínio, ao mesmo tempo em que dor pela ausência, pela falta, pela incompletude, pelo sentimento de não poder consumar a união e dever constantemente apalpar a pobreza de seus limites e a escuridão onde a luz refulge soberana, mas pode esconder-se, esquiva, a qualquer momento, deixando a alma sozinha e entregue à intempérie da aridez e da desolação desabitada.

Por isso os místicos de ontem e de hoje cantam em paradoxos seu amor como "cautério suave/chaga deliciosa" (São João da Cruz); "Saboreei-te, e, agora, tenho fome de ti... tocaste-me de leve – eu me abrasei em tua paz. Quanto mais te possuo, tanto mais te procuro" (Santo Agostinho); "o cristianismo é, por excelência, a religião dos escravos,

[...] os escravos não podem não aderir a ela, e eu entre os outros" (Simone Weil); "Como um tumor maduro a poesia pulsa dolorosa, anunciando a paixão: '*Ó crux ave, spes única; Ó passiones tempore*'... Ó mistério, mistério, suspenso no madeiro o corpo humano de Deus" (Adélia Prado).

Assim como em Jesus Cristo, a nova criação se fez através do trânsito pascal pelo sofrimento e pela dor. Em toda experiência dos grandes místicos cristãos ocidentais estará presente esta marca paradoxal da beleza crucificada, da fruição pervadida pela carência e pela ausência, pelo amor mais forte que a morte, mas que passa pela morte, ápice da revelação do Verbo Encarnado. A experiência da contemplação e da fruição dessa beleza será uma mistura de gozo e dor, de gozo inseparável da dor, de plenitude amorosa no mais agudo da dor.

É isso, pois, que faz com que Adélia Prado, autêntica mística cristã, possa construir e transmitir uma visão original e diferente da santidade cristã. Diga-se de passagem, porém, que a santidade segundo Adélia está muito mais de acordo com as fontes bíblicas e a tradição cristã do que com aquilo que a espiritualidade tradicional e dualista fez com a mesma (FESTUGIÈRE, 1949). É assim que, em lugar de Santa Teresinha, que morreu aos 24 anos de tuberculose sem deixar o leito, lhe parece mais interessante a morte de Santa Maria Goretti, assassinada aos 12 anos em uma tentativa de estupro, descrita por Adélia com todas as cores e com o ritmo da excitação sexual (PRADO, 2001: 39).

Talvez uma das grandes contribuições que a poesia de Adélia Prado pode trazer à experiência de Deus das novas gerações é esta: a de que, na experiência do Deus cristão, o Eros não pode estar ausente, embora a ágape deva terminar por predominar e ser mais forte e dominante. Já o Papa Bento XVI, na primeira encíclica de seu pontificado, *Deus Caritas Est*, afirma:

> Ao amor entre homem e mulher, que não nasce da inteligência e da vontade, mas de certa forma impõe-se ao ser humano, a Grécia antiga deu o nome de *eros*. Diga-se desde já que o Antigo Testamento grego usa só duas vezes a palavra *eros*, enquanto o Novo Testamento nunca a usa: das três palavras gregas relacionadas com o amor – *eros*, *philia* (amor de amizade) e *agape* –, os escritos neotestamentários privilegiam a última, que, na linguagem grega, era quase posta de lado (BENTO XVI, 2005).

Em belo comentário à encíclica, Luciano Santos vai dizer que

> *Eros* é a fruição da vida por si mesma, em todas as horas e obras, inclusive nas "relações de trabalho"; é o "sentido da terra", cujo impulso mais profundo e poderoso acontece na pulsão sexual, e cuja expressão mais sublime é a paixão pelos "belos de corpo e de alma", mas que se expande nas direções e dos modos mais diversos, na sofreguidão do desejo, nos arroubos e ardis do corpo e da imaginação, no calor dos afetos, nas criações do espírito, no *esprit de finesse* e no humor, na jovialidade e na irreverência, no charme dos gestos e na elegância das vestes, no gosto pelo enfeite, na fartura de cores, odores

e sabores, em tudo, enfim, em que se afirma a graça e a alegria de viver. E o que caracteriza a dinâmica do desejo nessa concepção de *eros* (de resto, vitoriosa na linguagem corrente) não é – note-se bem – a abertura à transcendência re-ligiosa do sentido, como em Platão e Jung, e sim a sua gratificação no gozo. Eros *não re-liga o sujeito ao princípio divino, mas o glorifica em sua existência terrena!* (SANTOS, 2010).

Porém, embora criticando-o e superando-o, o cristianismo não eliminou de seu horizonte o Eros, como bem nota e afirma Bento XVI em sua encíclica:

> Os gregos – aliás de forma análoga a outras culturas – viram no *eros* sobretudo o inebriamento, a subjugação da razão por parte duma "loucura divina" que arranca o homem das limitações da sua existência e, neste estado de transtorno por uma força divina, faz-lhe experimentar a mais alta beatitude [...] O *eros* foi, pois, celebrado como força divina, como comunhão com o Divino (BENTO XVI, 2005).

O papa dirá, no entanto, que a novidade do Evangelho de Jesus Cristo estará em ir mais longe que o *eros*, encontrando a síntese agápica, feita não só de atração sexual e exaltação física como também de carinho, cuidado, desvelo pelo amado até o sacrifício e a oblação de si mesmo. A marca de Deus no amor com que se ama na história deve trazer essas características de doação e entrega, sob pena de não poder autocompreender-se como realmente divino e revelado.

Assim também o entende Adélia, que, com todo o ardor de seu corpo sexuado e a naturalidade com que assume os desejos e movimentos da própria corporeidade, é capaz de viver o afeto calmo do casamento longo e feliz com José e aí encontrar o encanto de limpar peixes na cozinha a altas horas da noite para depois na cama, entre escamas prateadas, redescobrir os ardores que fazem de ambos noivo e noiva (PRADO, 1999a: 254). Ou observar na mãe que achava estudo a coisa mais fina do mundo a finura muito maior do sentimento delicado de preparar café e pão para o marido cansado que voltava tarde do serviço pesado. Sem palavras de luxo ou ais ou suspiros. Amando apenas, concretamente (PRADO, 1999a: 118).

O corpo sexuado da mulher Adélia, lugar de sua identidade mais profunda, é também o lugar do desvelo, da entrega conjugal, do cotidiano vivido entre cozinha, filhos, casa e marido, do ensino aos seus alunos crianças, da catequese e da oração na igreja, da orfandade sentida como saudade do pai e da mãe mortos e distantes.

E é o amor que apalpa o vazio da carência e da falta que a faz chorar, gemer e clamar por Deus, a quem chama de Pai, sem vergonha ou pudor.

Orfandade

Meu Deus,
me dê cinco anos.
Me dê um pé de fedegoso com formiga preta,
me dê um Natal e sua véspera,
o ressonar das pessoas no quartinho.
Me dê a negrinha Fia pra eu brincar,
me dê uma noite pra eu dormir com minha
mãe

Me dê minha mãe, alegria sã e medo
remediável,
me dá a mão, me cura de ser grande.
Ó meu Deus, meu pai,
meu pai
(PRADO, 1999a: 14).

Existe na poética adeliana uma íntima relação entre erotismo e mística. Adélia dirá, sem nenhuma timidez ou vergonha, que "é em sexo, morte e Deus que eu penso invariavelmente todo dia" (PRADO, 1999a: 79), apontando para essa circularidade impressionante em temas que o senso comum julga tão díspares, mas que entretanto estão decalcadas naquilo que se convencionou chamar, por falta de melhor nome, alma humana. A poesia de Adélia une signos sagrados a signos eróticos e, ainda mais, vai entretecê-los tendo como pano de fundo temático maior sua visão de mundo e sua leitura teológica e mesmo teologal da vida e da morte.

No livro *O pelicano*, Adélia põe diante dos olhos do leitor este estranho personagem, Jonathan, por nós já citado aqui. E faz esta pergunta retórica: "Quem é o estranho a quem chamo de Jonathan?" (PRADO, 1999a). Esta pergunta será respondida, primeiramente, com a identificação deste com o Deus encarnado, e depois com a declaração de que

Jonathan é isto,
fato poético desde sempre gerado,
matéria de sonho, sonho,
hora em que tudo mais desce à
desimportância.
Agora que me decido à mística,
escrevo sob seu retrato:

"Jesus, José, Javé, Jonathan, Jonathan,
a flor mais diminuta é meu juiz"
(PRADO, 1999a: 74).

A entrega de si mesma à experiência mística, totalizante e total, faz com que Adélia apalpe e morda o sofrimento, mas sinta também que ele não é a última palavra sobre a vida. Com profundo selo pascal, sua dor anseia pela alegria da ressurreição da carne e da esperança que não morre. É ela quem diz: "Deus mastiga com dor a nossa carne dura./ Mas nem por chorar estamos abandonados" (PRADO, 1999a: 197).

O Eros se torna ágape na filiação que chora de desamparo e saudade, na contemplação que encontra a presença divina em todas as coisas – mesmo as mais diminutas e prosaicas –, que experimenta cansaço e desamparo diante da vocação divina que exaure e possui e que faz com que o serviço do outro tome todas as forças e energias. As lágrimas da poeta correrão como rio caudaloso até aportar na alegria tão querida e desejada que "remonta ao mil avô" e na esperança implorada e ansiada, que não será defraudada, porque a fidelidade foi firme no exercício do múnus poético.

A poesia como alegria agápica

A alegria para a mística poeta Adélia está – parece-nos – na constatação da integralidade da vida, das coisas e de toda a realidade em Deus. "Ou tudo é bento, ou nada é bento" (PRADO, 2001: 199). Ou Deus a fez de corpo inteiro ou não a fez de modo algum. Ou tudo é vida ou nada é vida. A morte é inimiga vencida pela encarnação, vida, morte e ressurreição de Jesus Cristo, ou então nada é verdade.

Em um livro de prosa, *Manuscritos de Felipa*, Adélia se enfrenta com o mistério da velhice, da caducidade, da finitude e da morte. Atravessa o terrível momento que a menopausa é para toda mulher, quando o corpo não mais conhece o majestoso mistério da fertilidade, já não podendo gerar outras vidas. A tentação de achar que tudo acabou, que só a morte é permitido esperar, ronda e espreita a poeta, cuja mão que escreve seca (BINGEMER, 2003).

Manuscritos de Felipa é um dos mais recentes romances em prosa de Adélia Prado. Já a partir da epígrafe da Carta a Timóteo, que se refere aos pergaminhos que não se pode esquecer, a nota do texto apoia-se claramente sobre o tom da recuperação de uma memória ou de um acontecimento (HOHLFELDT, 2000: 69-120). Enquanto a corporeidade feminina fazia a travessia da menopausa em *O homem da mão seca*, com Felipa é da velhice chegada e instalada que se trata. E a constatação de Felipa, entre perplexa e amedrontada, dá conta disso: "Minha libido está desaparecendo, a cara nojenta do medo dá o ar de sua graça. A velha está com medo e não existe chupeta para anciãs" (PRADO, 2001: 389).

A recusa do novo sob qualquer de suas formas – viagens, deslocamentos etc. – é a característica desta personagem, Felipa, que treme de medo da velhice e da morte que se avizinha. Teodoro é seu companheiro nesta nova etapa, e ela deseja que na hora de sua morte alguém lhe segure a mão e reze com ela, como o médico fez com sua amiga Angelina, que acaba de morrer (PRADO, 2001: 394). Teodoro é um homem todo ouvidos, cujo amor Felipa faz esforço para aceitar, assim como o de Jerônimo (PRADO, 2001: 402).

E a culpa atravessa Felipa com crueldade – culpa de ter saúde, de ser amada, de desejar isso ou aquilo –, mas ao mesmo tempo em que por ela se sente torturada, deseja a beleza, da qual precisa como de ar (PRADO, 2001: 404), e é ajudada pela humanidade de Jesus, pela qual clama, já que, sendo Deus como Vós, chora como ela de medo, embaraço e angústia (PRADO, 2001: 405). Mas, ao mesmo tempo, diante da morte vista e contemplada em sua crueza, repete as palavras de Jesus: "Aquele que crê em mim, ainda que esteja morto viverá". E expulsa o tentador que lhe atrapalha viver, escolhe Cristo na cruz, seu rosto macerado como o da agonizante cuja mão segura, como o seu será um dia (PRADO, 2001: 423).

Felipa prossegue sua luta para não deixar-se abater e derrotar pela certeza do envelhecimento. O ser relembrada disso a cada minuto é por ela vivido como tentação do demônio, que de tudo aproveita para enterrar-lhe mais fundo o espinho na carne (PRADO, 2001: 431). A corporeidade feminina e cheia de vida de Felipa percebe a inclemência da caducidade do tempo sobre seu corpo e deseja a eternidade. "Eterna é uma palavra doce. É terna" (PRADO, 2001: 442).

Driblando os tratamentos, as ginásticas, as prescrições médicas para sua velhice, a personagem de Felipa vai paralelamente encontrando, mais intimamente do que nunca, a Deus e a si mesma, poeta, enquanto instrumento de Deus. A poesia salvará Felipa, como já salvou Glória, Violeta, Antônia e Adélia, de sucumbir à caducidade da carne que teima em envelhecer e morrer. É na poesia que Felipa, como suas heterônimas, vai encontrar a aliança que a fará perder o medo da velhice e da morte. Com tons eróticos, como sempre, Adélia invoca o Espírito, artesão maior e fonte de sua poética:

> Penetrai-me, ó Espírito Santo, agudíssima
> língua, endireitai minha espinha, levantai
> meu queixo, falai-me com uma tal voz que
> mais tenha dela certeza que de minha própria
> pele: Felipa, você é uma artista, sua roça
> é aqui, pega seu caderno, seu lápis de boa
> ponta e capina sem preguiça, Felipa, de sol a
> sol, conta o que te conto. Serei feliz porque
> estarei liberta, mais ainda porque a roça não
> é minha, sou trabalhador alugado para patrão
> exigente, "que colhe onde não plantou", ai de
> mim, os evangelhos dão calafrios (PRADO,
> 2001: 460).

Por outro lado, Felipa, de tensa e medrosa, vai terminar confiante pensando na perspectiva da morte como um passar uma ponte no colo de Deus. "Você fecha os olhos e quando abre já passou. Não doeu nada." Entre a vida que dói e deixa marcas na corporeidade e a morte que não doerá nada, permanece a escrita e a poesia que doem, mas que salvam e fazem viver plena e abundantemente.

Neste sentido, o ser mulher para Adélia é parte do salvador modo poético que descobre em sua vida. De uma de suas últimas obras poéticas, pode-se destacar "Mural", no qual estão presentes o registro do cotidiano, a beleza das coisas repetidamente exercidas, o diálogo com Deus e a sua presença nos acontecimentos mais ínfimos:

Recolhe do ninho os ovos
a mulher
nem jovem nem velha,
em estado de perfeito uso.
Não vem do sol indeciso
a claridade expandindo-se,
é dela que nasce a luz
de natureza velada,
é seu próprio gosto
em ter uma família,
amar a aprazível rotina.
Ela não sabe que sabe, a rotina perfeita é
Deus:
as galinhas porão seus ovos,
ela porá sua saia,
a árvore a seu tempo
dará suas flores rosadas.
A mulher não sabe que reza:
que nada mude, Senhor
(PRADO, 1999b: 39).

A alegria, Adélia a encontra e encontrará atravessando a dor por dentro, completa e destemidamente. Em entrevista dada em Montes Claros, ela falará de seu desejo infinito habitando um corpo finito: o drama da condição humana, assunto eterno de poetas e teólogos, experiência de místicos de todas as tradições e filiações religiosas.

A vida é um vale de lágrimas. A arte, como a filosofia, é uma tentativa de superar os limites. O primeiro é o corpo. Você tem de carregar o corpo para onde você vai... Os limites e as exigências da sua situação corporal, isso já é

> um limite. Mas essa matéria é habitada por um desejo infinito. Tudo é pouco para mim. Não tem arte que supra o meu desejo. Para o do meu coração, o mar é uma gota. Eu quero é tudo, o infinito é o que todo mundo quer... Aceitar a condição humana é que é santidade. Você pode ver que a felicidade dos santos, se você ler a biografia deles, é porque eles descansaram na condição deles. Sou criatura mesmo, e criatura humana. Aceitar isso já é criar asas. É isso que eu peço a Deus todo dia[11].

O maior limite a ser superado, assim o sabe Adélia, é a morte. A morte que nela despeja o terrível sentimento do desamparo, da orfandade, da solidão. A ameaça horrenda que dá medo e vontade de chorar e ansiar pela mãe e pelo pai que já não mais aí estão, protegendo, abraçando, restaurando o sentido perdido que o escuro do caos instaura.

> Enfim, é um absurdo eu existir, e esse absurdo, entre aspas, que me criou, certamente me sustenta. Quem me deu o começo vai me acolher no fim. Você é convocado a uma fé mais madura, mais confiante, fica mais alegre, mais leve. A maior alegria é um sinal de um crescimento na fé e a superação desses medos horrorosos. O medo da morte é horrendo... Mas é bom também a gente não saber. Saber demais envelhece. Ignorância é muito bom. A gente vive é na fé[12].

A alegria de Adélia vem, então e certamente, de sua fé. Fé que lhe diz que aquele que "lhe deu o começo a acolherá no fim". Aquele que é razão de sua esperança exorciza o medo da morte. Aquele que a faz experimentar o sabor amargo da orfandade é o mesmo que a faz crer e esperar que essa orfandade é na verdade a mais amorosa das paternidades maternas ou maternidades paternas. A Ele pede humildemente ser adotada como filha:

Pedido de adoção

Estou com muita saudade
De ter mãe,
Pele vincada,
Cabelos para trás,
Os dedos cheios de nós,
Tão velha,
Quase podendo ser a mãe de Deus
– não fosse tão pecadora.
Mas esta velha sou eu,
Minha mãe morreu moça,
Os olhos cheios de brilho,
A cara cheia de susto.
Ó meu Deus, pensava
Que só de crianças se falava:
As órfãs
(PRADO, 1999b: 55).

Logo, logo a alegria de sentir-se amada como filha desse Deus a quem ama e que lhe deu o dom divino da poesia chega. Adélia terna, mimada, acarinhada e querida sente a firmeza da alegria ressuscitada, da alegria pascal que o Ressuscitado sopra sobre os discípulos atônitos que o acreditavam morto. E esses se recordam de sua promessa: essa alegria ninguém a tirará de vós. Pois é como a de uma mulher que dá à luz. Chora de dor com as contrações do ventre, mas depois nem se lembra mais da dor, diante da alegria de ter trazido um filho ao mundo e ao povo (Jo 16,21)[13].

Assim é Adélia, habitada pelo amor da paternidade divina que lhe segura a mão e a guia firmemente pelos caminhos do mundo e da vida.

> **Filhinha**
> Deus não é severo mais,
> Suas rugas, sua boca vincada
> São marcas de expressão
> De tanto sorrir para mim.
> Me chama a audiências privadas,
> Me trata por Lucilinda,
> Só me proíbe coisas
> Visando meu próprio bem.
> Quando o passeio
> É à borda de precipícios,
> Me dá sua mão enorme.
> Eu não sou órfã mais não
> (PRADO, 1999b: 101).

A esperança e a alegria da cristã Adélia não são apenas intra-históricas, mas escatológicas. Sua poesia acontece no espaço-tempo histórico, mas transcende esses limites e fala da vida além-túmulo. E como não podia deixar de ser, o que lá a poeta contempla é a plenitude do que cá é experimentado ainda fragmentado, ainda pouco, ainda incompleto.

> **No céu**
> Os militantes
> Os padecentes
> Os triunfantes
> Seremos só amantes
> (PRADO, 1999b: 113).

Somente o amor acaba sendo o fruto maduro e perfeito da poesia adeliana, o suco derradeiro que jorra de suas veias e de sua inspiração. Somente o amor permite que a poeta dê semelhante definição de arte:

Arte

Das tripas,

coração

(PRADO, 1999b: 111).

Conclusão: o Deus de Verbo eterno e a poeta de verbo histórico

Ler Adélia Prado, sua prosa ou sua poesia, é experiência equivalente a ler e refletir um tratado de teologia fundamental. A escritura adeliana confirma que o ser humano, ouvinte da Palavra, escuta o Verbo Divino que atravessa eternidade e silêncios sempiternos para aterrissar na história onde vivem, riem e choram os seres humanos em tanta diversidade, como diria Inácio de Loyola em seus *Exercícios espirituais* (2012: 100-110).

Deus é o tema por excelência de Adélia. Mas não um Deus perdido em inacessível céu e intransponível distância. O Deus contemplado, experimentado, vivido e dito em poesia por Adélia é pessoa aterrissada no cotidiano terreno, concreto e alcançável da vida. Mais: é o Deus comunhão eterna, que, sendo desde o princípio, abre brecha na sua inefável pericórese trinitária para que o Filho se faça humano de carne semelhante à nossa e diga palavras humanas para ensinar a homens e mulheres as palavras divinas. É o Deus que ensina que viver a comunhão é o único aprendizado que vale realmente a pena nesta vida.

E para isso há vários caminhos. O de Adélia é escrever poesia. "A uns Deus os quer doentes/ a outros os quer escrevendo" (PRADO, 1999b: 77-79). Sendo Deus sujeito e predicado de sua escrita, sentido e orientação de seu verbo, forma e fundo de sua poesia, esta não pode senão ser meio de salvação. Se fazer poesia é só o que sabe, poesia será o único meio pelo qual a salvação poderá advir ao seu encontro; ao encontro da poeta que sabe que a palavra – que lhe sai do coração, dos lábios e das mãos em letras que são suas – vem do Outro, que é maior do que tudo que existe e, no entanto, se entrega ao limite de sua pena sobre o papel; do Silêncio diante do qual tremem príncipes, reis e potestades e que, no entanto, se balbucia a si mesmo enquanto palavra encarnada no mistério do Natal; do puro Espírito que é Verdade Suprema e que, no entanto, se expõe qual fruto de execração, nu, no madeiro da cruz; do mistério abscondito desde todos os séculos e que, no entanto, é mais íntimo que o mais íntimo segredo do coração humano.

Deste Verbo nasce o verbo adeliano. A esta Palavra sem tempo e que o mundo não pode conter deve ela sua palavra contida e limitada, cujo espaço tem o tamanho das ruas e casas da sua Divinópolis natal. Tão divino é o ambiente que a banha que Adélia pede perdão por ser humana, tão humana, a esse que em seu amor a faz tão divina porque tão participante da sua divindade pelo dom da palavra poética.

Ao entardecer da vida, essa mulher se dirige ao seu único interlocutor e lhe fala no tempo o que escuta de sua eternidade:

Mulher ao cair da tarde
Ó Deus
Não me castigue se falo
Minha vida foi tão bonita!
Somos humanos,
Nossos verbos têm tempos,
Não são como o vosso,
Eterno
(PRADO, 1999b: 57).

Iniciação e paixão
(a tensão dialética entre Eros e ágape em dois romances de Clarice Lispector)

Este texto pretende identificar, a partir de dois romances de Clarice Lispector – *Paixão segundo G.H.* e *Uma aprendizagem ou O livro dos prazeres* –, a experiência do Absoluto e a interação dinâmica entre Eros e ágape representadas por um mergulho "kenótico" no coração da matéria e um processo de iniciação corpórea em direção à interlocução radical e totalizante com a alteridade do outro.

Assim fazendo, pretendemos seguir um itinerário que nos levará até a caracterização da experiência de Deus presente na obra de Clarice e a interface que sua obra literária pode fazer fecundamente com a teologia e a mística.

Dois nomes para o amor

Divindade grega que carrega o nome de uma função psicológica, Eros significa o desejo amoroso e sexual. Ocupa um lugar importante no pensamento religioso, na vida social, assim como na arte e na literatura dos gregos. Nas cosmogonias órficas que narram a emergência do mundo, Eros é uma potência primordial que não tem pai nem mãe.

É de certa maneira o Um que, na origem de todas as coisas, integra e unifica os princípios opostos, como o feminino e o masculino, o uno e o múltiplo (DETIENNE, 2009).

Por isso Eros desenvolveu-se muito em um meio místico que recusa o mundo diferenciado onde os seres e as coisas são separados e distintos, advogando sempre a unidade e a união com a plenitude original. Assim, bebendo da herança grega, na mística ocidental, tal como na psicologia e em outras ciências laicas, Eros foi entendido ora como o desejo amoroso, força organizadora da vida coletiva; ora como figura central da sociedade, intimamente ligada à educação aristocrática, ao ginásio e à palestra; ora como potência inquietante, que quebra os membros, perturba a razão, paralisa a vontade; ora um deus malicioso que se compraz no jogo do amor, imiscuindo-se na vida das mulheres no gineceu, enredando as intrigas amorosas ou desenredando-as (DETIENNE, 2009).

No campo da teologia, pelo menos na corrente que predominou no universo cultural do Ocidente, prevaleceu a concepção de Eros como força perturbadora, ligada apenas ao sexo entendido genitalmente. Contribui para isso, certamente, o outro nome dado ao mesmo amor que o cristianismo, notadamente o Novo Testamento, cunhou como a nomeação de Deus por excelência: ágape.

O vocábulo grego *agape* significa afeição, amor, ternura, dedicação. Seu equivalente latino é *caritas*, traduzido nas línguas latinas por caridade (*charité, caridad, carità*) e mesmo nas anglo-saxônicas (*charity*). E isso em textos estoicos tanto como em textos cristãos (DUMÉRY, 2009). A força de ágape no texto cristão reside sobretudo no fato de que ao longo de todo o Novo Testamento não aparece a palavra Eros. Por outro lado, sim, aparece *philia* para designar o amor sobretudo feito de amizade. Mas ao se tratar do Deus de Jesus e do amor que devem viver seus discípulos, é a ágape que predomina soberanamente. Igualmente para descrever e exortar os mesmos discípulos a imitar e seguir Jesus, bem como a serem imitadores de Deus, que é misericordioso e não faz acepção de pessoas.

Geralmente a língua profana emprega ágape para designar um amor familiar, distinto do amor paixão ou do desejo amoroso, que pertenceria à esfera do Eros, traduzido em latim por Cupido, nome afim com *cupiditas*, que significa a concupiscência, a lascívia, a inveja, a cobiça e uma série de paixões não bem-ordenadas. Porém é fato que, embora Eros convenha mais ao amor dos amantes, por ser mais inflamado, não é inusual vê-lo presente no cristianismo antigo para designar não o erotismo sexual e sentimental, mas o fervor místico (DUMÉRY, 2009). Neste sentido, o padre capadócio Gregório de Nissa, no século IV, prefere Eros a ágape, que lhe parece por demais tranquilo para descrever os estados de alma místicos. E define Eros como uma ágape mais intensa[14].

Na verdade, o conceito de ágape recebe uma promoção repentina e intensa quando o Novo Testamento, sobretudo alguns autores, notadamente Paulo e João, o adotam e o fazem sinônimo do amor cristão. Neste contexto, ágape significa seja o amor condescendente e gratuito de Deus pelos seres humanos, seja o amor incondicionado, o devotamento absoluto que os cristãos são chamados a ter pelo próximo, seja ele quem seja, mesmo o inimigo. Filhos do mesmo Pai, são todos irmãos e, portanto, o próximo não é somente o que está perto de mim, mas o forasteiro, o desconhecido, o estrangeiro, o escravo, o inimigo. Os textos maiores que celebram a ágape cristã são o hino ao amor da Primeira Carta de Paulo aos Coríntios, cap. 13, e toda a Primeira Epístola de João (DUMÉRY, 2009).

Portanto, se quisermos aqui definir como se situam Eros e ágape dentro do marco do cristianismo – e, consequentemente, da teologia cristã –, poderíamos encontrar alguns pontos que aparecem nos textos paulino e joanino. Neles, o específico do amor agápico é seu caráter não provocado ou estimulado. Trata-se de um amor gratuito, independente do valor de seu objeto, desinteressado. Ágape é, pois, o primeiro exemplo de um amor sem apropriação nem cupidez, um amor que nada tem de egocêntrico. A fim de amar alguém agapicamente, não se espera que ele se torne amável ou que nos compraza. Deve-se amá-lo sem condição prévia. E, porque se ama assim, cria-se uma abertura em direção a ele ou ela, abertura de certa maneira "pascal". Abre-se uma "passagem" em direção ao outro, dá-se um esquecimento de si no outro. Essas são as verdadeiras nuanças do amor cristão, considerado o "puro amor" (DUMÉRY, 2009).

Em mais de vinte séculos de cristianismo, parece que a teologia e a mística cristãs não resolveram de maneira integradora e satisfatória seu problema com a relação do Eros com a ágape. Certa tradição cristã tem se caracterizado por colocar sob suspeita aquilo que diz respeito ao Eros. Ligado ao mundo das paixões e dos desejos transgressores e proibidos, vai na direção inversa da que leva ao amor de Deus, esse sim puro e elevado, que dignifica o ser humano e o faz merecedor da salvação eterna.

O teólogo sueco Anders Nygren é talvez quem mais exaustivamente sistematizou a questão das convergências e dessemelhanças entre Eros e ágape. Sua monumental obra *Eros e ágape* (2011), no entanto, defende a tese de que a ágape cristã tem sido traída ao longo da história, contaminada por um misticismo de inspiração platônica que a seus olhos não chega a exorcizar completamente a contaminação de um egoísmo sutil, gerado por uma *hybris* de domínio do homem sobre Deus. Nygren, fiel a suas raízes luteranas, defende a tese de que só um cristianismo fiel a suas origens – portanto, o de Lutero – consegue salvaguardar a pureza da ágape, excluindo toda possibilidade de o ser humano participar ou ter alguma interferência em sua justificação, que pertence somente a Deus.

Os comentadores de Nygren criticam sua tese por julgá-la excessiva. É certo que o amor crucificado que o cristianismo propõe supõe o aniquilamento e a mortificação do ego, em lugar de sua exaltação. Mas, por outro lado, também não deixa de ser problemático afirmar que a mística do Eros, no sentido platônico ou neoplatônico, tenha desconhecido ou negado totalmente um amor kenótico ou de esquecimento de si. O que sim é certo – e aí Nygren vê com justeza – é que o paganismo, apesar de apresentar a figura do justo perseguido e sofredor (Platão), de deuses que morrem e ressuscitam (várias religiões de salvação), jamais conseguiu imaginar uma divindade em forma de servo, condenado, executado.

O amor de sacrifício até o desprezo de si, até a humilhação consentida, não figura em lugar algum no mundo antigo, nem mesmo no Mito de Dioniso. Pelo fato de havermos nos acostumado àquilo que o cristianismo propõe como amor, isso não quer dizer que a ideia, quando apareceu, não apresentou um conteúdo novo e perturbador. Celso, filósofo do século II, por exemplo, a julgava mesmo indecente e subversiva[15]. Por isso, Nygren tem razão quando advoga pela pureza da ágape para que não se conspurque o seu entendimento.

O que, no entanto, parece que hoje se impõe como prioridade à teologia cristã é conseguir ultrapassar a dicotomia que se instaurou entre Eros e ágape, aliando um com o mal e o outro com o bem. Igualmente primordial é dissociar Eros de uma conotação meramente sexual num sentido genital, aliando-o, portanto, ao pecado e à transgressão do verdadeiro amor, que estaria contido apenas na ágape.

O próprio Papa Bento XVI, na primeira encíclica de seu pontificado, *Deus Caritas Est*, denuncia essa separação artificial entre Eros e ágape, chamando a atenção para a crítica moderna que disso se fez.

> A marginalização da palavra *Eros*, juntamente com a nova visão do amor que se exprime através da palavra *ágape*, denota, sem dúvida, na novidade do cristianismo, algo de essencial e próprio relativamente à compreensão do amor. Na crítica ao cristianismo que se foi desen-

volvendo com radicalismo crescente a partir do Iluminismo, esta novidade foi avaliada de forma absolutamente negativa (BENTO XVI, 2005).

E se pergunta:

[...] com os seus mandamentos e proibições, a Igreja não nos torna porventura amarga a coisa mais bela da vida? Porventura não assinala ela proibições precisamente onde a alegria, preparada para nós pelo Criador, nos oferece uma felicidade que nos faz pressentir algo do divino? (BENTO XVI, 2005).

Há duas disciplinas que, em interface com a teologia sistemática, podem ajudar-nos nesse propósito integrador. São elas: a mística e a literatura. É bem conhecida a naturalidade com que os místicos falam de seus estados de alma, associando-os a imagens e linguagem eróticas[16]. Tanto é assim que um pensador que nada tem de religioso como Georges Bataille afirma que a linguagem erótica pertence de direito à religião e foi na verdade dela expropriada pela psicologia e por outras ciências sociais mais modernas[17]. Sem pedir licença à instituição, os místicos resgatam o Eros e dele lançam mão para descrever suas experiências amorosas, inclusive com rica simbologia.

A outra disciplina, a Literatura, é a que aqui nos vai ocupar. Para tanto, tomaremos uma autora não cristã, mas judia: Clarice Lispector. Para além de sua pertença religiosa, trata-se de uma mulher de fé, de cuja pena jorra a palavra Deus diretamente nomeado, deixando perceber uma sensibilidade espiritual imensa para qualquer manifestação da transcendência que possa acontecer em todas as dimensões da existência.

Examinaremos a seguir duas de suas obras. Em primeiro lugar, a obra *Uma aprendizagem ou O livro dos prazeres* (1969). Em seguida, *A paixão segundo G.H.*[18]

Aprendizagem ou aventura mística: *O livro dos prazeres*

A obra baseia-se na história de Loreley[19], cujo apelido é Lóri, professora primária que passa a viver no Rio de Janeiro após sair da casa de seus pais, em Campos. De família rica, com quatro irmãos homens, tinha suas regalias por ser a única filha mulher.

Ela conhece Ulisses, professor de Filosofia, numa noite em que esperava um táxi e ele lhe ofereceu carona. A partir daí, após ter tido outras experiências amorosas, sente que esta era realmente verdadeira. Ela amava pela primeira vez e tinha que passar pelo processo de aprendizagem desse novo sentimento, o qual tinha de aceitar. R. Gutiérrez escreve, na orelha do livro:

> Como um quadro cujas linhas mestras o recortassem do grande mistério que tudo contém, este livro que se pediu uma liberdade maior, é a narrativa de uma iniciação e um extraordinário hino ao amor. Lóri, a mulher, faz uma longa viagem ao mais profundo de si mesma e chega à consciência total de ser. Diz: eu é; o homem, Ulisses, um professor de Filosofia que possui fórmulas para explicar o mundo, transforma-se em algo mais simples,

> um simples homem. Ambos serão iniciados: Ulisses fecha os ouvidos para as outras sereias porque só está disponível para Lóri, cujo verdadeiro nome é Loreley, como a personagem de Heine e de Apollinaire, uma ondina ou sereia que costumava atrair para os rochedos os barqueiros do Reno. Na verdade, cada um vai encontrar-se consigo mesmo em face do outro.

Esta viagem de iniciação ao encontro com o outro, que constituirá a aprendizagem do viver e do ser, vai estar desde o início sob a presidência de Deus e da religião. As três epígrafes que Clarice coloca em seu livro dão disso testemunho.

A primeira é tirada de Ap 4,1: "Depois disto olhei, e eis que vi uma porta aberta no céu, e a primeira voz que ouvi era como a trombeta que falava comigo, dizendo: sobe aqui, e mostrar-te-ei as coisas que devem acontecer depois destas". Ao longo do livro, a personagem de Lóri estará durante toda a narrativa esperando as coisas que acontecerão após o que ela naquele momento vive. E quando acontecerem, perceberá que estas apenas lhe abriram novamente a espera e a expectativa a fim de esperar novas coisas sucederem. Nunca acaba de acontecer quando se abre uma porta no céu e a trombeta do arcanjo soa.

A segunda é de Augusto dos Anjos, o poeta sombrio e atormentado. Mas poderia ser de qualquer escritor místico ou espiritual da mais pura e legítima tradição religiosa: "Provo [...] que a mais alta expressão da dor [...] consiste essencialmente na alegria [...]". Pois quem na história uniu mais intimamente e melhor dor e alegria do que o cristianismo e sua proposta espiritual, ética e religiosa? A união de dor e alegria é por assim dizer a essência da ágape, pois constitui a identidade inalienável do mistério pascal, centro do *kerigma* cristão.

A terceira é da obra teatral do escritor católico francês Paul Claudel – um oratório dramático para música de Honneger – *Jeanne d'Arc au bûcher*: "Je ne veux pas mourir! J'ai peur! [...] Il y a la joie qui est la plus forte!" [Não quero morrer! Tenho medo! [...] Existe a alegria que é a mais forte!"]. Pela boca da virgem de Orleans[20], Clarice novamente proclama a primazia da alegria, apanágio da ágape, considerada sempre pelos cristãos como dom por excelência do Espírito.

O olhar da teologia, debruçado sobre a obra literária de Clarice, percebe o processo de iniciação amorosa que vai ser narrado como algo para além meramente do encontro físico e apaixonado de um homem e uma mulher. Trata-se de um processo de encontro profundo entre dois seres humanos, e, mais que isso e para além disso, de um encontro com o mistério. Que nome terá esse mistério? Em todo caso, em nota da própria autora posta antes do começo da narrativa, trata-se de um mistério maior, um mistério que está acima: "Este livro se pediu uma liberdade maior que tive medo de dar. Ele está acima de mim. Humildemente tentei escrevê-lo. Eu sou mais forte do que eu" (LISPECTOR, 1969). Ao mesmo tempo o mistério maior e mais alto que pediu uma liberdade que provoca medo suscitou o sentimento da humildade e a atitude da obediência que consente em tomar da pena e escrever. E, ao curvar a cabeça e obedecer à inspiração, percebe ser mais forte que si mesma. Parece-nos que

Clarice anuncia aí o drama e a beleza próprios da condição humana, de ser finitude morada do infinito e do incondicionado. E de encontrar sua força e alegria em obedecer a Outro que o institui como aquilo que é: ser mortal criado para a vida.

Uma iniciação à vida verdadeira – isso será o que Lóri realizará sob a guia do amor expectante e paciente de Ulisses. A obra esmiúça as dúvidas e anseios de Lóri, que com Ulisses experimenta pela primeira vez o amor e o prazer, mas tem medo de perder a própria identidade no processo. O processo, naturalmente, é a sua lenta e não raro solitária aprendizagem, por meio da qual ela logra com sucesso sintetizar os extremos antes irreconciliáveis de independência (sua vida pessoal) e dependência (o amor ou o vínculo e o compromisso amorosos).

A aprendizagem de que nos fala o título é o caminho que percorre Lóri enquanto dura a narrativa. Este processo terá sua conclusão quando Lóri estiver "pronta", segundo lhe diz Ulisses. Mas pronta para quê? Não para dormir com ele, certamente. Lóri é mulher experimentada, que já teve outros amantes, embora fossem relacionamentos inconsistentes ou superficiais, não deixando marcas profundas em sua vida. Lóri é uma personalidade extremamente erótica, que se arruma para ficar atraente e a quem não escapam os olhares de admiração e desejo dos homens, que ela até mesmo busca. Alguém, em suma, onde o Eros enquanto pulsão vital, ao mesmo tempo em que se encontra extremamente presente, igualmente pode descambar para a superficialidade e a vulgaridade.

O que Ulisses, seu mistagogo, deseja é iniciá-la na descoberta do prazer para além do meramente sexual, na descoberta do amor como sentido da vida e fonte de alegria e plenitude. Sentir-se plena é algo que Lóri experimenta e comenta uma e outra vez na medida em que avança em sua aprendizagem.

Esta será sua travessia, sua "páscoa", sua passagem para uma qualidade maior de vida identificada como plenitude de existir e ser. "Estou sendo", dirá Lóri em um de seus encontros com Ulisses (LISPECTOR, 1969: 71). Com paciência infinita, Ulisses acompanha seu processo, viajando ao redor dela qual fez seu homônimo grego, deixando Ítaca e saudoso de uma Penélope eternamente bordando. Acompanha e espera. Até que um dia lhe diz que não a procurará mais. Ela está pronta e ele vai dedicar-se a esperar que ela um dia, sem avisar, venha. "Queria que você, sem uma palavra, apenas viesse" (LISPECTOR, 1969: 139).

Lóri sofre com a decisão de Ulisses, demora, mas em uma madrugada chuvosa, sentindo-se "mansamente feliz" (LISPECTOR, 1969: 145), vestida apenas com uma camisola, vai até sua casa. E o amor acontece, no diálogo, na comunhão de corpos e corações. E as bocas falam sobre amor, sexo, solidão, Deus. Os diálogos dos personagens são interiores, emotivos. Sugerem a dificuldade de envolvimento na coragem do excesso que a entrega amorosa exige. Na verdade, não há relação verdadeira sem profundas consequências e profundas transformações na vida de cada um. Lóri e Ulisses não são nem serão nunca mais os mesmos e cada um leva em si mesmo e levará para sempre o selo da presença do outro, com sua alteridade e diferença.

Segundo M.C. Baccarin,

> *O livro dos prazeres* se diferencia da grande maioria das narrativas de Clarice Lispector pelo fato de a história se desenvolver em um contexto de diálogo travado entre um homem (Ulisses) e uma mulher (Loreley), e não em um contexto de monólogo feminino. A trama do livro desenrola-se através de duas mentes e não mais unicamente através da interioridade feminina derramada em fluxos de consciência. No entanto, essas duas mentes são complementares, comungam entre si e parecem caminhar para uma união plena dos sentidos que desemboca no ato sexual, ao final do livro, que simboliza a plenitude dessa comunhão (BACCARIN, 2008).

O desejo desta comunhão está presente do começo ao fim da trama. Enquanto isso há, bem evidente no percurso de Lóri, o desejo de descobrir seu eu, desejo este estimulado e secundado por Ulisses desde a primeira página:

> fora ao guarda-roupa escolher que vestido usaria para se tornar extremamente atraente para o encontro com Ulisses que já lhe dissera que ela não tinha bom-gosto para se vestir, lembrou-se de que sendo sábado ele teria mais tempo porque não dava nesse dia as aulas de férias na universidade, pensou no que ele estava se transformando para ela, no que ele parecia querer que ela soubesse, supôs que ele queria ensinar-lhe a viver sem dor apenas, ele dissera uma vez que queria que ela, ao lhe pergun-

tarem seu nome, não respondesse "Lóri", mas que pudesse responder "meu nome é eu", pois teu nome, dissera ele, é um eu... (LISPECTOR, 1969: 13).

Há, perpassando o itinerário de Lóri na descoberta deste eu, a constatação tácita de que só poderá dizer "eu" se a comunhão com Ulisses se tornar fato, e fato concreto e consumado.

O pranto de Lóri é pura expressão desse desejo, de amar e ser amada, de estar na palma transparente da mão de Deus, de não ter deixado para trás a infância feliz e mimada (LISPECTOR, 1969: 14). E, sobretudo, de não se chamar Lóri, mas sim o nome para ela pensado por Deus desde toda a eternidade[21]. Lóri deseja sua verdadeira identidade, deseja tocar a verdade de seu ser e Ulisses é o mistagogo que pacientemente se dispõe a ensiná-la, ou seja, a acompanhá-la nessa aprendizagem, caminho que só ela pode trilhar. Trilhando-o, Lóri se encontra com experiências profundas feitas de palavras, mas também muito de silêncio. Na peregrinação ao fundo de si e ao encontro do outro, o silêncio é muito valorizado e sublinhado por Clarice. "O que se passara no pensamento de Lóri naquela madrugada era tão indizível e intransmissível como a voz de um ser humano calado. Só o silêncio da montanha lhe era equivalente" (LISPECTOR, 1969: 35). Silêncio que deve ser vivido e sofrido: "O silêncio é a profunda noite secreta do mundo. E não se pode falar do silêncio como se fala da neve: sentiu o silêncio dessas noites? Quem ouviu não diz. Há uma maçonaria do silêncio que consiste em não falar dele e de adorá-lo sem palavras" (LISPECTOR, 1969: 37). O silêncio é o caldo de cultura adequado para a "aprendizagem" de ser: "Mas há um momento em que do corpo descansado se ergue o espírito atento, e da Terra e da Lua. Então ele, o silêncio, aparece. E o coração bate ao reconhecê-lo: pois ele é o de dentro da gente" (LISPECTOR, 1969: 37).

Neste reconhecimento mora a pergunta que no fundo é a pergunta de todo ser humano: "Ele é o Silêncio. Ele é o Deus?" (LISPECTOR, 1969: 38). E, ainda, tocando os limites da alteridade do divino que se revela em meio ao silêncio: "O coração tem que se apresentar diante do Nada sozinho e sozinho bater em silêncio de uma taquicardia nas trevas. Só se sente nos ouvidos o próprio coração. Quando este se apresenta todo nu, nem é comunicação, é submissão" (LISPECTOR, 1969: 38).

A palavra "submissão" traz de cheio a conotação mística da experiência que Lóri vai realizando em sua aprendizagem. Aprendendo e esperando para viver plenamente o amor de um homem, em que Eros é um componente essencial, deverá compreender que não rege o processo. Outro tem nas mãos as rédeas do comando. Outro a quem ela não pode senão submeter-se na nudez ardente e dolorosa da noite escura que atravessa. Na verdade Lóri aprenderá que

> por alguma decisão tão profunda que os motivos lhe escapavam – ela havia por medo cortado a dor. Só com Ulisses viera aprender que não se podia cortar a dor – senão se sofreria o tempo todo. E ela havia cortado sem sequer ter outra coisa que em si substituísse a visão

das coisas através da dor de existir, como antes. Sem a dor, ficara sem nada, perdida no seu próprio mundo e no alheio sem forma de contato (LISPECTOR, 1969: 39).

Em seu caminho rumo à comunhão com o mistério do amor, Lóri aprenderá que há que abraçar a dor e não cortá-la. E não apenas a dor própria, mas a dor do outro. E fazê-la sua, em acolhida transfigurada[22].

Na verdade, Lóri passa aí pela segunda etapa do itinerário místico tal como o descrevem Tomás de Aquino e, na sua esteira, outros mestres espirituais do cristianismo, como João da Cruz, Teresa de Ávila e outros. Havendo mergulhado fundo na etapa purgativa e purificadora, desponta-lhe agora o momento iluminativo, em que as coisas vão se clareando. Ela caminha para o momento da união, mas este não se deixa experimentar sem um mergulho profundo nos outros dois que o precedem[23].

Nesta aprendizagem feita de palavra e silêncio, de dor e alegria, de solidão e encontro, Lóri e Ulisses vão experimentar a comunhão do amor pleno e maduro, feito de Eros e ágape. Ulisses aparecera no momento em que Lóri, havendo recusado a dor, se encontrava sem nada, perdida nas margens de sua existência, sentindo o estreitamento no peito ao qual chamava de vida (LISPECTOR, 1969: 40). E agora o encontro com ele lhe alargava o peito e ela sentia que o mistério que ela não tem medo de chamar de Deus lhe falava por sua boca: "era só isso o que ela queria do Deus: encostar o peito nele e não dizer uma palavra. Mas se isso era possível, só seria depois de morta. Enquanto estivesse viva teria que rezar, o que não queria mais, ou então falar com os humanos que respondiam e representavam talvez Deus. Ulisses sobretudo" (LISPECTOR, 1969: 64).

Lóri descobre que "a Palavra de Deus era de tal mudez completa que aquele silêncio era Ele próprio" (LISPECTOR, 1969: 64). Descobre igualmente que o caminho do autoconhecimento é angustiante, porém salvador. Tira o Ser do estado de ruína e de esquecimento em que se encontra e o conduz à passagem para um humilde êxtase que é ao mesmo tempo êxodo e descoberta de si mesmo no "estar sendo". É quando sentem "estar sendo" juntos e em comunhão que Ulisses e Lóri encontram de fato o amor.

– Por que é que você olha tão demoradamente cada pessoa?

Ela corou:

– Não sabia que você estava me observando. Não é por nada que olho: é que eu gosto de ver as pessoas sendo.

Então se estranhou a si própria e isso parecia levá-la a uma vertigem. É que ela própria, por estranhar-se, estava sendo. Mesmo arriscando que Ulisses não percebesse, disse-lhe bem baixo:

– Estou sendo...

– Como?, perguntou ele àquele sussurro de voz de Lóri.

– Nada, não importa.

– Importa sim. Quer fazer o favor de repetir?

Ela se tornou mais humilde, porque já perdera o estranho e encantado momento em que estivera sendo:

> – Eu disse para você: – Ulisses, estou sendo.
> Ele examinou-a e por um momento estranhou-a,
> aquele rosto familiar de mulher. Ele se estranhou,
> e entendeu Lóri: ele estava sendo. Ficaram
> calados como se os dois pela primeira vez se
> tivessem encontrado. Estavam sendo.
> – Eu também, disse baixo Ulisses
> (LISPECTOR, 1969: 71-72).

E ambos sabiam que passo grande fora dado na aprendizagem. Porque ser era infinito, como as ondas do mar (LISPECTOR, 1969: 72). E a boca de Lóri se abre em profecia: "Um dia será o mundo com sua impersonalidade soberba *versus* a minha extrema individualidade de pessoa, mas seremos um só" (LISPECTOR, 1969: 73). E, ato contínuo, ela constata: "Então isso era a felicidade" (LISPECTOR, 1969: 73). E, no dia seguinte, é "batizada", mergulhando nas águas vastas e salgadas do mar, no qual não só entra, mas do qual também bebe em grandes goles (LISPECTOR, 1969: 78-81). Em seu encontro seguinte com Ulisses, Lóri lhe declara estar reconciliada com a dor e pronta para o prazer[24]. E ele lhe fala da comunhão que com ela deseja ter, em harmoniosa integração de corpo e alma: "Comigo você falará sua alma toda, mesmo em silêncio. Eu falarei um dia minha alma toda, e nós não nos esgotaremos porque a alma é infinita. E, além disso, temos dois corpos que nos será um prazer alegre, mudo, profundo" (LISPECTOR, 1969: 91-92).

Eros e ágape se dão as mãos no itinerário de Lóri e Ulisses. E a espera que se prolonga e que é sofrida, mas pedagógica para ambos, esbarra em Deus, que se torna tema de conversa dos dois:

> – Deus não é inteligente, compreende, porque
> Ele é a Inteligência, Ele é o esperma e óvulo
> do cosmos que nos inclui. Mas eu queria
> saber por que você, em vez de chamar Deus,
> como todo o mundo, chama o Deus?
> – Porque Deus é um substantivo.
> – É a professora primária que está falando.
> – Não, Ele é substantivo como substância.
> Não existe um único adjetivo para o Deus.
> "Vós sois deuses." Mas éramos deuses com
> adjetivos
> (LISPECTOR, 1969: 133).

Clarice coloca esse diálogo antes de Lóri encontrar uma maçã – que é mais que a maçã perdida do paraíso – e dar-lhe uma mordida. E percebe que lhe foi dada não apenas a ciência do mal, que não é sabedoria, mas também o conhecimento do bem (LISPECTOR, 1969: 134). Lóri se percebe então em "estado de graça" (LISPECTOR, 1969: 153)[25]. É após essa experiência que Ulisses detecta que ela está pronta e que não a chamará, nem telefonará. Apenas esperará, mudando a cada dia as rosas para que fiquem frescas e bonitas, até que ela venha livremente (LISPECTOR, 1969: 139)[26].

O encontro definitivo entre os dois se dá cercado de ritualidade, como convém a um amor onde Eros e ágape estão juntos. Ele se ajoelha diante dela:

> Talvez por uma necessidade de proteger essa
> alma nova demais, nele e nela, foi que ele sem
> humilhação, mas com uma atitude inesperada
> de devoção e também pedindo clemência para

não se ferirem nesse primeiro nascimento – talvez por isso tudo é que ele se ajoelhou diante dela (LISPECTOR, 1969: 147).

E ela, com solenidade igualmente sacral, impõe as mãos sobre sua cabeça. "E ela pôde fazer o seu melhor gesto: nas mãos que estavam a um tempo frementes e firmes, pegar aquela cabeça cansada que era fruto dela e dele. Aquela cabeça de homem pertencia àquela mulher" (LISPECTOR, 1969: 147). E o beijo acontece com os dois ajoelhados um frente ao outro, em gesto que mais que de satisfação de desejo, é de ação de graças.

> Ela não soube como, de joelhos mesmo, ele a tinha feito ajoelhar-se junto a ele no chão, sem que ela sentisse constrangimento. E uma vez os dois ajoelhados, ele enfim a beijou. Ele a beijou demoradamente até que ambos puderam se descolar um do outro, e ficaram se olhando sem pudor um nos olhos do outro (LISPECTOR, 1969: 148-149).

Lóri e Ulisses chegam ao porto aonde os levou seu desejo infinito. Mas esse porto na verdade é uma porta. A porta aberta que o anjo do Apocalipse anuncia desvelar o segredo do que ainda está para acontecer, no texto que Clarice coloca em epígrafe deste livro. Ele buscava a santidade. "A verdade, Lóri, é que no fundo andei toda a minha vida em busca da embriaguez da santidade. Nunca havia pensado que o que eu iria atingir era a santidade do corpo" (LISPECTOR, 1969: 151). Eros transfigurado se encontra com ágape neste filósofo que tivera outras mulheres, mas esperara por essa desde sempre. Ela buscava a própria identidade, que agora se revela como identidade apaixonada. É esta sua única possibilidade de ser. "Só agora eu me chamo 'Eu'. E digo: eu está apaixonada pelo teu eu. Então nós é. Ulisses, nós é original" (LISPECTOR, 1969: 151).

Lóri reconhece que "chegou à porta de um começo" sendo mulher de outro, "mulher tua", mulher de Ulisses. E sente que a atmosfera é de milagre e que ela "atingira o impossível de si mesma" (LISPECTOR, 1969: 158). O parágrafo final do livro é sobre Deus, que Lóri diz ser erroneamente humanizado pelos seres humanos. Mas que, "embora não sendo humano, diviniza" suas criaturas (LISPECTOR, 1969: 159).

O livro inicia-se com uma vírgula e termina com dois pontos, deixando evidente que a narração prossegue com a vida dos personagens em andamento e finaliza também inconclusivo, nos deixando a pensar o que teria acontecido. Lóri e Ulisses estão diante da porta aberta que prenuncia as coisas que ainda virão, envoltos em esperança. Neles, Eros e ágape realizam o milagre do amor. Sua experiência iniciática, sua aprendizagem, tem afinidades com a mística aventura da alma, ao atravessar a noite escura, como no "Cântico espiritual" de São João da Cruz para enfim vislumbrar e contemplar o rosto do Amado.

G.H.: a paixão do gênero humano

A paixão segundo G.H., romance de 1964 de Clarice Lispector, é uma obra inquietante, angustiante e, ao mesmo tempo, intrigante. Nesse romance, Clarice Lispector consegue transmitir ao leitor as preocupações de ordem emocional da personagem G.H., uma mulher bem-sucedida profissionalmente, de vida confortável e abastada, mas que não conhece a sua própria identidade e, por isso, vai em busca do conhecimento interior.

É por meio de um universo aberto pela autora e entretecido de questionamentos e reflexões que o leitor toma contato com a atmosfera de instabilidade emocional em que G.H. – que aparentemente tem uma vida resolvida e estável – se encontra, nela mergulhando conforme apresenta a narradora no início da narrativa: "Estou procurando. Estou tentando entender" (LISPECTOR, 1964: 11).

Nesse livro também a autora faz uma nota prévia de alerta a seus possíveis leitores:

> Este livro é como um livro qualquer. Mas eu ficaria contente se fosse lido apenas por pessoas de alma já formada. Aquelas que sabem que a aproximação, do que quer que seja, se faz gradualmente e penosamente – atravessando inclusive o oposto daquilo que se vai aproximar. Aquelas pessoas que, só elas, entenderão bem devagar que este livro nada tira de ninguém. A mim, por exemplo, o personagem G.H. foi dando pouco a pouco uma alegria difícil; mas chama-se alegria.

Assim, também coloca uma epígrafe – não três – de uma frase de Bernard Berenson[27]: "A complete life may be one ending in so full identification with the nonself that there is no self to die"[28].

> Considerado por muitos o grande livro de Clarice Lispector, *A paixão segundo G.H.* tem um

> enredo banal. Depois de despedir a empregada, uma mulher vai fazer uma faxina no quarto de serviço. Mal começa a limpeza, depara com uma barata. Tomada pelo nojo, ela esmaga o inseto contra a porta de um armário. Depois, numa espécie bárbara de ascese, decide provar da barata morta. Ao esmagar a barata, e depois degustar seu interior branco, operou-se em G.H. uma revelação. O inseto a apanhou em meio a sua rotina "civilizada", entre os filhos, afazeres domésticos e contas a pagar, e a lançou para fora do humano, deixando-a na borda do coração selvagem da vida (CASTELLO, 2010).

Assim introduz um dos comentadores de Clarice sua importante obra *A paixão segundo G.H.* Tal obra nos interessa aqui porque – segundo o mesmo José Castello – encontra-se na narrativa de Clarice aí nesta obra uma experiência que abre passagem para a reflexão sobre o mistério e a mística ou experiência de Deus.

> Mesmo sem ser um livro de inspiração religiosa, *G.H.* tem, ainda, um aspecto epifânico. Ao degustar a pasta branca que escorre da barata morta, a protagonista comunga com o real, e ali o divino – a força impessoal que nos move – se manifesta. E só depois desse ato, que desarruma toda a visão civilizada, G.H. pode enfim se reconstruir (CASTELLO, 2010).

G.H., a mulher sem paixão, vai se defrontar com o *pathos*, com a paixão, a partir da viagem kenótica que faz ao coração da matéria, ao submundo das entranhas de um inseto, ao caos primitivo antes que ele seja pelo Criador ressignificado em cosmos. O romance de Clarice falará de um *pathos* instituinte, de um ser humano que padece sem nada poder fazer por sua própria iniciativa para tal, a revelação da transcendência a partir de uma experiência que foge a toda "normalidade": a aparentemente abjeta "comunhão" com as entranhas de uma barata morta.

O próprio título da obra já previne: *A paixão segundo G.H.* já remete à Paixão de Cristo, que é narrada pelos quatro evangelistas. Paixão segundo Mateus, Marcos, Lucas e João. Aqui é paixão de G.H. narrada pelo testemunho da própria pessoa que viveu aquela experiência (OLIVEIRA, 2010: 56). G.H. pode ser interpretada, em suas iniciais, como gênero humano (OLIVEIRA, 2010: 56). À parte esse fato constatável na leitura primeira – as iniciais G.H. da protagonista são as mesmas de gênero humano –, trata-se aqui da paixão do humano, dilacerado entre a banalidade do cotidiano e o desejo da transcendência e do conhecimento. Estamos às voltas com um ser finito que busca o infinito e no momento inicial da narrativa está perdido. Está procurando, procurando, sem entender (LISPECTOR, 1964: 11).

A mulher burguesa que é G.H. se sente como num deserto, sem organização ou ordem que lhe dê harmonia, sem mão para segurar que lhe dê alegria. "Enquanto escrever e falar vou ter que fingir que alguém está segurando a minha mão" (LISPECTOR, 1964: 18). Segurar a mão de alguém – expressão à qual Clarice volta uma e mais vezes ao longo do texto – será para ela a única fonte de segurança e alegria neste momento vital em que se dirige de sua sala para o quarto da empregada. E, antes de entrar propriamente no quarto, suplica – a quem? "Dá-me a tua mão desconhecida, que a vida está me doendo, e não sei como falar – a realidade é delicada demais, só a realidade é delicada, minha irrealidade e minha imaginação são mais pesadas" (LISPECTOR, 1964: 22).

A saída da sala para o quarto da empregada na verdade é uma descida, uma descida kenótica. É ir para baixo, para os fundos, para a margem, para o lugar onde estão os oprimidos, os deserdados da sociedade, os excluídos das benesses do progresso. Para ali G.H. se dirige, em busca da mão que tome a sua, em busca do sentido para sua vida, em busca da paixão que a fará sentir-se viva e a fará reaprender a dar nome às coisas, inclusive a seus sentimentos.

Ao entrar no humilde quartinho da empregada – que tinha um nome tão humilde como seu quarto e sua condição, Janair –, G.H. percebe que entra em outro mundo. E, ao fazer a releitura da experiência, constata: "Ontem de manhã quando saí da sala para o quarto da empregada – nada me fazia supor que eu estava a um passo da descoberta de um império" (LISPECTOR, 1964: 14). A solenidade de G.H. enquanto se move pelo espaço de sua casa estéril e injusta cria um clima no qual o leitor se prepara para o que virá: a epifânica revelação de um absoluto no mais baixo dos relativos.

Ao entrar no quarto – onde esperava encontrar escuridão, desordem, sujeira, mofo –, G.H. depara-se com algo totalmente inesperado: reinam uma ordem e uma claridade absolutas. O quarto, embora de fundos, não é sem horizonte, mas, ao contrário, parece um minarete do qual se contempla o horizonte que vai mais além dele e da própria casa: "O quarto parecia estar em nível incomparavelmente acima do próprio apartamento. Como um minarete. Começara então a minha primeira impressão de minarete, solto acima de uma extensão ilimitada" (LISPECTOR, 1964: 25).

Ao mesmo tempo, o quarto da empregada de nome humilde e traços visuais de rainha (LISPECTOR, 1964: 27) apresenta um aspecto marcado pela total diferença com o resto da habitação de G.H.:

> O quarto divergia tanto do resto do apartamento que para entrar nele era como se eu antes tivesse saído de minha casa e batido a porta. O quarto era o oposto do que eu criara em minha casa, o oposto da suave beleza que resultara de meu talento de arrumar, de meu talento de viver, o oposto de minha ironia serena, de minha doce e isenta ironia: era uma violentação das minhas aspas, das aspas que faziam de mim uma citação de mim. O quarto era o retrato de um estômago vazio (LISPECTOR, 1964: 28).

G.H. saíra do mundo possível e entrara no mundo não organizado, inóspito, desértico (OLIVEIRA, 2010). Fizera uma viagem do luxo ao caos.

Não cremos ser um "abuso" proveniente da nossa área de competência – a teologia – classificar a viagem de G.H. como mística. Ou até mesmo – ousaria mais – como crística. Pois crístico não é o movimento que faz o Filho de Deus ao não aferrar-se a suas prerrogativas e a esvaziar-se, despojar-se, humilhar-se (*ekénosen*), obediente até a morte, e morte de cruz? (Fl 2,5-11). E místico não é o movimento bilateral que faz a divindade unir-se à humanidade e vir resgatá-la a partir da lama do pecado onde se encontra mergulhada, cristificando-a e unindo-a a si mesmo no Espírito Santo, que habita em nós, em *kenosis* amorosa, podendo ser abafado, contristado e mesmo extinto, como afirma Paulo? (Ef 4,30)[29].

Com Benedito Nunes (1989: 58-76)[30], afirmamos que o itinerário de G.H. é místico. E é místico porque ascético e purificador, enquanto prepara o alargamento do eu que se segue à sua morte pelo sacrifício ascético de mergulhar no coração da matéria. Toca os extremos da condição humana, quais sejam: a vida e a morte. "A descida na direção dessa existência impessoal produz-se como verdadeira ascese: a personagem desprende-se do mundo e experimenta, após gradual redução dos sentimentos, das representações e da vontade, a perda do eu" (NUNES, 1989: 63).

A esta altura de nossa reflexão, poderíamos perguntar-nos se existe lugar para Eros, impulso vital e estimulador da vida, com a experiência tão asquerosa e nauseabunda de morder com os próprios dentes, a própria boca, a substância branca, pegajosa, úmida, de uma barata, de um inseto já em si mesmo repugnante aos sentidos humanos. Não seria a experiência de G.H. mera pulsão tanática, de morte, onde haveria apenas espaço para o amor enquanto ágape renunciante e mortificada, mais afim com uma mentalidade tradicional e dolorista?

Parece-nos que não. Senão, bastaria dar ouvidos e olhos à própria G.H., quando narra como a visão da barata remove sua sensibilidade inteira, da cabeça aos pés. "Vista de perto, a barata é um objeto de grande luxo. Uma noiva de pretas joias. É toda rara, parece um único exemplar. Prendendo-a pelo meio do corpo com a porta do armário, eu isolara o único exemplar" (LISPECTOR, 1964: 48). E mais: G.H. descobre, olhando a cara da barata enquanto viva, a identidade de sua vida mais profunda[31]. A barata seduz literalmente G.H.: "A barata é pura sedução. Cílios, cílios pestanejando que chamam" (LISPECTOR, 1964: 41, 62).

A presença de Eros se dá atraindo G.H., mulher refinada e acostumada ao conforto e ao luxo, para o ponto mais baixo da vida: a substância, a "carne" de uma barata, coração da matéria, presença do caos em seu falsamente ordenado mundo. Por isso a barata a atrai e ela a compara luxuosamente a "uma noiva de pretas joias, toda rara" e sente que ela é "pura sedução".

E essa atração se explica quando a protagonista explicita que a barata passou a constituir sua única passagem possível para a vida transfigurada e nova: "A entrada para este quarto só tinha uma passagem, e estreita: pela barata" (LISPECTOR, 1964: 44). E este quarto é vital na sua experiência, pois é o *tópos* que, facilitando-lhe o êxodo de seu "lugar" habitual, desprovido de sentido e significado, a leva a outro lugar que a fascina: o nada. "Eu chegara ao nada, e o nada era vivo e úmido" (LISPECTOR, 1964: 42).

Vivo e úmido como a placenta que envolve o feto em gestação e parturição. Vivo e úmido como os humores em meio aos quais é fecundada a vida. Lugar de novo nascimento de G.H., o quarto tinha uma atmosfera viva e úmida, não mais seca ou estéril como era o resto de sua casa, de seu mundo, de si própria.

Tudo, porém, não acabou ali. Não bastava entrar no quarto, contemplar a barata, olhar em sua cara, sentir a vida que jorrava de sua "umidade" branca. Havia agora que contemplar e sentir a proximidade da massa branca que saía da barata e convidava... a quê? À vontade de gritar diante daquilo que jorrava diante de seus olhos, G.H. sente com mais força e vigor que ali está sua chance, sua oportunidade, sua possibilidade única de entrar na vida verdadeira, no mundo tal como ele é e ela o deseja. E ela apela à mão que a sustenta: "É que, mão que me sustenta, é que eu, numa experiência que não quero nunca mais, numa experiência pela qual peço perdão a mim mesma, eu estava saindo do meu mundo e entrando no mundo" (LISPECTOR, 1964: 43).

G.H. está sendo literalmente parida. Entrando no mundo = não é esta a denominação que se dá ao parto? Dar à luz, nascer, entrar na vida e no mundo, com o ar invadindo os pulmões, sair da placenta ao ar puro e à convivência com as pessoas que não estão no útero, que não são o útero. Novo nascimento, a experiência de todos os místicos de todas as religiões, o ritual que acontece naquele momento no quarto da empregada Janair, parteira invisível e ausente, vai lançar G.H. em vida nova. Mas enquanto o processo vai se dando, sente-se mergulhada em escombros de uma civilização da qual tem que emergir, sem licença e sem permissão. Ela não é um cientista nem um padre, mas "uma mulher que nem sequer tem as garantias de um título" (LISPECTOR, 1964: 43).

A experiência mística de G.H., como a de todo ser humano, a faz vibrar de desejo de encontrar e experimentar o amor. E o amor vai se revelando a G.H. não sem grande dificuldade. Ela percebe que ainda não aceita totalmente ser desconstruída, sentir que morre seu eu, a fim de nascer de novo e novamente entrar em "outra" vida. Ainda tenta organizar o caos, organizar a esperança, organizar, ordenar... por medo.

> Por medo já estou organizando, vê como ainda não consigo mexer nesses elementos primários do laboratório sem logo querer organizar a esperança. É que por enquanto a metamorfose de mim em mim mesma não faz nenhum sentido. É uma metamorfose em que perco tudo o que eu tinha, e o que eu tinha era eu – só tenho o que sou. E agora o que sou? Sou: estar de pé diante de um susto. Sou: o que vi (LISPECTOR, 1964: 45).

E o que vê é que o amor que busca e que deseja é a matéria viva. E que não pode a ele aceder sem passar, sem comungar com esta matéria viva: "que abismo entre a palavra amor e o amor que não tem sequer sentido humano – porque – porque amor é a matéria viva" (LISPECTOR, 1964: 45). E, para receber permissão de caminhar até esse amor, precisa tocar e aproximar-se daquilo que é "imundo", proibido. E transgredir. E "pecar", diríamos nós. "Eu fizera o ato proibido de tocar no que é imundo" (LISPECTOR, 1964: 49).

G.H. tocara no imundo. Como, na plenitude dos tempos, aquele que não conheceu o pecado, Deus o fizera pecado para salvar a todos (2Cor 5,21). O mergulho kenótico a atrai e a aterroriza. Tocar no imundo e ficar impura como ele. Por que não?

> Abri a boca espantada: era para pedir um socorro. Por quê? Por que não queria eu me tornar imunda quanto a barata? Que ideal me prendia ao sentimento de uma ideia? Por que não me tornaria eu imunda, exatamente como eu toda me descobria? O que temia eu? Ficar imunda de quê? Ficar imunda de alegria (LISPECTOR, 1964: 50).

O que G.H. começa a sentir já é alegria. Alegria agápica misturada ao horror da imundície, do pecado e do caos. Alegria primordial e gratuita, que dela não depende, mas de "outro", daquela mão que sustenta e toca a sua, daquela mão na qual confia e com a qual dialoga e à qual suplica: "Ah, não retires de mim a tua mão" (LISPECTOR, 1964: 50).

G.H. contempla a barata. E a vê. Ou melhor, por ela é vista. E esse olhar era doador de vida e existência:

> se seus olhos não me viam, a existência dela me existia – no mundo primário onde eu entrara, os seres existem os outros como modo de se verem. E nesse mundo que eu estava conhecendo há vários modos que significam ver: um olhar o outro sem vê-lo, um possuir o outro, um comer o outro, um apenas estar num canto e o outro estar ali também: tudo isso também significa ver. A barata não me via diretamente, ela estava comigo (LISPECTOR, 1964: 52).

Estar comigo, conviver comigo. Comer o outro, possuir o outro. É todo um vocabulário de comunhão que se inaugura na existência de G.H.

Além de ver, G.H. começa a colocar em movimento o tato, ou seja, a abrir seu interior para poder ser tocada pela barata, pela presença da barata. E percebe como ao longo de toda a vida fugiu do toque da verdade, do amor, daquilo que constitui a vida mesma:

> A barata me tocava toda com seu olhar negro, facetado, brilhante e neutro. E agora eu começava a deixá-la me tocar. Na verdade eu havia lutado a vida toda contra o profundo desejo de me deixar ser tocada... Mas agora eu não queria mais lutar contra... Com nojo, com desespero, com coragem, eu cedia. Ficara tarde demais, e agora eu queria (LISPECTOR, 1964: 60).

Por trás da ânsia de vida e comunhão de G.H. há uma gravidez malquerida e um aborto. Não é à toa que os olhos da barata que a veem e a tocam são por ela comparados a "dois ovários neutros e férteis" que a remetem aos seus, também neutros e férteis e tornados infecundos (LISPECTOR, 1964: 61). E a confissão da morte do embrião se alia ao esmagamento da barata quando G.H. diz, em profunda desolação e desamparo: "Mãe: matei uma vida, e não há braços que me recebam agora e na hora do nosso deserto, amém" (LISPECTOR, 1964: 63). A evocação da maternidade perdida faz G.H. voltar-se para o chamado da Mãe, que ela suplica gemendo: Mãe, Mãe. "Como se ter dito a palavra 'mãe' tivesse libertado em mim mesma uma parte grossa e branca – a vibração intensa do oratório de súbito parou, e o minarete emudeceu" (LISPECTOR, 1964: 64).

G.H. sente sua esterilidade diante da fertilidade da barata como infernal. A barata se perpetuará, pois tem em si o germe da permanência. Porque teve filhos. Mas G.H. teme a morte, porque na sua esterilidade consentida até então sabe que morrer é acabar, que não há posteridade nem permanência. É disso que a fertilidade da barata a acusa.

> Aquela barata tivera filhos e eu não: a barata podia morrer esmagada, mas eu estava condenada a nunca morrer, pois se eu morresse uma só vez que fosse, eu morreria. E eu queria não morrer, mas ficar perpetuamente morrendo como gozo de dor supremo (LISPECTOR, 1964: 83).

E G.H. confusamente solta a mão que a sustentava até ali (LISPECTOR, 1964: 84) para continuar sozinha o percurso em direção ao Deus que a chama e que dela quer algo que ela sente não poder dar.

> Eu estava em pleno seio de uma indiferença que é quieta e alerta. E no seio de um indiferente amor, de um indiferente sono acordado, de uma dor indiferente. De um Deus que, se eu amava, não compreendia o que Ele queria de mim. Sei, Ele queria que eu fosse o seu igual, e que a Ele me igualasse por um amor de que eu não era capaz (LISPECTOR, 1964: 83).

G.H. percebe-se no seio de uma provação que Deus lhe envia para purificá-la. E ao tomar consciência disso, em lágrimas, sente que o Deus vem a ela.

> E no soluço o Deus veio a mim, o Deus me ocupava toda agora. Eu oferecia o meu inferno a Deus. O primeiro soluço fizera – de meu terrível prazer e de minha festa – uma dor nova:

> que era agora tão leve e desamparada como a flor de meu próprio deserto. As lágrimas que agora escorriam eram como por um amor. O Deus, que nunca podia ser entendido por mim senão como eu o entendi: me quebrando assim como uma flor que ao nascer mal suporta se erguer e parece quebrar-se (LISPECTOR, 1964: 89).

G.H. percebe então que o inferno, a tentação suprema, não é o sexo ou qualquer outra matéria que pode ser transgressora. Mas o amor.

> O inferno pelo qual eu passara – como te dizer? – fora o inferno que vem do amor. Ah, as pessoas põem a ideia de pecado em sexo. Mas como é inocente e infantil esse pecado. O inferno mesmo é o do amor. Amor é a experiência de um perigo de pecado maior – é a experiência da lama e da degradação e da alegria pior. Sexo é o susto de uma criança. Mas como falarei para mim mesma do amor que eu agora sabia? (LISPECTOR, 1964: 91).

Agora sabe. À diferença de Franz Kafka, em seu famoso livro *Metamorfose*, quando o protagonista se experimenta transformado em barata, G.H. continua humana. A barata tem sido sua pedagoga para saber desse amor que antes não sabia e agora sabe. Amor que não é simples, mas que carrega em si ao mesmo tempo o diálogo com Deus e uma aterrorizante "descida aos infernos". E – nos perguntamos – não estaria aí um novo elemento crístico que pede para ser mais ricamente explorado pela teologia?

E G.H. percebe que nesta descida aos infernos e nesta entrada no coração do nada, do neutro, não estava diante do demônio, mas de Deus. Deus que responde a suas perguntas com outras perguntas. "O que és?, e a resposta é: És. O que existes?, e a resposta é: O que existes. Eu tinha a capacidade da pergunta, mas não a de ouvir a resposta" (LISPECTOR, 1964: 92). E ao olhar do teólogo é impossível de aí não ver a judeidade de Clarice emergindo com força; é impossível não sentir uma proximidade perigosa e estonteante entre a fala de G.H. e a de Moisés diante da sarça ardente, em Ex 3,1ss. É impossível não pensar em Rudolf Otto, quando descreve a experiência do Sagrado e do Santo – de Deus, enfim – como experiência do numinoso, ou seja, do mistério inexpugnável que é *tremendum et fascinans*, isto é, que causa medo e ao mesmo tempo seduz (OTTO, 1980).

Na verdade G.H. começara pela resposta sem haver sofrido a pergunta. E se embrenhara por uma floresta de respostas parciais que foram incapazes de levá-la à pergunta, à questão primordial. "Então eu me havia perdido num labirinto de perguntas, e fazia perguntas a esmo, esperando que uma delas ocasionalmente correspondesse à da resposta, e então eu pudesse entender a resposta" (LISPECTOR, 1964: 92). Agora a resposta – e a pergunta – tremem e vibram à sua frente, convidando a dar o passo que a separa da matéria, da coisa, do mistério enfim. "Tremo de medo e adoração pelo que existe" (LISPECTOR, 1964: 94).

Porém, agora, apesar do medo, não há como recuar. "Mas agora era tarde demais. Eu teria que ser maior que meu medo, e teria que ver de que fora feita a minha humanização anterior" (LISPECTOR, 1964: 97). G.H. percebe que teria que dar adeus à beleza, que antes lhe fora um engodo suave (LISPECTOR, 1964: 106). Terá que aceitar que "agora meu mundo é o da coisa que eu antes chamaria de feia ou monótona – e que já não me é feia nem monótona" (LISPECTOR, 1964: 106). É um mundo "cru, é um mundo de uma grande dificuldade vital" (LISPECTOR, 1964: 106). G.H. vai aceitando a consumação de seu despojamento, de sua purificação, que a aproximam do passo final da comunhão.

Em descida apofática, também recusa sua antiga forma de falar com Deus, catafática. Atira-se vertiginosamente para o mundo da não linguagem, da não palavra, quando falar com Deus é exercício mudo (LISPECTOR, 1964: 108)[32]. Ela percebe que, enquanto estivesse estagnada no nojo – nojo da pobreza, nojo da feiura, nojo da caridade (beijar o leproso) –, o mundo lhe escaparia e ela escaparia de si mesma (LISPECTOR, 1964: 110). Para G.H. chegara o momento de não transcender mais, de encontrar a redenção na própria coisa. "E a redenção na própria coisa seria eu botar na boca a massa branca da barata" (LISPECTOR, 1964: 113).

Aí vai acontecer a páscoa de G.H. Seu processo kenótico fechará seu círculo. A descida despojante, humilhante, obediente, será consumada. Sem concessões ou reduções. Pois aquilo era a graça, era o amor, era – em suas palavras – o antipecado (LISPECTOR, 1964: 111)[33]. "Ao preço de atravessar uma sensação de morte" (LISPECTOR, 1964: 111). É o que a faz sentir-se próxima e ao mesmo tempo distante dos santos que beijam leprosos e tocam em feridas, embora lhe faltasse a humildade destes. Em pleno nojo, náusea, vômito do gesto feito, emerge a consciência de estar no epicentro da santidade, do milagre. "A fé – é saber que se pode ir e comer o milagre. A fome, esta é que é em si mesma a fé – e ter necessidade é a minha garantia de que sempre me será dado. A necessidade é o meu guia" (LISPECTOR, 1964: 114).

A G.H. foram abertas as portas não talvez da felicidade, mas da alegria. "O que estou sentindo agora é uma alegria. Alegria vital. Através da barata viva estou entendendo que também eu sou o que é vivo. Ser vivo é um estágio muito alto, é alguma coisa que só agora alcancei" (LISPECTOR, 1964: 115). G.H. abraçou o nada e agora caminha para a despersonalização, ávida pelo mundo, para a perda de tudo que lhe é conhecido. "Quem não perder a própria vida morrerá" (Mc 8,34–9,1). A revelação da barata é a revelação do mundo e da vida como um todo. "Assim como houve o momento em que vi que a barata é a barata de todas as baratas, assim quero de mim mesma encontrar em mim a mulher de todas as mulheres" (LISPECTOR, 1964: 118). G.H. renunciou a tudo, até ao próprio nome. E por isso se encontra em qualquer outro ser humano, em qualquer espaço ou tempo de vida. "E eu também não tenho nome, e este é o meu nome. E porque me despersonalizo a ponto de não ter o meu nome, respondo cada vez que alguém disser: eu" (LISPECTOR, 1964: 119).

E surpreendentemente a personagem exclama: "a dor não é alguma coisa que nos acontece, mas o que somos". E é aceita a nossa condição como a única possível, já que ela é o que existe, e não outra. E já que vivê-la é a nossa paixão. A condição humana é a paixão de Cristo. Paixão de Cristo, paixão de G.H., segundo G.H., segundo Clarice. Eros levou G.H. até ágape. G.H. está batizada: "Oh Deus, eu me sentia batizada pelo mundo. Eu botara na boca a matéria de uma barata, e enfim realizara o ato ínfimo" (LISPECTOR, 1964: 121).

Ato ínfimo, ato kenótico? Pelo ato ínfimo, G.H. chega à plenitude ansiada e desejada. Não compreender, não dominar, não pairar por cima das coisas. Mas descer, mergulhar, sujeitar-se ao ínfimo, ao coração da matéria, mergulhar na descida para encontrar então aquilo que não consegue nomear, mas cujo nome existe e é mistério inexpugnável. Atraída por Eros, misteriosamente, à beleza invertida daquilo que o vulgo convencionou chamar de feio, encontra ágape em amor oblativo, gratuito, adorante. "A vida se me é, e eu não entendo o que digo. E então adoro" (LISPECTOR, 1964: 122).

Conclusão: a conexão entre Eros e ágape na obra de Clarice

Nos dois livros que examinamos, sem nem de longe esgotar sua riqueza, Clarice Lispector oferece pistas para a teologia com relação à dificuldade que sempre ameaçou a concepção do amor cristão constituída por uma artificial e negativa separação entre Eros e ágape. Em ambos, apresenta ao leitor experiências humanas profundas em que os dois dinamismos estão presentes de forma integrada e recíproca, gerando uma tensão dialética que é fecunda e verdadeira.

Em *Uma aprendizagem ou O livro dos prazeres* apresenta-nos o processo de encontro amoroso entre um homem e uma mulher que é ao mesmo tempo uma aventura existencial e mística. Iniciados ambos em um itinerário que vai além de si mesmos, Lóri e Ulisses encontram o amor descobrindo dimensões insuspeitas da vida. Seu encontro tem algo de religioso e ritual, mostrando assim a dimensão inegavelmente misteriosa – e, portanto, mística – de sua união. Embora Eros ocupe o primeiro plano do processo, ágape vai paulatinamente com ele entrelaçando-se, a fim de que o amor de Lóri e Ulisses apareça transfigurado em comunhão vital e profunda no final da narrativa. Narrativa esta que segue no que será a vida das personagens, a vida da humanidade mesma.

Em *A paixão segundo G.H.* a autora coloca o leitor diante de um itinerário kenótico de descida ao mais baixo, ao mais ínfimo, ao coração da matéria e à comunhão com essa matéria na contramão de toda e qualquer superficialidade e estética previamente convencionada. O despojamento progressivo e total de G.H. a fará chegar à adoração. E nesse processo entrará a partir de uma sedução e uma atração que não deixa de ser erótica por um ser que está nas fundações da criação e que sobrevive ao caos: uma barata. A pulsão tanática que a faz comungar com a barata quando come sua entranha a fará encontrar a vida, agapicamente, em mansa alegria e integração. É uma G.H. transfigurada, longe da mulher burguesa, fútil e acostumada ao luxo e ao prazer fácil a que se inclinará em humilde adoração e reverência no final da narrativa.

Como diz o Papa Bento XVI, para ajudar-nos a encerrar nossa reflexão:

> [...] o amor promete infinito, eternidade – uma realidade maior e totalmente diferente do dia a dia da nossa existência. [...] o caminho para tal meta não consiste em deixar-se simplesmente subjugar pelo instinto. São necessárias purificações e amadurecimentos, que passam também pela estrada da renúncia. Isto não é rejeição do *Eros*, não é o seu "envenenamento", mas a cura em ordem à sua verdadeira grandeza.
>
> Isto depende primariamente da constituição do ser humano, que é composto de corpo e alma. O homem torna-se realmente ele mesmo quando corpo e alma se encontram em íntima unidade; o desafio do *Eros* pode considerar-se verdadeiramente superado, quando se consegue esta unificação. Se o homem aspira a ser somente espírito e quer rejeitar a carne como uma herança apenas animalesca, então espírito e corpo perdem a sua dignidade. E se ele, por outro lado, renega o espírito e consequentemente considera a matéria, o corpo, como realidade exclusiva, perde igualmente a sua grandeza (BENTO XVI, 2005).

A obra de Clarice Lispector ajuda a teologia a caminhar no sentido de refletir esta integração e comunicá-la às novas gerações.

As escrituras de João
(reflexões sobre o bem e o mal em
Grande sertão: veredas)

A obra-prima de Guimarães Rosa, *Grande sertão: veredas*, considerada por muitos críticos e escritores a obra maior em romance da literatura brasileira, tem sido, ao longo de sua história, ocasião de reflexões várias, provindas de diferentes campos e áreas do saber. De parte de escritores brasileiros de primeira grandeza, *Grande sertão* é louvado em todos os tons, comparado mesmo à Bíblia pela grande poetisa mineira Adélia Prado (1976: 82).

Não é de admirar que a teologia igualmente se sinta interpelada pelo drama de amor e ódio, de salvação e perdição que constitui a saga do jagunço Riobaldo, seu desejo de amar, seus encontros e desencontros, mormente a relação com Diadorim, que constituirá – a nosso ver – sua epifania maior sobre o sentido da vida. Na verdade é todo o problema da teodiceia – o questionamento sobre a compatibilidade entre a existência de Deus e a realidade do mal – que está exposto pela pena magistral de Rosa em *Grande sertão*.

Este texto pretende refletir sobre a questão a partir do ângulo que lhe é específico: o da fé e da teologia cristãs.

Num primeiro momento, procuraremos situar a questão do bem e do mal, tal como a entendem a doutrina da Igreja e a reflexão teológica. Em seguida, procuraremos analisar como a temática do mal emerge no livro de Guimarães Rosa em termos de configuração e contornos. Finalmente, procuraremos ver como a literatura e a prosa rosianas podem iluminar e desafiar a teologia na construção do discurso que lhe é próprio e vice-versa: como a teologia pode dar elementos para uma leitura outra do texto literário.

Teodiceia ou o eterno problema do mal

Desde os primeiros momentos de sua existência, a fé cristã – na esteira de todas as religiões e visões de mundo – se debate na tentativa de explicar o problema e a existência do mal sobre a terra. A crença judaico-cristã em um Deus transcendente e criador, que cuida de suas criaturas com terno amor e desvelo, e que é justo acima de tudo, não se compagina facilmente com a existência do mal, da injustiça, da violência e da dor sem remédio na qual estão irremediavelmente envolvidas a criação e a vida humanas.

O problema, portanto, não é levantado pelo cristianismo. Já havia sido colocado pela filosofia grega 300 anos antes da ascensão dessa religião. E, a bem da verdade, muito antes dos gregos, por tantos mitos e religiões ancestrais, às voltas com os males deste mundo e os deuses do outro, pois o excesso de mal gera equivalência no excesso de bem (deuses) (SOARES, 2003: 13).

Resumo paradigmático do acima exposto é, por exemplo, a clássica proposição de Epicuro: ou Deus quer eliminar o mal do mundo, mas não pode; ou pode, mas não quer fazê-lo; ou não pode e nem quer fazê-lo; ou pode e quer eliminá-lo. Se quer e não pode, é impotente; se pode e não quer, não nos ama; se não quer e nem pode, além de não ser um Deus bondoso, é impotente; se pode e quer – e esta é a única alternativa que, como Deus, lhe diz respeito –, de onde vem, então, o mal real, e por que não o elimina de uma vez por todas? (SOARES, 2003: 13).

Resolver esta espinhosa questão pela negação da existência de Deus não é caminho que prometa fecundidade. A existência ou inexistência dos deuses não elimina a dor física ou moral, ou mesmo o vazio que fica após a morte de um ente querido. Ademais, muita gente, no passado, deve ter roçado essa solução para o dilema. Mas depararam com a seguinte ponderação de Boécio, filósofo dos primórdios da Idade Média, que assim anotou em *A consolação da filosofia*: "Se Deus existe, de onde vem o mal? Mas, se não existe, de onde vem o bem?" (SOARES, 2003: 13).

O grande filósofo francês Paul Ricoeur enfrentou esta questão em vários de seus trabalhos (1960, 1963, 1986). Percorrendo a história da filosofia sobre a questão da teodiceia[34], Ricoeur começa por apresentar o estágio "ontoteológico" do pensamento, na época da metafísica pré-kantiana, particularmente com relação à teodiceia de Leibniz[35].

Nesse tipo de discurso, Ricoeur salienta o fato de que a ontoteologia chega a um impasse no momento em que tenta esgotar o problema do mal e de Deus através da razão, de acordo com o princípio de uma não contradição sistematicamente totalizante. Para alcançar algum sucesso teórico e hermenêutico nesta tarefa, Ricoeur vai propor então um estudo fenomenológico da experiência do mal, percorrendo os diversos tipos de discursos suscitados por essa problemática, refletindo não apenas sobre a origem e a razão de ser do mal como também sobre suas consequências, envolvendo então reflexão teórica e pensar com ação e sentimento (RICOEUR, 1986: 22).

Propõe-se enfrentar o problema de pensar o mal a partir da distinção entre mal cometido e mal sofrido. Assim, Ricoeur dirá que o mal moral – o pecado, em linguagem religiosa – designa o que transforma a ação humana em objeto de censura e repreensão. A acusação representa a pena imputada ao indivíduo que violou o código ético da comunidade à qual pertence. E o sofrimento que exista aqui será necessariamente um sofrimento infligido.

Porém, o mal sofrido, ou sofrimento, considerado no rigor de seu sentido, difere do pecado. Não é uma consequência de um mal moral, mas, pelo contrário, possui raízes inocentes e não imputáveis e não encontra referência a nenhuma instância superior que possa ser responsabilizada por sua existência. Tal tipo de mal decorre de uma série de causas que afetam o humano, tais como adversidades da natureza, enfermidades do corpo e da mente, dor provocada pelas perdas de pessoas queridas, perspectiva assustadora da própria morte. Se o mal moral, o pecado, aponta para um responsável culpado, por outro lado o sofrimento faz vítimas muitas vezes inocentes.

O mal físico consiste antes de tudo na dor. *Grande sertão: veredas* tematiza a existência dessa dor da natureza perceptível nas deformações dos animais domésticos; nas raízes e nos frutos venenosos, que não alimentam, mas matam; nos animais ferozes; nas pedras que envenenam as águas. Segundo Riobaldo,

> [...] o sertão está cheio desses... Porque existe dor. E a vida do homem está presa encantoada – erra rumo, dá em aleijões como esses, dos meninos sem pernas e braços. Dor não dói até em criancinhas e bichos, e nos doidos – não dói sem precisar de se ter razão nem conhecimento? [...] O senhor não vê? O que não é de Deus é estado do demônio (ROSA, 2001: 47-48).

Quanto ao mal moral, encontra seu nascedouro na liberdade humana. No livro de Rosa aparecem diversos personagens que fazem e cometem o mal, semeiam violências, dominam os mais fracos, matam pelo simples prazer de matar. As duas figuras maiores da encarnação desse mal são Hermógenes e Ricardão, que deixam um lastro de sangue por onde passam. Porém o herói rosiano é lúcido e enxerga o mal em si mesmo também, em suas intenções, ações e operações. Experimenta a sedução do mal e sente-se impulsionado a praticá-lo, mesmo sem entender o porquê e a razão. Descobre-se então humano e teme a ambivalência de sua liberdade. Identifica esse misto de claro e escuro, de luz e trevas, que configura o fundo mais profundo do coração humano: "[...] a água só é limpa é nas cabeceiras. O mal ou o bem, estão é em quem faz; não é no efeito que dão" (ROSA, 2001: 81).

Porém o livro de Guimarães Rosa vai tratar também do mal metafísico. Este aparece – segundo alguns autores e comentadores (BRESSIANI, 2002) – na melancolia e na depressão que se faz companheira fiel e constante de Riobaldo. O herói toca a experiência da precariedade da vida, da transitoriedade das coisas, da finitude humana. Apalpa a negatividade do mundo, o nada da existência, o absurdo e a falta de sentido. A inventiva e neológica linguagem rosiana inventa infinitas expressões para traduzir essa experiência que é de Riobaldo, mas também de todo ser humano, ser de linguagem calado pela presença do absurdo e do sem-sentido. A expressão "nonada" – negativo do negativo –, que abre a narrativa e a acompanha, reaparecendo aqui e ali, deixa Riobaldo perplexo e o faz estremecer e exclamar: "A gente só sabe bem aquilo que não entende" (ROSA, 2001: 332), "tudo é desordem" (ROSA, 2001: 346).

E aquilo que não se entende – mistério e enigma – é o que faz a humanidade debater-se sempre com o problema e a questão do mal, sem conseguir resolvê-la. Por que então nunca desistiu nem desiste? Simplesmente porque perguntar-se sobre o mal é perguntar-se sobre o sentido da vida e do mundo. É perguntar-se sobre a questão aparentemente sem solução do por que nasci, sem ter pedido para tal. E por que, uma vez que estou vivo, tenho que morrer, já que não quero que isso aconteça? E por que o inocente sofre, o jovem morre prematuramente, a criança nasce aleijada, os ímpios vencem os justos? Por quê? Por quê?

Perguntar-se pelo mal é, pois, perguntar-se pela finitude não aceita, pela morte indesejada e apesar disso acontecida, pelo absurdo da morte do inocente, do sofrimento do justo, dos acidentes vários, das doenças degenerativas, das violências todas de cada dia que deixam um lastro de sangue e vítimas atrás de si, das dores inexplicáveis e presentes diuturnamente ao longo do tempo inclemente, que não as mitiga nem as redime. E é também perguntar-se por que, parafraseando o Apóstolo Paulo, cada ser humano, incluído eu mesmo, tantas vezes "faço o mal que não quero e não faço o bem que quero" (Rm 7,15).

O mal é o sem-sentido, e é justamente por isso que o ser humano sente necessidade de descobrir para ele um sentido para além ou apesar das dores deste mundo. Hoje em dia, quando esse mal toma formas extremamente insidiosas em termos talvez nunca antes vistos, os estudos da religião e também da teologia – bem especialmente a teologia católica – se veem obrigados a repensar seu discurso e sua maneira de apresentar o mal a homens e mulheres da contemporaneidade.

É assim que a Sagrada Congregação para a Doutrina da Fé, em documento de 6 de julho de 1975, reflete detidamente sobre o tema "Fé cristã e demonologia", tratando sobretudo das raízes bíblicas e patrísticas da questão do diabo como personificação da presença do mal no mundo. Ao declarar que o diabo não é a preocupação central do cristianismo e, portanto, tampouco e não mais da Igreja, o documento declara não obstante ser dever de a Igreja instruir corretamente os fiéis sobre a doutrina cristã e católica neste particular (SAGRADA CONGREGAÇÃO PARA A DOUTRINA DA FÉ, 1975: 1)[36]. A preocupação do magistério eclesiástico reside em dois pontos: não só está presente o temor de que a pregação da Igreja se torne obsessivamente centrada no demônio, no mal e seus derivados, como já

acontece inclusive em algum momento da história[37], como
também existe a preocupação de que se caia no

> erro, de fato, e bem funesto, o comportar-se,
> uma vez que a história já foi completada
> com os elementos do seu devir – como se
> a redenção já tivesse obtido todos os seus
> efeitos, sem ser necessário doravante
> aplicar-se naquela luta de que nos falam
> o Novo Testamento e os mestres da vida
> espiritual (SAGRADA CONGREGAÇÃO
> PARA A DOUTRINA DA FÉ, 1975: 1).

Na verdade, há uma grande pluralidade de cosmovisões
que subjazem às explicações do mal e do maligno. E assim
é porque também plurais são as antropologias que as conduzem, isto é, as maneiras como o ser humano entende a si
mesmo e a sua relação com o outro, com o mundo e com
os deuses. A obra-prima de Guimarães Rosa, *Grande sertão:
veredas*, vai nos trazer uma destas cosmovisões e antropologias. Assim, o diálogo entre a literatura e a teologia poderão
talvez dar-nos uma ajuda a mais para avançarmos na compreensão desta realidade tão complexa do bem e do mal, que
desafia o ser humano desde que o mundo é mundo.

Riobaldo: o ser humano entre Deus e o diabo

A saga do jagunço Riobaldo tem tido várias interpreta-
ções por parte de muitos e múltiplos estudiosos, de diversas
áreas do saber, que se debruçaram sobre a obra-prima de
Guimarães Rosa[38]. Aqui procuraremos dar-lhe uma interpretação oriunda da antropologia teológica cristã, na qual
consideramos Riobaldo como o protótipo do ser humano,

que se debate durante toda a sua vida entre o bem e o mal, entre a graça e o pecado, entre Deus e o diabo.

Ao longo deste embate, que tem a forma exterior da violência e da brutalidade, da jagunçagem e seu cheiro de morte, entremeado e atravessado pelo amor, pela beleza e pelo desejo da santidade, Riobaldo faz na verdade a viagem – travessia – ao fundo de si mesmo. E no si mesmo encontra o outro e faz uma aproximação conclusiva do mistério de Deus e do ser humano. Defronta-se também com a pergunta pela existência do diabo, que vai, no imaginário rosiano, sintetizar a essência dos três males cuja tipologia procuramos descrever acima: físico, moral e metafísico. Na medida em que a presença do demônio aparece latente no interior de Riobaldo, ele vai sentindo que esta se incorpora no humano e o suspende sobre um abismo, de onde se insinuam todos os matizes do mal. Daí acontece o confronto inevitável entre o ser humano e satanás, em que o humano se verá a braços com a própria vacuidade de sentido.

Nesta viagem-travessia, jamais as coisas sobre o bem e o mal, o amor e o ódio, a vida e a morte vão estar claras e discriminadas para o jagunço Riobaldo, que tal se torna ao vagar sem destino após descobrir ser filho natural daquele que acreditava ser seu padrinho, Selorico Mendes; após viver ao lado do fazendeiro Zé Bebelo, que combate os jagunços em nome do poder oficial; até reencontrar o menino cuja figura marcara sua infância e que agora tem um nome público – Reinaldo –, mas cuja identidade está na revelação do verdadeiro nome, pronunciado em segredo apenas ao ouvido e pelos lábios de Riobaldo: Diadorim.

A opção pelo tornar-se jagunço, empunhar armas, ferir e matar, se desenrola ao mesmo tempo em que cresce, paralelamente, o amor por Diadorim, que confunde e quase exaspera o macho Riobaldo. O ser humano que é Riobaldo se confunde ao perceber no fundo de si mesmo, entrelaçadas, as pulsões da vida e da morte, da belicosidade que o faz participar do bando de jagunços que mata e da compaixão que o faz interceder pela vida de Joca Ramiro quando este é levado a julgamento depois de derrotado por Hermógenes e Ricardão.

Confunde-se também e sobremaneira ao constatar que o que sente por Diadorim é mais do que companheirismo, amizade. É amor, e isto não é sentimento que em sua visão de mundo um homem possa sentir por outro. O mistério da pessoa que é Diadorim, que ferido desaparece e não revela onde esteve, que recebendo a notícia da morte de Joca Ramiro desmaia e acorda apenas a tempo para repelir violentamente a mão seduzida de Riobaldo prestes a abrir-lhe o jaleco de couro, atrai e amedronta o jagunço.

É a atitude do ser humano cada vez que se defronta com aquilo que pertence a uma esfera maior e mais além do si mesmo: a esfera do transcendente, do sagrado, do santo. O homem criado e limitado, diante da epifania do absoluto que se reveste de mediação ao alcance dos sentidos, sente atração irresistível e temor irrefreável. O *mysterium fascinans* é também *mysterium tremendum*, como diz Rudolf Otto, e é diante dele que balança e se faz frágil todo o universo rosiano (OTTO, 1980).

A experiência do absoluto como experiência dos confins do humano. Aquilo que experimenta Riobaldo tem inquietado constantemente os estudiosos da religião. A experiência religiosa passou a ser categoria tomada a sério pelo pensar conceitual e por todas as áreas que constituem as atualmente assim chamadas ciências da religião (filosofia, psicologia etc.) há algumas décadas. Inicialmente, nos anos de 1950, Jean Mouroux escreve uma obra clássica sobre a experiência cristã, em que vai distinguir diversos graus de profundidade (MOUROUX, 1954). Esses diversos níveis ou graus nos permitem a aproximação a uma conceituação de experiência religiosa, distinguindo-a daquilo que ela não é.

O nível empírico designa a experiência vivida sem "repetição" pela reflexão crítica. Com o experimental acede-se à experiência provocada: ela coordena os seus elementos para constituir a ciência. O experiencial marca o engajamento e o compromisso mais completo da pessoa; ela se entrega com seu ser e seu ter, sua reflexão e sua liberdade; ela se doa a si mesma, numa significação singular face ao evento, e este "sentido" novo pode fornecer matéria de testemunho. "Neste sentido", diz Mouroux, "toda experiência espiritual autêntica é de tipo experiencial" (MOUROUX, 1954: 10). Assim, nascida com o simplesmente vivido, a experiência se eleva, na ciência, até o nível racional, e é trazida, em tal momento privilegiado, ao existencial – ou metaempírico. É deste último tipo que releva a experiência religiosa.

Seguindo a reflexão com o material que nos fornece Mouroux, aquilo que em teologia podemos chamar de experiência religiosa nos traz, portanto, ao mesmo tempo em que a abertura de um vasto campo de reflexão – hoje mais do que nunca, uma vez que o campo religioso sofreu profundas mudanças e apresenta uma série de áreas veladas mais que reveladas –, uma série não menor de ambiguidades que tornam a definição do conceito uma tarefa nada fácil nem simples.

Antes disso, porém, no começo do século XX (mais concretamente em 1917), aparece o célebre livro de Rudolf Otto, *Lo santo* (1980: 14-21), que vai tentar uma definição mais rigorosa do que seria a experiência religiosa, sem entrar diretamente nos domínios confessionais de uma determinada instituição. Segundo ele, a experiência religiosa traz consigo uma incomensurabilidade entre tudo que releva do entendimento ou da razão e o conjunto de fenômenos referenciáveis ao experimentar propriamente dito. Uma tal experiência escaparia, portanto, a toda aproximação racional. Ela não se radica nem na ordem da verdade (p. ex., a experiência metafísica do Deus verdadeiro em Descartes ou a argumentação das provas ontológicas), nem na ordem da ética (notadamente tal como Kant pretendeu fundá-la a partir de postulados da razão prática), nem mesmo na ordem do teleológico ou da organização do sentido.

Para Otto, a experiência religiosa é irredutível em termos de ideia, conceito, noção abstrata, preceito moral. Todas essas operações do pensamento são por demais "pacíficas" para serem adequadas àquilo que jorra quando o sagrado se manifesta numa experiência singular. Mais ainda, a experiência religiosa escapa ao "bom-senso". Otto mostra que é uma vivência terrível, devastadora para aquele sobre a qual ela se derrama. A experiência referida pela expressão paulina "Deus vivo" é a de um poder aterrorizante e esmagador para o humano, escapando a toda mediação mental (Hb 10,31). Segundo Otto, esta experiência é a da onipotência divina. O que é encontrado no decurso dela é da ordem do "totalmente outro". Um ser singular está subitamente posto em presença de uma realidade irredutível a tudo que releva da ordem do cosmos ou do humano.

O que é então vivido escapa a todo pensamento como a toda vontade. Deste estranhamento radical, ontológico, que jorra no campo da experiência humana, nasce no ser que a sofre uma atitude paradoxal, no limite do suportável, e que pode fazer balançar na demência um psiquismo insuficientemente preparado. Por um lado, nasce um sentimento de medo, de pavor, de terror sagrado – sentimento esmagador que Otto designa como *mysterium tremendum*. Mas, por outro lado, impõe-se o sentimento de uma atração irresistível, de um ser arrancado da vida ordinária, de uma urgência de "ver" com risco de morrer – sentimento irreprimível que Otto define como *mysterium fascinans*.

Essa ambivalência extrema que carrega a experiência do sagrado foi nomeada por ele como "numinosa"[39]. Tudo se passa como se o efeito numinoso que carrega uma tal experiência fosse devido ao brusco acesso daquele que a experimenta a uma realidade que nenhuma categoria pode delimitar. Esta mudança brusca de nível de consciência se manifesta por um conflito de atitudes que marca a irredutibilidade de tal experiência em termos de posições recíprocas do eu e do mundo. Ela não pode se exprimir senão por um sentimento contraditório que toma todo o ser que a experimenta: uma "aterrorizante atração", um "terrível impulso" etc. Este sentimento se encontra mais além do antagonismo vital sobreviver-morrer, que forma a base psíquica do consciente. Não é numa relação de tipo interior-exterior que se joga o face a face do humano e do divino. É a experiência de uma relação entre duas ordens, dois tipos, dois níveis de realidade, um superior e outro inferior. Esta revelação esmagadora é a de um poder tão radicalmente "outro" que é vivido pelo ser humano como um "estar à beira do abismo", como um balançar-se em seu próprio nada[40].

Em sua obra *A experiência interior*, G. Bataille (1992: 13-14, 131-133) vai ratificar a afirmação de Rudolf Otto ao procurar libertar o que se entende por experiência mística dos limites confessionais e institucionais. Assim, Bataille entende por experiência mística toda experiência que faz o ser humano tocar a fímbria dos confins da existência e do mundo, assim como os extremos de seu próprio ser humano.

Assim é, parece-nos, a experiência que vai descrever Guimarães Rosa como vivida pelo jagunço Riobaldo, a nosso ver protótipo de todo ser humano, no seu afã de experimentar, tocar e descobrir a raiz do bem e do mal, de Deus e do diabo. Dilacerado entre o amor por Diadorim, que contraria todas as regras e os parâmetros da normalidade, Riobaldo se contorce e se debate: "De que jeito eu podia amar um homem, meu de natureza igual, macho em suas roupas e suas armas, espalhado rústico em suas ações? Me franzi. Ele tinha a culpa? Eu tinha a culpa [...] O sertão não tem janelas nem portas" (ROSA, 2001: 511).

O numinoso, o mistério atrai irresistivelmente Riobaldo, ao mesmo tempo em que o amedronta. E esse mistério é Diadorim e os sentimentos que nele provoca, Diadorim que é um lindo moço de olhos verdes, de seu mesmo sexo. Diadorim que ele ama como um homem pode amar loucamente uma mulher.

Ao lado disso, Riobaldo volta-se para o que o atrai do outro lado, tentado a fazer a mesma travessia que Hermógenes: vender sua alma ao diabo, fazer com ele um pacto a fim de ganhar vitórias nas batalhas como o mesmo Hermógenes conseguia. Invoca o diabo, acreditando ser ouvido. E lança-se na luta encarniçada para vencer e matar o bando rival e os assassinos de Joca Ramiro.

Qual novo Fausto, Riobaldo parte para o combate com a convicção de que o diabo o levará à vitória. E ousa fazer a travessia do rio e atacar a fazenda de Hermógenes. Mas, ao se encaminhar para a batalha final, mal sabe que o que ali o espera não é a vitória da jagunçagem, mas a revelação dramática do amor. Diadorim ou a revelação do amor "a Deus dado".

Quando os bandos se enfrentam, a última visão que Riobaldo tem é a do sangue que jorra do pescoço de Hermógenes, esfaqueado por Diadorim. Última porque perde o conhecimento e, ao acordar, o que se lhe oferece aos sentidos é o corpo morto de Diadorim. E a revelação é ao mesmo tempo o que legitima seu amor e enlouquece sua razão: Diadorim é mulher, seu amor é permitido e não proibido. Ele podia amar Diadorim sem culpa, mas agora ela está morta.

Diadorim é filha de Joca Ramiro, e seu nome de batismo é Maria Deodorina da Fé Bettancourt Marins. Deo-dorina: com Deus e dor se tece o nome daquela que vai arrancar de Riobaldo a confissão de amor que já não pode ser ouvida pela amada morta: "Diadorim, Diadorim, oh, meus buritizais levados de verdes... Buriti do ouro da flor... Mas aqueles olhos eu beijei, e as faces, a boca" (ROSA, 2001: 615). E o grito que lhe sai do peito é um só: "E eu não sabia por que nome chamar; e eu exclamei, me doendo: Meu amor" (ROSA, 2001: 615).

Mulher revelada apenas na morte, Diadorim não é menos a redenção de Riobaldo pelo simples fato de existir. Figura crística, morta para vingar o pai, sacrificando os sentimentos, o amor, a aspiração do casamento com o homem que ama, morre na batalha como mártir: Deo-dorina, a Deus dada, com o nome que é o nome de sua missão (ROSA, 2001: 615)[41]. O destino trágico de Maria Deodorina/Diadorim é decorrência da imposição que a vitima: ser mulher "que nasceu para o dever de guerrear e nunca ter medo, e mais para muito amar, sem gozo de amor". A fidelidade a esta identidade sela sua missão e seu destino, que por sua vez serão a salvação de Riobaldo. A revelação do nome e da identidade de Diadorim primeiro emudecem Riobaldo, que se nega a aceitar a morte do ser amado: "Não escrevo, não falo – para assim não ser: não foi, não é, não fica sendo! Diadorim". Mas ele logo percebe com estupor que Diadorim "era o corpo de uma mulher, moça perfeita". E, numa cena de amor de indizível força e beleza, toca castamente as carnes ensanguentadas e o corpo ferido e morto da mulher guerreira e deixa sair de seus lábios a declaração de amor tão contida e torturante que há tanto tempo levava dentro de si.

A revelação do amor na morte da mulher amada redime Riobaldo, que decide abandonar a jagunçagem e recebe outra revelação: o demônio não existe. O lugar onde fizera seu pacto, Veredas Mortas, na verdade se chama Veredas Altas. Ou seja, o lugar do demônio não existe. Portanto, este também não existe. O começo da descrença no demônio vai ser o caminho pelo qual Riobaldo vai poder entrar em uma nova via de conhecimento e compreensão do mundo. Um mundo onde nada é fixo, tudo é "de incerto jeito", tudo muda e se transforma e as pessoas ainda não foram terminadas. Essa travessia por dentro do misterioso amor que só mostra seu verdadeiro rosto na morte terá igualmente como consequência a percepção por parte de Riobaldo de que o demônio, como síntese do mal, em sua essência é nada. Sendo ou pretendendo ser anulação do ser, o demônio propriamente não existe. Riobaldo, que logo no começo do livro afirma já haver perdido a crença no demônio, "mercês de Deus" (ROSA, 2001: 2), acabará afirmando que o diabo não passa de um estado de espírito do próprio ser humano. O diabo será o avesso e o ruim do humano. Sem as maldades do próprio homem não há demônio! (BRESSIANI, 2002).

Riobaldo, redimido e salvo pelo dom da vida de Diadorim, casa-se com Otacília e torna-se o narrador que o doutor – leitor e ouvinte – a quem se dirige ao longo de toda a narrativa ouvirá, aprendendo assim toda a sua história. As experiências do passado são arguidas no presente por Riobaldo através de um conjunto de angustiadas interrogações sobre o destino individual e sobre a condição humana, sobre Deus e o diabo, sobre o amor e o ódio, sobre a passagem do tempo e a morte. Passado e presente, em permanente contraposição, formam a totalidade da obra. A experiência de absoluto que atraiu Riobaldo e lhe desvairou o coração e os sentidos também o fez descrer do demônio e começar lentamente a travessia para crer no humano como medida de todas as coisas, capaz de superar toda culpa e autocondenação e encontrar um sentido para a vida. A narrativa mítico-antropológica da vida e da experiência do jagunço Riobaldo pode encontrar respaldo e referência nos mitos fundadores da tradição judaico-cristã e, portanto, ser pensada pela teologia cristã.

Ser humano: sentido da vida

Em *La symbolique du mal* (1963), Paul Ricoeur nota uma transição dos mitos que interpretam o mal como anterior ao ser humano até aqueles cujo nascedouro é o próprio ser humano. Neste segundo caso estão narrativas como a do terceiro capítulo do Livro do Gênesis, sobre a queda, o pecado original e o mal (SOARES, 2006: 44ss.).

Eis em ação o fenômeno da circularidade: o Mito de Adão (vigente entre culturas semitas) informa explicitamente a origem antropológica do mal. Diz que foi o pecado do primeiro casal humano que inaugurou a corrente de sofrimentos da qual ninguém mais escapou (nem o próprio Filho de Deus, Jesus Cristo, que ao morrer e ressuscitar redime a humanidade do mal e do pecado). Todavia, a própria composição literária da narração retoma elementos simbólicos que aludem a um mal, por assim dizer, "pré-humano".

Pois não é bom esquecer que Adão e Eva são seduzidos por uma serpente que não fora criada por eles e já andava por ali, à espreita. A narrativa genesíaca, portanto, mostra um mal que antecede a ação deliberada e desejada pelo ser humano, macho e fêmea. O recurso ao mito é pedagógico e rico de sentido. De certa forma, todo mito é parcial, pois narra e expressa a instauração do "sentido" de uma realidade concreta. Mas todo mito é também totalizador, pois, ao apresentar a "origem" de determinada realidade – o mal, neste caso –, atrai outro mito sobre sua destruição. Dizendo o mesmo, em palavras mais eruditas: a cosmogonia (princípio/origem do universo) propõe ou sugere uma escatologia (fim/finalidade do cosmos) (SOARES, 2006: 44).

No mito judaico-cristão do pecado do primeiro ser humano, narração de Gn 3, ao mesmo tempo em que informa sobre o mal que ali foi desencadeado sugere, implicitamente, o desejo de sair dessa amarga situação. Ou seja, há queda, mas há, simultaneamente, desejo e nostalgia da harmonia e da pureza. Na interpretação de Croatto, quando o texto indica o mandamento e a proibição de certas árvores do jardim (Gn 2,16-17), servindo-se da mesma linguagem com que Moisés receberá as leis do Sinai, o alvo é destacar que Deus não deseja o mal, mas a bênção (SOARES, 2006: 45). Ou seja, o bem, o amor, é mais original que o mal, e por isso a originalidade deste último perde força e consistência e não consiste em um ser que possa equiparar-se ao Criador e confrontá-lo. Assim, a obediência futura do povo poderá reverter a situação. Por outro lado, com o advento do cristianismo, o mito de referência não explícita é retomado, mais tarde, pelo Apóstolo Paulo. Trata-se do mito do "segundo Adão" (Rm 5,12-21). Esse "segundo Adão", ou "contra-Adão", ou "anti-Adão", restaura a condição originária do ser humano.

O mito adâmico tem como referência clássica a narração do terceiro capítulo de Gênesis. Nele, o mal associa-se à culpa, e tem sua origem na queda do ser humano. Em termos mais técnicos, o mal é posterior à cosmogonia e à antropogonia. Para vir à tona, o mal depende da liberdade humana. Daí a função das proibições na narrativa genesíaca. A salvação, como antes já fora a queda, será fruto de uma história de liberdades que culminará na escatologia.

A queda é uma perturbação da criação acabada e perfeita. Algo, por assim dizer, "imprevisto" que poderá, no entanto, ser contornado e superado em uma história (um processo) original de salvação. Visões extremadas desse modelo estão associadas à visão cristã do pecado original. Este, em sua versão agostiniana, quase nega o ser humano com o intuito de enaltecer a Deus. Dele partirão as filosofias cristãs posteriores a fim de desculpar Deus pelo mal. O mal aqui se origina do "mal moral". Entretanto, a própria mitologia bíblica oferece um contraponto importante a esta vertente: a figura de Jó, o inocente sofredor. Embora o denso poema que ocupa a maior parte do Livro de Jó acabe inocentando a divindade ao final – chamada de El Shaddai na maior parte do livro –, também Jó é inocentado. Entretanto, a nota importante é que embora o Deus de Jó seja intimado por este a sentar no banco dos réus e a se explicar, não o faz. E questiona Jó quanto ao seu direito de interpelá-lo. O epílogo da obra nos devolve ao mistério. Mas Jó se recusa a admitir que seu sofrimento seja mera ilusão, embora se curve, adore e admita que não deva fazer perguntas ao Criador.

Riobaldo, portanto, ao evocar e recordar toda a sua vida, procura penetrar no sentido de tudo que lhe acontecera. Autônomo porque culto e instruído, debate-se entre inquietações vitais que atormentam sua consciência, entre as quais estão a existência ou não do demônio, a natureza nebulosa das relações entre o bem e o mal, o sentido de sua vida como jagunço, o significado do sentimento que experimentou por Diadorim. Tudo isso na verdade aponta para uma ansiosa busca de uma explicação para a condição humana e seus porquês.

A presença (ou a ausência) do demônio e do mal constitui o núcleo existencial, filosófico e histórico-cultural da obra rosiana. Já na própria epígrafe se encontra a interrogação que permeará toda a narrativa: "O diabo na rua, no meio do redemoinho..." Riobaldo enfrenta e evoca dezenas de vezes a figura do demônio, do arrenegado, do coisa ruim, para logo depois renegá-lo, embora em sua fala persista sempre uma dúvida, que na verdade é uma profissão de fé: "Eu pessoalmente quase que já perdi nele a crença, mercês a Deus" (ROSA, 2001: 622).

Na verdade, Riobaldo está o tempo todo exorcizando a própria culpa: culpa de ter feito pacto com satanás nas Veredas Mortas; culpa de haver-se endurecido e se tornado cruel, desalojando Zé Bebelo do comando do grupo, sequestrando a mulher de Hermógenes e atraindo-o depois para uma emboscada; culpa da atração irresistível que sentia por Diadorim e que o fazia arder inteiro de desejo e amor:

> De um aceso, de mim eu sabia: o que compunha minha opinião era que eu, às loucas, gostasse de Diadorim, e também, recesso dum modo, a raiva incerta, por ponto de não ser possível de ele gostar como queria, no honrado e no final. Ouvido meu retorcia a voz dele. Que mesmo no fim de tanta exaltação, meu amor inchou, de empapar todas as folhagens, e eu ambicionando de pegar em Diadorim, carregar Diadorim nos meus braços, beijar, as muitas demais vezes, sempre (ROSA, 2001: 592-593).

Sentindo culpa e experimentando-se, muito embora, atraído pelo amor e pelo bem, o herói rosiano ao mesmo tempo teme o amor e o bem; e inclinando-se para o mal como caminho mais de vitória e triunfo, Riobaldo vai ao fundo da experiência do risco e do perigo da vida: risco e perigo belos, pois são o que faz com que a vida seja santa apesar de todas as quedas. Na verdade, por causa da ambivalência que descobre presente em todas as coisas, Riobaldo vê a ação do diabo por toda parte, "misturado em tudo" (ROSA, 2001: 4). Na narrativa rosiana, o diabo sintetiza e personifica o mal na travessia que o herói faz para Deus e para sua maturidade humana. Também para a teologia cristã, o diabo e o demônio fazem parte dos símbolos bíblicos do mal e têm a função de expressar "uma realidade que transcende cada uma de suas expressões contingentes e parciais".

Conclusão: homem humano – morada de Deus

Embora na obra rosiana o ambíguo e o nebuloso dominem, embora Riobaldo se mostre ambivalente e chegue a duvidar mesmo da existência ou não existência do demônio, a narrativa do autor vai tornando claro que na verdade ele não efetivou o pacto, uma vez que é senhor da sua linguagem e vai construindo narrativa que relata ao doutor que o escuta. Riobaldo não foi dominado pelo demônio, que emudece e que impede o falar coerente. Portanto, não está possuído pelo demônio, ao menos na perspectiva do presente da narração. Ao narrar sua tentativa de pacto com o demônio, Riobaldo reconhece que só obteve como resposta um grande silêncio, um silêncio particularmente eloquente: "O senhor sabe o que o silêncio é? E a gente mesmo, demais" (ROSA, 2001: 371). Portanto, se pacto não houve, a responsabilidade pelos atos cruéis e violentos cometidos durante sua vida de jagunço não pode ser atribuída ao diabo e à possessão demoníaca. As forças obscuras e turvas nascem na verdade no interior do próprio indivíduo. E assim vai afirmar Riobaldo: "[...] o diabo vige dentro do homem, os crespos do homem – ou é o homem arruinado, ou o homem dos avessos. Solto, por si, é que não tem diabo nenhum" (ROSA, 2001: 621).

Compadre Quelemém afirma que Riobaldo compra a alma e não a vende, e isso lhe concede a graça de olhar o mundo em uma ótica positiva. Através de seu relato e com o alargamento de sua compreensão, liberta-se do medo do diabo, elimina a sensação de culpa. Mais: reconhece que seu aprendizado fundamental se deu no amor por e com Diadorim e acaba afirmando sua fé e sua confiança no "homem humano", que é o único que realmente existe, medida de todas as coisas.

Esta profissão de fé no humano e no ser humano aproximam definitivamente a literatura de Guimarães Rosa da teologia, pois ambas, afirmando o perigo e o risco de viver, afirmam a liberdade do ser humano, que pode fazer o mal que não quer e não fazer o bem que quer. Carregando em seu íntimo o bem e o mal, o ser humano escolhe, no intrincado cipoal da existência, seus caminhos. Caminhos estes que serão muitas vezes confusos e obscuros, fazendo com que "viver seja muito perigoso".

Mas redenção há para este perigo, uma vez que Riobaldo vai caminhando – marcado indelevelmente pelo infinito amor experimentado e vivido –, que diabo não é objeto de crença, enquanto Deus sim. Confessa que "já perdi quase nele a crença, mercês de Deus". Riobaldo foi chefe do bando de jagunços, mas não do mundo, pois não conseguiu impedir que Diadorim, seu grande amor, morresse na luta com Hermógenes.

Mesmo assim, cresce na convicção de que o diabo, se existe, é mero figurante e não existe em consistência e de fato. O homem capaz do mal e da crueldade, da violência e da maldade, é o mesmo capaz do dom de si e do amor até a morte, sem gozo e só com paixão padecida, como encarnado em Diadorim. Morada da eterna luta entre bem e mal, pecado e graça, o ser humano do qual Riobaldo é protótipo segue seu caminho, escolhendo que veredas tomar na sua viagem em busca do sentido, de resposta para suas indagações. A teologia será o discurso organizado que essa experiência carregada de ambiguidade e beleza vai trazer à tona das mentes e dos corações que buscam sem cessar o sentido radical da existência.

Ler teologicamente *Grande sertão: veredas*, aí buscando a revelação do humano, bem como o velamento do mal e a revelação de Deus, leva a afirmar a liberdade do homem na história, a centralidade da mediação humana e histórica da ação de Deus. Para se afirmar a bondade e a parceria de Deus com o homem há que se negar a existência do diabo enquanto dominação absoluta e anulação da liberdade. Igualmente negar a existência do diabo enquanto entidade sobrenatural que compete com Deus e que é seu rival. Deus, o Deus da revelação judaico-cristã, não tem rivais, pois reina absoluto sobre a criação que saiu gratuitamente de suas mãos viventes.

Parece ser que Guimarães Rosa disso sabe bem, ao escrever seu magnífico romance, que situa a origem do mal no interior obscuro do próprio ser humano ou nas forças sociais de domínio por ele criadas. No fundo, o pacto com o diabo é estratégia do romancista para afirmar sua não existência e responsabilizar o ser humano pelo que acontece no mundo que lhe foi dado pelo Criador e que ele é, por este, chamado a transformar.

Notas da Parte I

1 Gn 2,1ss.: o relato da criação do homem e da mulher. Cf. tb. o fundamental texto de K. Rahner (1989: 37-59).

2 Gn 2,7: "O Senhor Deus formou, pois, o homem do barro da terra, e inspirou-lhe nas narinas um sopro de vida e o homem se tornou um ser vivente".

3 O falar performativo não consiste simplesmente em referir ou descrever a realidade (cf. *Logos* grego), mas sim em criar e estabelecer a realidade (mais compatível com a *Dabar*, que é palavra em hebraico). A linguagem é o agir criativo e transformador da realidade. Em termos teológicos, nos sacramentos, que recebem sua forma da palavra ("Eu te batizo", "Isto é o meu Corpo", "Eu te absolvo"), encontramos o caso supremo da palavra acontecida na chave do falar performativo. Cf. sobre isso os belíssimos textos de Rahner (1968: 185-198), onde o autor diz que o sacerdote é o poeta das protopalavras.

4 Cf. ibid.

5 Sobre a Palavra de Deus que se expressa nas palavras humanas, cf. Boff (1972: 26-41).

6 Ex 33,20: "Mas, ajuntou o Senhor, não poderás ver a minha face, pois o homem não me poderia ver e continuar a viver".

7 Tomamos a palavra "teografia" do Prof.-Pe. Ulpiano Vazquez, SJ, que em belíssimo texto publicado na Coleção Ignatiana (2001) a usa para significar a "escrita" de Deus nos corações humanos, inspirado em 2Cor 3,3.

8 Não resistimos aqui a uma comparação entre Adélia e Simone Weil, filósofa e mística francesa, cuja experiência mística de ser possuída pelo Cristo acontece em meio à leitura de um poema inglês claramente eucarístico, chamado "Love", do poeta George Hebert. Cf. sobre o poema e a experiência de Simone Weil nosso livro (BINGEMER, 2007).

9 Disponível em http://www.hottopos.com.br/videtur11/aprado. htm#1#1 – Acesso em 23/05/2010.

10 Comparamos aqui a poetisa de Divinópolis com a santa de Ávila devido à conhecida e saborosa história de que Santa Teresa cavalgava em lombo de burro pela Espanha quando o burro de repente tropeça e cai, jogando-a em um lamaçal. Ela ouve então a voz do Senhor: "Assim trato meus amigos". E ela, indignada: "Por isso tens tão poucos". O humor e o lamento, embora o assunto seja diferente, soa-nos parecido, bem feminino em todo caso.

11 Disponível em http://www.seojoao.com.br/revista/index.php? option=com_content&view=article&id=1150&Itemid=488 – Acesso em 23/05/2010.

12 Ibid.

13 Cf. Jo 16,21: "Quando a mulher está para dar à luz, sofre porque veio a sua hora. Mas, depois que deu à luz a criança, já não se lembra da aflição, por causa da alegria que sente de haver nascido um homem no mundo".

14 Gregório de Nissa fala do amor seja com respeito à dimensão erótica como à dimensão agápica. Cf. a primeira homilia sobre O Cântico dos Cânticos, em *PG* (Patrologia Grega). 44 (1), p. 767-784.

15 Cf. Celso (1989), ao qual responde Orígenes com sua obra *Contra Celso* (2001).

16 Cf. sobre isso o estudo de Maçaneiro (1996). Cf. igualmente Philippe (1997).

17 Cf. suas obras *A experiência interior* (1992) e *O erotismo* (2004).

18 Optamos por examinar primeiro o livro posterior por uma razão teológica e não literária. Parece-nos que assim o percurso teológico de Clarice fica mais claro para o leitor.

19 Não deixa de ser significativa a origem desse nome tão pouco usual. Lorelei (ou Loreley) é um rochedo localizado junto ao Rio Reno, próximo à Sankt Goarshausen, no estado alemão de Renânia-Palatinado, elevando-se a 120 metros acima do nível do mar. O nome deriva de lendas germânicas sobre ninfas que viviam nas águas. Seções cobertas de pedras, salientes, e partes com águas pouco profundas, combinados com uma corrente, fazem deste um lugar perigoso. O Reno é um importante fluxo de água e, com o passar dos séculos, numerosos marinheiros, especialmente os desprevenidos, perderam suas vidas neste local. Este rochedo está associado a diversas lendas originárias do folclore alemão. Diz a lenda que lá vive uma bela moça com longos cabelos loiros que, quando os penteia, gosta de cantar. Sua voz melodiosa hipnotiza os capitães das embarcações que navegam pelo Rio Reno. Todo o cuidado é pouco: o resultado é sempre trágico e os barcos, descontrolados, acabam batendo na encosta e afundando. O mito existe há mais de dois séculos. Durante este tempo, Loreley nunca envelheceu e continua viva na memória popular. O Mito da Loreley surgiu em 1801, quando Clemens Brentano, tido como o "pai" da beldade loira, relatou pela primeira vez sua história durante uma viagem pelo Reno. No livro, Ulisses mesmo explicará a Lóri a origem de seu nome: "Loreley é o nome de um personagem lendário do folclore alemão, cantado num belíssimo poema por Heine. A lenda diz que Loreley seduzia os pescadores com seus cânticos e eles terminavam morrendo no fundo do mar..." (LISPECTOR, 1969: 98).

20 Assim é chamada Joana d'Arc na França: "La vierge d'Orleans", ou ainda "La pucelle" (a donzela).

21 Não Lóri, mas o seu nome secreto que ela por enquanto ainda não podia usufruir. Como não aproximar tal frase de Is 43: "Eu te chamei pelo nome, és meu"?

22 É o que parece dizer-lhe Ulisses quando diz: "Pensei que poderia agir com você com o método de alguns artistas: concebendo e realizando ao mesmo tempo. É que de início pensei ter encontrado uma tela nua e branca, só faltando usar os pincéis. Depois é que descobri que se a tela era nua era também enegrecida por fumaça densa, vinda de algum fogo ruim, e que não seria fácil limpá-la. Não, conceber e realizar é o grande privilégio de alguns. Mas mesmo assim não tenho desistido" (LISPECTOR, 1969: 52).

23 O itinerário da alma em direção a Deus, segundo Tomás de Aquino, se desenvolve em duas etapas: a via ascética ou purgativa, que se dá pela purificação da alma e da união da alma com Deus pela infusão dos dons e graças na alma. É na união da alma com Deus que se dá a contemplação pela infusão dos dons. A contemplação consiste, através desses dons, em obter a visão de Deus, contemplá-lo. Os mestres tomistas da espiritualidade, muito especialmente R. Garrigou-Lagrange (1938), estão de acordo em dizer que são essas três vias que conduzem a alma em direção a Deus: via purgativa (iniciantes), via iluminativa (perseverantes que progridem) e via unitiva (perfeitos que contemplam, pela infusão dos dons do Espírito Santo, a perfeição divina).

24 "– É que você só sabe, ou só sabia, estar viva através da dor. – É. – E não sabe como estar viva através do prazer? – Quase que já. Era isso o que eu queria te dizer" (LISPECTOR, 1969: 90-91).

25 "No estado de graça, via-se a profunda beleza, antes inatingível, de outra pessoa. Tudo, aliás, ganhava uma espécie de nimbo que não era imaginário: vinha do esplendor da irradiação quase matemática das coisas e das pessoas. Passava-se a sentir que tudo o que existe – pessoa ou coisa – respirava e exalava uma espécie de finíssimo resplendor de energia. Esta energia é a maior verdade do mundo e é impalpável. Nem de longe Lóri podia imaginar o que devia ser o estado de graça dos santos. Aquele estado ela jamais conhecera e nem sequer conseguia adivinhá-lo" (LISPECTOR, 1969: 135).

26 "Queria que você, sem uma palavra, apenas viesse" (LISPECTOR, 1969: 139).

27 Pseudônimo de Bernhard Valvrojenski (1865-1959), um estadunidense historiador de arte, especializado na Renascença.

28 Uma vida completa pode ser aquela que termina em uma identificação tão plena com o não ser que não há eu (*self*) para morrer.

29 Cf. Ef 4,30: "Não contristeis o Espírito"; 1Ts 5,19: "Não extingais o Espírito".

30 O itinerário místico de G.H.: "Levada em êxtase a conhecer a nudez e o aniquilamento, G.H. bebe desse cálice a que se referiu o místico espanhol (João da Cruz) [...] A alma esvazia-se de tudo quanto a separa do ser indiviso, verdadeira identidade a que se sente integrada e que não mais lhe pertence" (NUNES, 1989: 63-64).

31 "Eu olhara a barata viva e nela descobria a identidade de minha vida mais profunda" (LISPECTOR, 1964: 57). Ou: "O neutro era a minha raiz mais profunda e mais viva – eu olhei a barata e sabia" (LISPECTOR, 1964: 63).

32 "Ah, falar comigo e contigo está sendo mudo. Falar com o Deus é o que de mais mudo existe. Falar com as coisas, é mudo. Eu sei que isso te soa triste, e a mim também, pois ainda estou viciada pelo condimento da palavra. E é por isso que a mudez está me doendo como uma destituição. Mas eu sei que devo me destituir: o contato com a coisa tem que ser um murmúrio, e para falar com o Deus devo juntar sílabas desconexas. Minha carência vinha de que eu perdera o lado inumano – fui expulsa do paraíso quando me tornei humana. E a verdadeira prece é o mudo oratório inumano."

33 "Mas eu sabia que não era assim que eu deveria fazer. Sabia que teria que comer a massa da barata, mas eu toda comer, e também o meu próprio medo de comê-la. Só assim teria o que de repente me pareceu que seria o antipecado: comer a massa da barata é o antipecado, pecado seria a minha pureza fácil."

34 Teodiceia deriva do termo *theos*, "Deus", e *dike*, "justiça". O termo é usado para referir-se às diversas tentativas de justificar o relacionamento entre Deus e o ser humano. Cf. Elwell (1990: 446).

35 Cf. o que sobre esta comentam Estrada (1997) e Soares (2006).

36 "As formas multíplices da superstição, a preocupação obsessiva com satanás e com os demônios e as diversas formas de culto e de inclinação morbosa para com estes espíritos, foram coisas sempre reprovadas pela Igreja [...] Seria uma injustiça, portanto, o afirmar que o cristianismo, esquecido do senhorio universal de Cristo, alguma vez tivesse feito de satanás o assunto preferido da sua pregação, transformando assim em mensagem de terror a Boa-nova do Senhor ressuscitado. Já no seu tempo São João Crisóstomo declarava aos cristãos de Antioquia: 'Nós não temos, certamente, prazer algum em estarmos aqui a entreter-nos com o diabo; mas, a doutrina que ele me dá o ensejo de vos apresentar, ser-vos-á sobremaneira útil.'"

37 Referimo-nos aqui a uma espécie de pessimismo em relação ao homem e seu comportamento no mundo, considerado sempre e irremissivelmente pecaminoso. Predominou aliada a isto uma certa espiritualidade dolorista e condenatória, bem como teorias expiatórias da redenção e da cristologia.

38 Marcou época – e hoje está esgotado – o livro *Fortuna crítica: Guimarães Rosa*, organizado por Eduardo de Faria Coutinho, com textos de Renard Perez, Emir Rodriguez Monegal, Günther Lorenz, Pedro Xisto, Tristão de Ataíde, Álvaro Lins, Ângela Vaz Leão, Rui Mourão, Augusto e Haroldo de Campos, entre outros. Há ainda a bibliografia organizada por Plínio Doyle em 1968, para o livro *Em memória de Guimarães Rosa*, com mais de 50 páginas de estudos realizados no Brasil e no exterior. No primeiro grupo de estudos sobre a obra, centrado na análise da linguagem, podem ser destacados: *O processo da oralidade em Grande sertão: veredas*, de Teresinha Souto Ward; *Cultura popular em Grande sertão: veredas*, de Leonardo Arroyo; *Guimarães Rosa*, de Nelly Novaes Coelho e Ivana

Versiani, além de ensaios recolhidos nas coletâneas *A astúcia das palavras*, organizada por Lauro Belchior Mendes e Luiz Cláudio Vieira de Oliveira, e *Outras margens: estudos sobre Guimarães Rosa*, organizado por Lélia Parreira Duarte e Maria Theresa Abelha Alves. O estudo sobre os nomes dos personagens da ficção de Guimarães Rosa, *Recado do nome*, de Ana Maria Machado, além de fornecer chaves importantes para compreensão da obra, mostra que nada é por acaso nela. O mais acabado estudo sobre a linguagem do autor é *O léxico de Guimarães Rosa*, de Nilce Sant'Anna Martins, que recolhe mais de 8 mil palavras, organizadas no feitio de um dicionário. O segundo campo de estudos busca identificar o percurso filosófico de Rosa e está representado por livros como *A vereda trágica do Grande sertão: veredas*, de Sônia Maria Viegas Andrade, que resgata o lado mítico do autor, apoiada em Nietzsche e em pensadores existencialistas, em busca de uma vertente não racionalista do saber. Kathrin H. Rosenfield, em *Os descaminhos do demo*, também descose a tradição racionalista ocidental, buscando na ambivalência e nos discursos contraditórios uma vereda que permita, através da poesia, fazer conviver o ser e o não ser. Além disto há a obra *Metafísica do Grande sertão*, de Francis Utéza, que lê Rosa como tributário de uma tradição que faz dialogar os alquimistas ocidentais e o tarô com pensadores do taoismo e da filosofia zen, passando por Platão e pela tradição hermética. O terceiro, e mais rico, campo de análise da obra rosiana quer integrar os elementos anteriores – da linguagem e da filosofia – com o contexto brasileiro, com suas determinantes de tempo e espaço. São clássicos, nesse caminho, os estudos de Walnice Nogueira Galvão, *As formas do falso* e *Mitológica rosiana*. Heloísa Starling, em *Lembranças do Brasil*, faz uma leitura política do romance de Guimarães Rosa, atenta ao momento histórico de sua ação (entre 1880 e 1930) e ao empenho em promover ordem social e organizar o sertão em termos de justiça e modernidade. Dois livros lançados recentemente, *Grandesertão.br*, de Willi Bolle, e *O Brasil de Rosa: o amor e o poder*, de Luiz Roncari, inscrevem-se no projeto de ver no trabalho do escritor um pensamento abrangente sobre o Brasil, como um grande romance de formação da nacionalidade. Ainda entre os estudos mais recentes se incorporam à rica bibliografia os encorpados volumes *Veredas de Rosa I* e *II*, editados pela PUC Minas, com comunicações e ensaios apresentados em seminários internacionais realizados na universidade mineira, comandados por Lélia Parreira Duarte. Entre os temas de destaque estão as fontes filosóficas (Heidegger, Nietzsche e Kierkegaard, entre outros) e a relação com a psicanálise. Neste campo particular há uma poderosa linha de interpretação da obra rosiana, representada por obras como *A travessia dos fantasmas: literatura e psicanálise em Grande sertão: veredas*, de Márcia Marques Morais. A autora analisa a fala de Riobaldo como um processo de constituição do sujeito, fazendo dialogar elementos psicanalíticos com contribuições da estética da recepção, da Escola de Frankfurt e dos pós-estruturalistas franceses. Outro estudo que parte da ciência do inconsciente é *Guimarães Rosa e a psicanálise*, de Tânia Rivera. Ainda nessa linhagem, podem ser lidos textos de Leila Perrone-Moisés e Adélia B. de Menezes, entre outros, que exploram conceitos freudianos na gênese e realização da obra do romancista mineiro.

39 Segundo Rudolf Otto, o numinoso é o sentimento único vivido na experiência religiosa, a experiência do sagrado, em que se confundem a fascinação, o terror e o aniquilamento.

40 Na esteira de Otto, encontramos autores como Mircea Eliade e Carl Gustav Jung.

41 Cf. o comentário da mulher que a lava e prepara para ser enterrada "A Deus dada. Pobrezinha..."

Parte II

Literatura de outras latitudes

Albert Camus:
um ateu com espírito

No dia 4 de janeiro de 1960 morria Albert Camus. De acidente e prematuramente, com 47 anos. De surpresa, como era sua vida e sua obra. Homem de extremo talento, francês argelino, filho de uma mulher simples e afetuosa a quem sempre dedicou grande afeto. O pai morreu na guerra de 1914, o que obrigou a mãe a mudar-se para um bairro operário, fazendo com que o filho conhecesse cedo a mordida da pobreza e da dificuldade de vida. Foram essas condições conflituosas e difíceis de vida que o fizeram "descobrir que o absurdo da existência somente poderia ser vencido por uma consciência lúcida e sem preconceitos [...]. A miséria serviu-lhe como uma escola de descoberta do homem e da criação de novos valores que o ajudassem a construir um mundo novo" (BARRETTO, 1970: 14).

Escritor brilhante e pensador instigante, Camus desde cedo se debateu entre a grandeza do espírito humano e o fascínio pela transcendência, entre a existência de Deus e a existência do mal. O sentimento do absurdo da existência o levava a questionamentos bem próximos da teodiceia. Todas essas inquietações o levaram inclusive a elaborar sua tese de doutorado sobre Santo Agostinho. Ao receber o Prêmio Nobel de Literatura, fez questão de recolher-se nos aposentos da filósofa e mística Simone Weil, a quem muito admirava, antes de ir à Suécia recebê-lo[1].

Albert Camus presenciou em seu tempo o fracasso do progresso, da liberdade, da ciência, da democracia. Isto influenciou suas obras, que foram muitas e variadas, indo desde romances, passando por peças de teatro e artigos em revistas e jornais. Três características podem ser observadas em suas obras: a primeira é a constatação dilacerante de que a vida humana é fundamentada em incoerência, é confusa, ambígua, sem as diferenças estanques entre o bem e o mal, o certo e o errado que o pensamento clássico parece afirmar. Em segundo lugar há a capacidade e a necessidade de se observar a fidelidade dos fatos, refletir sem medo sobre a vida absurda e concreta do homem. E, por fim, há a ênfase na responsabilidade humana diante do sofrimento causado por este estado de coisas.

Para se compreender melhor, de uma maneira geral, o conjunto da obra de Camus, Vicente Barretto afirma:

> A obra de Albert Camus insere-se neste mundo. Seus personagens partem em busca de um mundo novo, formado por valores novos, criados pela absurda experiência humana. Talvez um dos pontos mais interessantes da personalidade de Camus tenha sido essa dependência entre a obra e a vida do escritor. A sua vida intelectual nasce de suas primeiras experiências, sentindo-se em algumas de suas obras, principalmente nas primeiras, a necessidade de escrever aquilo que realmente estava sendo vivido e pensado. Todas as categorias intelec-

tuais progressivamente definidas por Camus, sendo as duas mais importantes o absurdo e a revolta, foram elaboradas em consequência das experiências que ia acumulando. Dele não se pode dizer que foi um escritor com um universo independente e próprio. Tendo uma alta capacidade criadora ele escreveu uma obra imersa no real e no concreto (BARRETTO, apud GUTIÉRREZ, s.d.).

Em 1940, o escritor termina sua grande obra, *O estrangeiro*. Neste romance Camus apresenta como personagem central Meursault, um escriturário de Argel que viaja até uma cidade próxima para enterrar sua mãe e não chora no enterro. Levanta com isso a suspeita de ser um tanto insensível. Depois disso, Meursault mata um árabe, é preso e condenado à morte. Até então o personagem camusiano tem a característica de uma pessoa despreocupada, sem aspirações para com o futuro, aceitando a vida conforme ela é. Porém, durante o julgamento, a acusação concentra-se no fato de Meursault não conseguir ou não ter vontade de chorar no funeral da sua mãe. O homicídio do árabe é aparentemente menos importante do que o fato de Meursault ser ou não capaz de sentir remorsos; o argumento é que, se Meursault é incapaz de sentir remorsos, deve ser considerado um indivíduo perigoso e, consequentemente, deve ser executado para evitar que repita seus crimes, tornando-se igualmente um exemplo para a sociedade. Camus com isso cria um clima de total absurdo para o leitor que vê Meursault caminhando para uma execução sem motivos ou com motivos invertidos em relação à realidade.

Quando o romance chega ao final, Meursault encontra o capelão da prisão e fica irritadíssimo com sua insistência para que ele se volte para Deus. A história chega ao fim com Meursault reconhecendo a indiferença do universo em relação à humanidade. As linhas finais ecoam essa ideia que ele agora toma como verdadeira:

> Como se essa grande cólera tivesse lavado de mim o mal, esvaziado de esperança, diante dessa noite carregada de signos e estrelas, eu me abria pela primeira vez à terna indiferença do mundo. Ao percebê-la tão parecida a mim mesmo, tão fraternal, enfim, eu senti que havia sido feliz e que eu era feliz mais uma vez. Para que tudo fosse consumado, para que eu me sentisse menos só, restava-me apenas desejar que houvesse muitos espectadores no dia de minha execução e que eles me recebessem com gritos de ódio (CAMUS, 1942).

Através do grande choque de sua condenação à morte, Meursault desperta para a descoberta da beleza da vida, modificando assim seu comportamento mais apático e assumindo uma postura revoltada e antitética. A condenação faz nascer dentro dele uma revolta e uma discussão áspera sobre o sem-sentido da existência. Desnecessário dizer que Meursault é o porta-voz de muitas das inquietações de Camus.

O Mito de Sísifo foi publicado em 1942, no mesmo ano que *O estrangeiro*, e contém a essência das mesmas ideias que este. Esse mito é uma imagem da vida humana, em que os deuses tinham condenado Sísifo a rolar interminavelmente um rochedo montanha acima, até o alto, de onde a pedra voltava a cair por si mesma, tornando assim o seu trabalho inútil e sem esperança. Tomar consciência da inutilidade de tantos sofrimentos é descobrir o absurdo da condição humana. No entanto, Camus termina seu texto dizendo: "Il faut imaginer Sisyphe heureux" (CAMUS, 1942b).

Outra obra de destaque é *O homem revoltado*, que consagra a visão camusiana por excelência: o valor precede a ação. A ação justifica, porém, a revolta. No pensamento historicista e existencialista o valor aparece no final como consumação da ação. Nessa obra, Camus "examinará dois séculos de revolta, fazendo uma história das ideologias e das mentalidades europeias" (BARRETTO, 1970). Como dizem dois filósofos brasileiros (VICENTE & GONTIJO, 2012: 1):

> Toda a obra de Camus é permeada pela presença do absurdo e da revolta. No entanto, em *O homem revoltado* esses conceitos são tomados como interrogações filosóficas. Sendo a obra mais refletida do filósofo, *O homem revoltado* é o resultado de toda sua experiência de filósofo, escritor e homem. Diferente das práticas filosóficas que defendem sistemas teóricos abstratos, Camus escolhe defender os seres humanos através de um humanismo sincero. O "eu" e o "outro" são colocados em perfeita equidade e o intento da obra é manifesto na introdução: "Nada saberemos enquanto não soubermos se temos o direito de matar este outro que se acha diante de nós ou de consentir que seja morto. Já que atualmente qualquer ação conduz ao assassinato [...], não podemos agir antes de saber se, e por que, devemos ocasionar a morte" (CAMUS, 1999).

Camus igualmente se aventura no teatro. *Calígula*, na peça do mesmo nome, é o homem que descobre o absurdo do mundo pela morte de sua irmã Drusilla, não sendo ele um louco, mas feito pelo autor personagem de uma crônica do seu tempo. *O mal-entendido* (peça friamente recebida por crítica e público) conta a história de uma mãe e sua filha, que vivem em uma mansão isolada na Morávia, e matam os viajantes que recebem. A mãe se cansa de tantas mortes e a filha está revoltada com o seu destino, que é o de viver naquele lugar de solidão e sem amor. Passa mais um viajante que, sem ser reconhecido, é morto por elas. Mexendo no meio de seus documentos, elas descobrem que se tratava do irmão e filho que há muito tempo partira e agora voltara sem ser por elas reconhecido. Estas duas peças são consideradas e classificadas como teatro do absurdo. *Os justos* tem origem em um episódio verdadeiro do terrorismo russo em 1905, e relata o conflito entre o revolucionário absoluto, que não recua diante de injustiça alguma para fazer triunfar a causa, e o revolucionário que mantém o respeito dos limites morais. Sua peça *O estado de sítio* (uma peça-demonstração) foi levada ao cinema pelo cineasta grego Costa-Gavras.

Albert Camus obtém o Prêmio Nobel em outubro de 1957 "pelo conjunto de uma obra que traz à luz, com penetrante seriedade, os problemas que se colocam em nossos dias à consciência dos homens", diz o texto oficial da premiação[2]. Ele tem então 44 anos e é o nono francês a obter a premiação. Ele dedica seu discurso a Louis Germain, o professor que lhe permitiu prosseguir seus estudos, mesmo sendo pobre e não tendo como pagá-los. E lamenta que a distinção não tenha sido dada a André Malraux, mais velho que ele, a quem considera um mestre.

Apenas três anos depois, aos 47 anos, morre em um acidente automobilístico, indo de Lourmarin, onde vivia, na Provence, a Paris com o carro de seu editor, Michel Gallimard.

Questões existenciais e teológicas de Camus

No centro do pensar de Camus está a questão do absurdo e do sem-sentido da vida e da condição humanas. Segundo Claudio Carvalhaes, absurdo é "aquilo que acontece, mas não poderia acontecer. É o impossível que se torna realidade. É o não aceitável que, embora acontecido, continua como inaceitável" (CARVALHAES, 2012).

Já o *Dicionário Básico de Filosofia* de D. Marcondes e H. Japiassu diz que absurdo é "aquilo que viola as leis da lógica por ser totalmente contraditório. É distinto do falso, que pode não ser contraditório" (MARCONDES & JAPIASSU, 1989). O verbete igualmente cita pensadores que fizeram uso da palavra absurdo na filosofia. Começa dizendo que "o pai das filosofias do absurdo é Kierkegaard". E cita a filosofia existencialista, para a qual há a "impossibilidade de se justificar racionalmente a existência das coisas e de lhes conferir um sentido". Cita Sartre, que ligou o absurdo à existência de Deus. E, por fim, cita que, a partir de Camus e Kafka, o absurdo se dará "notadamente no domínio da moral ou da metafísica, para designar o 'incompreensível', o 'desprovido de sentido' e o 'sem finalidade'" (CARVALHAES, 2012).

O absurdo contradiz, portanto, a lógica humana. Para "capturar esse sentimento do absurdo", como diz Camus, o ser precisa invocar e convocar outros sentimentos. Na verdade, é toda uma gama de experiências interiores que variam do desconforto e do pessimismo até a angústia e o desespero. E que igualmente geram atitudes diante da vida: uma responsabilidade gratuita e uma entrega desesperada ou uma revolta sem descanso.

Camus sofreu, neste sentido, uma forte influência de Nietzsche, com seu niilismo e seu desprezo pela religião institucionalizada. Porém, diferentemente deste, possuía um profundo amor pela vida, da qual procurava sorver todos os prazeres e alegrias. Sua filosofia era buscar nessa vida o máximo de prazer e alegria. Segundo ele, esse sim era o grande desafio para o ser humano, e não esperar a recompensa numa vida futura e para ele inexistente. Muitas das discussões de seus personagens com membros da religião institucionalizada apontam nesta direção, recusando o engodo de um consolo espiritual no qual não acreditava e apostando em soluções históricas e intraterrenas para aliviar o sofrimento da humanidade[3].

Ao mesmo tempo, esse amor pela vida e o desejo de sorvê-la até a última gota faz aumentar o absurdo que vai de par com a felicidade. Quanto mais se mergulhar nas doçuras e prazeres desta vida, mais se encontrará inevitavelmente o absurdo inexplicável que gera perplexidade e desorientação. Para nosso escritor, felicidade e absurdo vivem em parceria, e um pertence ao outro.

Albert Camus é, então, antes de mais nada, um inconformista e um inconformado. Não aceita passivamente um conformismo em face da "impotência humana contra a morte, a velhice e a escuridão" (CAMUS, 1937). Segundo ele, quanto mais o homem buscar a vida e a felicidade, mais se deparará com o absurdo. Essa noção de absurdo por ele seguida foi, na verdade, o motor que o impulsionou a adentrar no tema que seria o seu campo de questionamento pelo resto de sua breve vida: a revolta (CARVALHAES, 2012).

Ainda sobre a questão do absurdo, C. Carvalhaes sustenta que faltou a Camus elaborar uma definição mais clara sobre como ele realmente o entendia. Para ele o absurdo era um "abismo sem fim, colocado diante do ser humano". Para se entender a intensidade do absurdo seria preciso saltar para dentro dele, a fim de, desta maneira, explorar sua existência. Carvalhaes traça aqui um paradoxo dizendo que "o absurdo era o vazio de onde Camus tirava o sentido para preencher sua vida" (CARVALHAES, 2012).

Este autor considera, no entanto, que há uma evolução e uma mudança no pensamento camusiano, com a transição do absurdo para a revolta. Com a atitude da revolta, Camus encontrou outro ângulo para lidar com o absurdo, assumindo uma posição de antítese.

Assim, Camus era um homem revoltado. E revoltado porque não se sentia bem com a situação absurda dos acontecimentos. Para ele o homem revoltado era aquele que descobriu a maneira frágil e perecível com a qual sua vida se depara constantemente. Por essa razão, era um forte opositor à degradação do ser humano e um defensor do respeito à vida humana. A obra camusiana gira em torno dos acontecimentos de sua própria vida e da vida dos outros com quem se encontra e que observa. Nela podemos ver suas limitações, suas angústias e a maneira subjetiva como levava sua vida. Mas também sua profunda capacidade de reflexão, sua inteligência, sua agudeza de penetração dos fatos. Pois mesmo com todas essas barreiras ele foi alguém que acreditava na vida e sentia profundo respeito pela vida humana. Tudo isso configura sua obra literária e filosófica. E é justamente esse conjunto de fatores o que faz com que o estudo de sua obra e de seu pensamento se torne algo fascinante (GUTIÉRREZ, s.d.).

Por esses motivos não é possível simplificar a ideia de Deus em Camus. Não se trata simplesmente de um agnóstico ou um ateu, mas mais exatamente de um antiteísta. Camus não afirma que Deus não exista. Talvez desejaria que assim fosse. Seria melhor para Deus que não existisse, devido ao fracasso da humanidade em obter a felicidade. Sua relação com Deus é como uma luta titânica que, se por um lado nega o Deus da religião institucionalizada, por outro afirma a existência de um Ser que o atormenta e o incomoda e ao qual não entende. Não se luta encarniçadamente como ele lutou contra Deus se se tem a segurança de que Ele não existe. Não se combate um Ser inexistente.

O Deus de Camus

Camus vai recusar a ideia de Deus dizendo não aceitar a noção de um Deus cuja existência não teria nenhum sustento na realidade sensível. Ele não faz nenhuma concessão a esse Deus que não intervém no problema do mal. Do problema do mal nasce o silêncio de Deus, e nesse silêncio molda-se a noção dessa divindade que se omite perante o absurdo da condição humana. Quanto a certos relatos bíblicos, como o assassinato de Abel, Camus não pode entender e aceitar que esse não fosse impedido por Deus. Pois se Deus sabe tudo, vê tudo, pode tudo e permite tudo, Ele é responsável por tudo. Pior ainda, foi o próprio Deus que insuflou o homicídio no coração de Caim. Para Camus, Deus é "Uma divindade cruel e caprichosa, aquela que prefere, sem motivo convincente, o sacrifício de Abel àquele de Caim e que, por isso, provoca o primeiro assassinato" (CAMUS, apud CARVALHAES, 2014). Por isso, Camus não vai aceitar um Deus arbitrário em suas decisões. Camus tira a razão de Deus por motivos morais. Ele recusa duplamente a fé, como recusa a injustiça e o privilégio. Deus, para Camus, é visto como o pai da morte e o supremo escândalo[4].

Mais tarde, Camus amenizará seu tom na denúncia de Deus, mas não deixará de fazê-la. O ser humano não é mais inocente e Deus não é mais o culpado de tudo. Ele temperará o arbítrio divino com o arbítrio humano, a criminalidade divina com a criminalidade humana. E a santidade humana, sem a referência a Deus, passa a ser uma questão norteadora em algumas de suas obras[5].

Mesmo assim, ele não deixará de ver o mal como um escândalo e Deus, com seu mutismo, longe e indiferente a tudo. Até o fim Camus se pergunta: Por que Deus permite tudo? Por que Ele permite que neste mundo crianças tenham fome, sofram e morram? François Chavanes, autor de um importante livro sobre Camus e o cristianismo (CHAVANES, 1990), conta um episódio da vida do escritor. Em 1959, alguns meses antes de sua morte, Camus declarou ao pastor de Lourmarin e a sua esposa: "Vocês os crentes, vocês são eleitos, é por isso que eu estarei sempre do lado dos outros". A esposa do pastor lhe respondeu: "Os homens, muito frequentemente, são decepcionantes, apenas Deus[6] não o é". Após um instante de silêncio, Camus lhe perguntou: "Você está segura disto?"

O problema do mal será, portanto, a questão central em todo o pensamento de Camus. De um Deus considerado cruel no Antigo Testamento, Camus declarará frustrada a tentativa de eliminação do mal pelo cristianismo, pois este se mostrou uma religião que aceita paradoxalmente o assassinato de um inocente, Jesus Cristo. Camus fará um jogo contrário à doutrina cristã entre o Jesus divino e o Jesus humano, dizendo que, enquanto Jesus era visto como Deus, seu sofrimento e sua morte eram a justificação do mal no mundo[7]. Por isso sua aproximação de Marcião[8].

Diz ele: só o sacrifício de um deus inocente poderia justificar a longa e universal tortura da inocência. Só o sofrimento de Deus, e o sofrimento mais desgraçado, podia aliviar a agonia dos homens[9]. Se tudo mais, exceção feita do céu à terra, está entregue à dor, uma estranha felicidade então é possível. Entretanto, Camus dirá que, quando acontece a crítica da razão, o Jesus divino é descoberto como homem, e, na medida em que a divindade do Cristo é negada, a dor volta a ser o quinhão dos homens. Jesus frustrado é apenas um inocente a mais, que os representantes do poder religioso oficial torturaram de maneira espetacular em nome da Teocracia Judaica e da *Pax Romana* (SOBRINO, 1985b: 93-142). A crítica de Camus consiste em afirmar que o pensamento secular abriu espaço para aqueles que descobriram o mal que os assolava e queriam se rebelar contra ele com suas próprias forças, mas que não podiam fazê-lo, uma vez que a religião institucional os impedia. O escritor e pensador constatava ainda que de outro lado estavam os cristãos que fizeram da história o lugar para resolver o problema do mal. Como diz Hannah Arendt:

> Mas se a perda do Cristo trouxe aos homens a face do mal, isso deixa os homens no mesmo estado de espírito de antes, porque eles sabem agora que a história é sua justificação, e está em suas mãos realizar a promessa que a história contém (ARENDT, 1997).

Camus sustentava que a palavra "salvação" era demasiado grande e talvez pretensiosa. Segundo ele, não há e nem mesmo é necessária a salvação para o ser humano. E aqui nosso pensador está se colocando contra o sobrenatural, pois crê que o ser humano não precisa dele, já que sabe de sua responsabilidade e de seu dever sobre seu próprio destino, sabe da força e da fraqueza que o habitam e não aceita qualquer interferência externa sobre o que diz respeito somente a ele. Camus afastou todas as soluções fáceis propostas como remédios ao terror inspirado pela morte. Seu campo vivencial é o mundo, e ele liga-se a si mesmo no mundo e faz dele o seu reino. Camus amava mais a natureza do que a história. Acusou o cristianismo de dar lugar e valor privilegiado à história, eliminando a relação de contemplação com a natureza, mudando o seu eixo para um relacionamento de sujeição. A natureza é, para Camus, o lugar do prazer do corpo. Ela é sua mediação com o sagrado (GUTIÉRREZ, s.d.).

A revolta camusiana é a atualização da vida. Não existe mais Deus e tudo o que se tem é a vida dada gratuitamente e sem explicação. Nesta vida, que se deve amar como Camus a amou, é preciso igualmente revoltar-se, pois pela revolta acaba-se por adotar um comportamento que mantenha ou mesmo anime a dignidade própria de seres humanos. A revolta é capaz de nos fazer transcender da única transcendência a que Camus dá importância, que é a luta contra o absurdo. Esta é relevante por ser a única capaz de reivindicar clareza e ordem num universo que parece pouco razoável. A grandeza da revolta contra todo ataque à dignidade humana reside igualmente na afirmação implícita da transcendência do espírito humano, o único capaz de julgar em nome de uma justiça que somente ele pode conceber[10].

Em seu romance *A queda* podemos ler o seguinte trecho, uma das falas do monólogo em que o livro consiste do princípio ao fim, pela boca de seu personagem:

> Se eu lhe disser que não tinha religião alguma, você compreenderá ainda melhor o que havia de extraordinário nessa convicção... Sentia-me bem à vontade em tudo, é bem verdade, mas, ao mesmo tempo, nada me satisfazia. Cada alegria fazia com que desejasse outra. Ia de festa em festa. Chegava a dançar noites inteiras, cada vez mais louco com os seres e com a vida. Às vezes, já bastante tarde, nessas noites

> em que a dança, o álcool leve, meu modo de-
> senfreado, o violento abandono de todos me
> lançavam a um arrebatamento ao mesmo tem-
> po lasso e pleno, parecia-me no extremo da
> exaustão e no espaço de um segundo, compre-
> ender, enfim, o segredo dos seres e do mundo.
> Mas o cansaço desaparecia no dia seguinte e
> com ele o segredo; e eu me lançava outra vez
> com todo ímpeto. Assim corria eu, sempre ple-
> no, jamais saciado, sem saber onde parar, até
> o dia, ou melhor, até a noite em que a música
> parou e as luzes se apagaram. A festa em que
> eu fora feliz... (CAMUS, 2009: 25).

Em Camus – assim como em outros escritores franceses, por exemplo, Malraux –, a única mística é a da vida e a
do ser humano. O absurdo e a inutilidade da vida não reti-
ram nada à maravilha da existência. Ao contrário, dão-lhe
fecundidade. É o absurdo que dá força à vida[11]. A vida será
tanto melhor vivida enquanto ela não tiver sentido, dirá
Camus em *O Mito de Sísifo*. E ainda:

> Não se descobre o absurdo sem ser tentado a
> escrever um manual de felicidade [...] a feli-
> cidade e o absurdo são dois filhos da mesma
> terra. São inseparáveis. O erro seria dizer que
> a felicidade nasce forçosamente do absurdo.
> Acontece também que o sentimento do absur-
> do nasça da felicidade (1942b).

Camus seria assim como um discípulo do Qohélet, do
Eclesiastes, vendo que tudo é vaidade, que a luz permanece
luz. E que mesmo se não se sabe o sentido do que se faz,
mesmo assim a luz é doce (Ecl 11). Assim, a indiferença no

olhar sobre o mundo em Camus é uma forma de plenitude, de sabedoria, de consumação de si.

O que é fascinante neste escritor é o fato de que, como contraponto de sua mística pagã da felicidade, ele utilize conceitos da teologia judaico-cristã: a queda, o mal e a morte, a culpabilidade e a inocência, a nostalgia do reino em meio ao exílio, a santidade[12].

Por tudo isso, parece-me, não se devem simplificar suas posições sobre a existência de Deus dizendo-o simplesmente ateu. Camus é, na verdade, antiteísta. Critica o Deus que a tradição das igrejas cristãs disseminou no Ocidente, questionando-lhe a veracidade diante do sofrimento do mundo e da existência do mal. A existência humana é por ele entendida a partir do Mito de Sísifo, que se esforça descomunalmente para levar morro acima uma enorme pedra e, a cada dois passos que vence na subida, é forçado a descer outros tantos mais pelo peso da pedra. O absurdo deste perpétuo e fracassado esforço leva Camus a questionar-se se realmente existe um sentido para a vida e a perguntar-se por que o Criador permanece em silêncio diante de tantos mistérios insondáveis e dolorosos para suas criaturas.

A peste ou a santidade sem Deus

Talvez dentre seus livros o que mais questione a teologia seja o maravilhoso romance *A peste*. Em uma cidade que pode ser o mundo, ratos desencadeiam uma mortal epidemia que não poupa ninguém. Pouco a pouco todos vão caindo: mulheres, jovens, crianças, derrubados pela horrível doença que não escolhe suas vítimas.

A problemática do romance *A peste* é inteiramente teológica. Os cadernos (*carnets*) de Camus de dezembro de 1942 permitem pensar que ele tenha escolhido o título de seu romance com referência ao Antigo Testamento. E quando Camus escreve "estamos todos na peste" faz eco ao versículo bíblico "o mundo está todo inteiro mergulhado no mal" (1Jo 5,19). Desejamos, no entanto, deter-nos sobretudo diante da questão de Tarrou, um dos personagens principais do romance, "Pode-se ser um santo sem Deus?", que consideramos resumir bem a dinâmica de *A peste* em seu conjunto. Tudo isso confirma o que Camus disse de si mesmo: "tenho preocupações cristãs, mas minha natureza é pagã" (GOLDSTAIN, 1971).

O Doutor Rieux e Tarrou, os dois personagens principais de *A peste*, têm muito em comum, e o principal é a luta contra a morte e o mal presentes na criação. Um luta contra a morte causada por uma doença, o outro luta contra a morte causada pela lei e pelas "togas vermelhas" (a pena de morte). Para Rieux, a peste é uma doença do corpo; para Tarrou, uma doença da alma de muitas pessoas. Os dois homens não creem em Deus e a luta contra a peste não faz com que nem um nem outro seja feliz. Ao contrário de Tarrou, Rieux não para nunca de lutar com todas as suas forças. Tarrou entregou-se e desistiu, como sua mãe, porque se decepcionou com este mundo.

Rieux diz que se tem que ser cego ou covarde para resignar-se à peste. Ele quer ser um homem com sentimentos de lealdade a seus valores pessoais e que recusará até a morte "amar esta criação onde crianças são torturadas".

Tarrou luta contra a peste ao lado das vítimas e contra alguém que se crê no direito de punir outro com a morte, mas não crê em Deus. Rieux luta contra a ordem do mundo, contra a morte. Tarrou quer ter reconhecimento e ser um santo, alguém inocente que pratica a justiça e encontra sua paz. Rieux é mais realista. Não encontra resposta, mas faz seu dever como homem. Ele não busca um sentido superior porque não crê que este exista para ele. Não busca explicação, mas aceita a ordem do mundo. Um homem deve aceitar o bem e o mal. Pode revoltar-se e encontrar um sentido aí dentro, e o sentido da vida estaria no interior desta revolta.

Em *A peste*, Camus coloca então face a face, de um lado, Rieux, Rambert, Tarrou e Grand, todos mais ou menos conscientemente ateus; do outro está o Padre Paneloux, um sacerdote católico. Cada um tem sua própria maneira de reagir diante do flagelo.

O Doutor Rieux, protagonista e narrador da crônica, luta com tenacidade, embora sem ilusões, contra a epidemia e renuncia a reunir-se com a esposa, que se encontra em delicadas condições de saúde fora da cidade, para estar a serviço de seus concidadãos. O homem rebelde e revoltado encontra aí sua realização: não aceita o mal, olha a morte de frente e a combate friamente, sem cessar. Rieux é sensível aos afetos familiares de sua mãe, que vem para ajudá-lo. Sente-se apoiado e diz: "A verdade é que com ela tudo parecia sempre fácil" (CAMUS, 1947: 17). É o homem reto, de uma honestidade puramente natural, mas profunda. Médico dos corpos, preocupa-se com o imediato presente: para ele, amar o homem significa curá-lo, não salvá-lo para a vida futura, como ressalta em conversa com o Padre Paneloux: "A salvação do homem é uma frase muito grande para mim. Eu não vou tão longe. É sua saúde o que me interessa, sua saúde, antes de tudo" (CAMUS, 1947: 171).

Precisamente por esta dimensão apenas terrena, não sabe dar-se outro tipo de soluções, pois para tal deveria entrar em um plano que Camus recusa *a priori*. Já não tem os gestos heroicos do protagonista de *O Mito de Sísifo*. Afirma as verdades mais nobres e altas em um tom tranquilo, humilde, singelo. Quando fala com Rambert, o jornalista a quem a peste bloqueia na cidade e a quem quer animar para que possa reunir-se com a esposa, expõe também as razões de sua abnegação com uma humildade comovedora:

> Você tem razão, Rambert, você tem inteira razão, eu não queria por nada deste mundo desviá-lo do que você pensa fazer, que me parece justo e bom. Entretanto, é preciso fazê-lo compreender que aqui não se trata de heroísmo. Trata-se somente de honestidade. É uma ideia que pode ser que lhe faça rir, mas o único meio de lutar contra a peste é a honestidade. – Que é a honestidade? – disse Rambert, ficando sério de repente. – Não sei o que é em geral. Mas, em meu caso, sei que não é mais que fazer meu ofício (CAMUS, 1947: 131-132).

Ele ensina ao jornalista, então, que a grandeza da alma está presente no homem, é certo, no amar a uma criatura, mas sobretudo em ajudar a todas as criaturas. Através dos personagens de *A peste*, Camus assinala um importante passo na construção de sua concepção antropológica. O que caracteriza também a Rieux é a capacidade de escuta: compreende Rambert, que está torturado pelo desejo de voltar a ver sua esposa; conforta Grand, que tem necessidade de encontrar alguém que compreenda sua tragédia interior, até antes da enfermidade; mas não concorda com o Padre Paneloux, que declara, em uma visão contrastante com a sua, que aceita a peste como penitência pelas culpas dos homens, ao passo que Rieux revela uma profunda, dolorosa incerteza.

Rambert, que queria motivar a solidariedade do doutor e de seu companheiro Tarrou e comprometer-se com eles renunciando à sua felicidade, põe a nu a incerteza dos ideais de Rieux: "Vocês sabem melhor que ninguém! Senão, que fariam no hospital? Será que vocês escolheram e renunciaram à felicidade?" Nenhum dos dois respondeu. O silêncio durou muito tempo, até que chegaram perto da casa do doutor. Rambert repetiu sua última pergunta, ainda com mais força, e somente Rieux se voltou para ele. Rieux se soergueu com esforço: "Perdoe-me, Rambert – disse –, mas não o sei. Fique conosco se assim o desejar [...] nada no mundo merece que nos separemos dos que amamos. E, entretanto, eu também me separo sem saber por quê" (CAMUS, 1947: 164).

O problema surge até mais explicitamente quando, vencida a peste, a vida volta à normalidade. Rieux volta a pensar no amigo Tarrou, que pagou com a vida sua abnegação:

> Que duro devia ser viver unicamente com o que se sabe e com o que se recorda, privado

> do que se espera. Assim era, sem dúvida, como havia vivido Tarrou, e com a consciência de como é estéril uma vida sem ilusões. Não pode haver paz sem esperança [...] Tarrou havia vivido dilacerado e na contradição e não havia conhecido a esperança. Seria por isso que ele havia procurado a santidade e a paz no serviço aos homens? Na verdade, Rieux não sabia nada (CAMUS, 1947: 227).

Tarrou é o convertido absurdo, o santo laico. Ele é aquele que, de fato, quer realizar a santidade no ateísmo. Diversamente de Rieux e Rambert, que estão constrangidos ao dom de si mesmos unicamente pelo sentido de solidariedade, Tarrou tem a necessidade de purificar-se de uma culpa. Filho de um advogado criminalista, escuta seu pai condenar um homem à pena de morte. Depois disso já não tem paz: dedica sua própria vida à luta contra a pena capital. Combate-a através da ação política, mas muito em breve se dá conta de que esta também autoriza o homicídio. Deixa tudo e segue adiante sozinho, lutando contra o mal que se propaga enganosamente entre os homens.

Tarrou vê na peste o símbolo de uma enfermidade mais íntima: cada homem, até mesmo inconscientemente, é "peste" para os outros, ou seja, é motivo de sofrimento:

> Cheguei ao convencimento de que todos vivemos na peste, e perdi a paz. Agora eu a busco, tentando compreendê-los a todos e não ser inimigo mortal de ninguém. Sei unicamente que há que se fazer tudo que seja necessário para não ser um empesteado e que apenas isso pode

fazer-nos esperar a paz ou, se isso não for possível, uma boa morte (CAMUS, 1947: 197-198).

Tarrou decide ficar ao lado das vítimas em cada ocasião, a fim de pôr um limite ao mal: "Por isso decido estar do lado das vítimas para evitar estragos. Entre elas, pelo menos, posso ir vendo como se chega à terceira categoria, quer dizer, à paz" (CAMUS, 1947: 199)[13]. Sua moral é a da compreensão e da simpatia. Consiste principalmente na rejeição da violência, embora praticada com objetivo altruísta, ou seja, para evitar a própria violência.

Mas o problema de Tarrou é ainda mais profundo e pessoal: "Pode-se chegar a ser um santo sem Deus; esse é o único problema concreto que admito hoje em dia" (CAMUS, 1947: 199). Também desta vez Rieux não sabe responder, minimiza o problema e diz: "Mas, sabe, eu me sinto mais solidário com os vencidos do que com os santos. Não tenho entusiasmo pelo heroísmo nem pela santidade. O que me interessa é ser homem". Ao que Tarrou responde: "Sim, os dois procuramos o mesmo, mas eu sou menos ambicioso" (CAMUS, 1947: 200).

Tarrou, depois de haver-se entregado sem medida, é vítima da peste e da morte; esta trunca brutalmente sua atividade solidária. Tarrou sofre, mas, herói camusiano, não baixa os olhos diante da morte. Na agonia de Tarrou emerge, da sombra discreta, a mãe do doutor, uma criatura que, como todas as mães, dá-lhe paz com sua presença. Dessa forma, Camus encontra o modo de converter em menos desumana a horrível morte. "Tarrou a contemplava com tanta intensidade [...] quando os traços do doente emergiram da escuridão, a Senhora Rieux [...] então ouviu, como vinda de longe, uma voz surda que lhe dizia obrigado e dizia que tudo estava muito bem" (CAMUS, 1947: 224).

Verdadeiramente estas páginas expressam uma profundidade de comunicação mais forte do que uma relação humana normal. Com Rieux, Rambert e Tarrou, que se entregam por completo, por solidariedade ou para expiar uma culpa, Camus não se esquece do homem em meio ao absurdo, ligado à banalidade do cotidiano. Por exemplo, Grand, um modesto empregado, insignificante à primeira vista, símbolo – tal como o estrangeiro Meursault – da banalidade da vida, mas deste profundamente diferente, porque aceita o ser humano até sentir a necessidade dos outros e sofrer pelos outros. Grand, a propósito do vizinho de casa que tenta suicidar-se e a quem ele se oferece para cuidar, afirma: "Era um desses homens, tão escassos em nossa cidade como em qualquer outra, aqueles aos quais nunca falta a coragem para ter bons sentimentos" (CAMUS, 1947: 42). Grand se comove pensando na irmã, nos netos, na mãe: por esta capacidade de sofrimento sua vida, que ameaça ser insignificante como a de Meursault, toma o tom de um drama. Grand sofre porque a esposa o abandona, o confessa a Rieux com o pudor que guarda as penas profundas, e diz que queria lhe escrever: "Mas é difícil – dizia. – Faz muito tempo que penso nisso. Quando nos amávamos nos compreendíamos sem palavras. Mas não sempre se ama a alguém. Em um momento dado eu deveria ter encontrado as palavras que a tivessem feito deter-se, mas não pude" (CAMUS, 1947: 68-69).

Sua maior preocupação é a de aprender a expressar-se. Esta dor tão contida e profunda o aproxima de Rieux, que imediatamente intui o drama e sintoniza com ele. Também Rieux diz a propósito do profundo amor que o une a sua mãe:

> Sentia que sua mãe o amava e pensava nele nesse momento. Mas sabia também que amar alguém não é grande coisa ou, melhor, que o amor não é nunca o suficientemente forte para encontrar sua própria expressão. Assim, sua mãe e ele se amavam sempre em silêncio (CAMUS, 1947: 226).

É emocionante a página na qual o médico vai ao encontro de Grand, emocionado diante de uma vitrine onde se reflete seu rosto sulcado de lágrimas:

> Rieux sabia o que estava pensando naquele momento o pobre velho que chorava e também como ele pensava que este mundo sem amor é um mundo morto, e que por fim chega um momento em que as pessoas se cansam da prisão, do trabalho e da coragem, e não exigem mais senão o rosto de um ser e o feitiço da ternura no coração (CAMUS, 1947: 204).

Ao mesmo tempo, em meio a esta lista de homens fechados em uma dimensão nobre, mas terrena, está o Padre Paneloux. Camus o apresenta como "[...] um jesuíta erudito e militante com quem havia falado algumas vezes e que era muito estimado na cidade, inclusive pelos indiferentes em matéria de religião" (CAMUS, 1947: 20).

Padre Paneloux toma duas atitudes sucessivas com respeito à peste. Seus sermões apresentam a passagem de uma fé triunfante e categórica a uma fé desesperada e cega, melhor dizendo, um tipo de fatalismo. O Padre Paneloux, que se une a Rieux para ir em ajuda dos empesteados, fica desconcertado quando em contato com a dor, sobretudo com a dor dos inocentes. Assiste com Rieux, Rambert e Tarrou à agonia do filho do Juiz Othon: um sofrimento perturbador diante do qual Rieux exclama, cheio de amargura: "Ah! Este, pelo menos, era inocente. Bem sabe você!" (CAMUS, 1947: 170).

São duras e desconcertantes as palavras que se seguem entre o Padre Paneloux e o ateu Rieux:

> – Compreendo-o – murmurou Paneloux –, isto revolta porque ultrapassa nossa medida. Mas é possível que devamos amar o que não podemos compreender. Rieux endireitou-se de repente. Olhou para Paneloux com toda a força e a paixão de que era capaz e balançou a cabeça. – Não, padre – disse. – Eu tenho outra ideia do amor e estou disposto a recusar-me até a morte a amar esta criação onde as crianças são torturadas. Pelo rosto de Paneloux passou uma sombra de perturbação. – Ah!, doutor – disse com tristeza –, acabo de compreender isso que se chama de graça (CAMUS, 1947: 171).

Paneloux contrai, por sua vez, a peste, e é especialmente nestas páginas que Camus oferece sua visão do cristianismo, que às pessoas de fé parece totalmente estranha. Quem professa a fé cristã sabe que este não é absolutamente um tipo de fatalismo diante do qual o homem se dobra sem reagir: o caráter redentor da dor permite ao cristão lutar contra o mal com todos os meios de que dispõe. No entanto, Camus é coerente com seu modo de pensar quando fala, pela boca de Rieux:

> Se acreditasse em um Deus todo-poderoso não me ocuparia de curar os homens e deixaria a esse Deus esse cuidado. Mas ninguém no mundo, nem sequer Paneloux, que acredita que crê, ninguém acredita em um Deus deste gênero, posto que ninguém se abandona inteiramente (CAMUS, 1947: 103).

Nós, lendo Camus, no entanto, afirmamos que é simplista e errôneo reduzir o dilema a esta fórmula: ou Deus existe e então se reza e não se luta mais contra o mal, ou Deus não existe e então se luta e não se reza mais. De fato, do ponto de vista cristão, há que lutar e ficar de joelhos, porque só assim o cristão é autêntico. Camus, com o personagem do Padre Paneloux, distorce de maneira paradoxal a confiança cristã: a atitude de Paneloux, que recusa todo tipo de cura para pôr sua confiança cegamente em Deus, está completamente fora da concepção cristã. Estranha é também a afirmação de Paneloux quando Rieux se oferece para acompanhá-lo durante a agonia: "Obrigado. Mas os religiosos não têm amigos. Depuseram tudo em Deus" (CAMUS, 1947: 183). Paneloux morre em um silêncio que fecha sinistramente suas últimas horas de vida. É o personagem mais convencional e forçado. E também o mais estereotipado, que mostra a visão negativa que Camus tem da Igreja.

Camus expõe diante do leitor um cristianismo frio e desumano que se confunde com o fatalismo, tendo ao fundo uma imagem de Deus que reflete claramente o pensamento niilista de Nietzsche. A morte do cristão Paneloux, em relação com a de Tarrou, "o santo ateu", demonstra o ateísmo de Camus.

Nas obras anteriores a *A peste*, o único valor reconhecido como autêntico por Camus é o prazer físico, o mergulho na natureza, o gozo sensual do presente. Como exemplo, os prazeres concretos de Meursault não rompem sua opaca indiferença com respeito aos outros.

Neste romance, Camus, apesar de não renegar seu próprio credo terreno, propõe-se fazê-lo coexistir com o novo valor que tem descoberto, o altruísmo: "Pode haver vergonha em ser feliz sozinho" (CAMUS, 1947: 164). Mas aqui fica em evidência o problema de fundo ressaltado sobretudo por Rambert: Qual motivo o empurra a defraudar voluntariamente sua felicidade a fim de fazer felizes aos outros? Se houver contradição, como superá-la?

Camus não responde, e sua incerteza para resolver a problemática relação entre hedonismo e altruísmo provavelmente não é alheia a sua incapacidade de dar um conteúdo ao conceito do altruísmo em si mesmo, já que o homem não o obtém se por acaso encontrar apenas como constante resposta a sua abnegação. As respostas que a este propósito dão Rieux ("Fazer meu ofício") e Tarrou ("Colocar-me do lado das vítimas") não são exaustivas.

Camus apresenta de novo este problema na obra *O homem revoltado*, formulada em termos histórico-filosóficos. Nela o escritor confia a elaboração crítica de seu chamado à solidariedade como alguém em atitude de autêntica rebeldia contra o absurdo.

Em *O estrangeiro*, publicado em 1942, e no ensaio teórico *O Mito de Sísifo*, Camus havia expressado sua peculiar ideologia sobre o absurdo da existência e do mundo, frente ao qual as consolações filosóficas e religiosas resultam paliativos e mistificações. O romance *A peste* desenvolve o motivo positivamente moral daquele núcleo ideológico: o mal e a dor não podem ser explicados teoricamente, mas podem e devem ser enfrentados com a ética laica da honestidade individual e do compromisso coletivo, da solidariedade. No absurdo da existência não há maior consolo que encontrar-se unidos frente ao mal.

Conclusão: o ateísmo espiritual de Albert Camus

O sentido da santidade para Camus, então, pode prescindir de Deus, mas não do homem, da comunidade humana. Camus não compreende o sentido da existência se esta não for uma luta coletiva e solidária contra o mal e a morte.

O protagonista de *A peste*, o médico Rieux, ateu, pergunta-se incessantemente, enquanto dedica o melhor de seus jovens anos a cuidar dos doentes terminais: "Por quê? Por quê?" Seu jovem auxiliar, Tarrou, morre em seus braços, e a pergunta não cessa de lhe vir aos lábios: "Pode-se ser um santo sem Deus?" Confrontado com o personagem de Rieux, o Padre Paneloux afirma a existência de Deus com o discurso tradicional da fé. O romance termina e todos os que o lemos sabemos que a pergunta de Camus não é sem fundamento. Porque conhecemos tantas e tantas pessoas que viveram e vivem essa santidade sem Deus, esse ateísmo honesto e cheio de espírito que recusa um Deus imposto que nada lhes diz e que se resume a uma repetição de fórmulas e normas sem uma experiência que faça sentido e uma prática coerente.

As jovens gerações já não leem Camus, sua obra literária e filosófica. Juntamente com Sartre, este pensador e escritor foi responsável por uma corrente de pensamento que revolucionou a filosofia do século XX, o existencialismo. Em tempos de razão tão cínica e cética como os nossos, haveria que volver a estudar Camus – ouso dizer – mais que Sartre. Como não voltar a seus fascinantes romances, enfim, como não debater todas as questões tão profundas e tão atuais que esse argelino levantou não apenas para uma geração, mas para todas, inclusive a nossa?

Susan Sontag assim definiu a morte de Camus: "Kafka desperta piedade e terror, Joyce admiração, Proust e Gide respeito, mas nenhum escritor moderno que eu me lembre, exceto Camus, despertou amor. Sua morte em 1960 significou para o mundo uma perda pessoal".

Na segunda década do século XXI, em plena secularização, quando a vivência da fé tem que enfrentar-se com uma desinstitucionalização cada vez maior, a teologia mesma se pergunta diante da obra camusiana: Como dialogar com os santos sem Deus, com os místicos sem Igreja do mundo de hoje? Não seriam talvez eles e elas os grandes parceiros e interlocutores dos quais deveríamos aproximar-nos para tentar construir um mundo melhor? Que o ateísmo espiritual e "crente" de Camus possa inspirar-nos nesse sentido.

Georges Bernanos e François Mauriac
(a experiência mística entre a teodiceia e a santidade)

> *Não se morre cada um por si, mas uns pelos outros,*
> *ou mesmo uns em lugar dos outros, quem sabe?*
> (BERNANOS, G. *Dialogue des carmélites*).

> *Este tesouro que não se esgota: a comunhão dos santos [...]*
> *esta misteriosa economia da reversibilidade que rege*
> *o reino das almas, sob o signo da Redenção*
> (MAURIAC, F. *Carta a Jean Cocteau*).

Escolhemos aqui refletir sobre os dois escritores católicos franceses do século XX – Georges Bernanos e François Mauriac – não porque sejam escritores místicos, mas sim porque em suas obras e romances a mística é uma realidade constantemente presente. Mais: trata-se de dois escritores que criam personagens que são místicos, e a partir dos quais se pode penetrar um pouco mais no conhecimento daquilo que o cristianismo católico entende por experiência e narrativa místicas.

Nossa leitura será teológica e isso tem suas implicações. Ao fundo da trama que a pena de um e de outro descrevem está a fé da Igreja da qual ambos são membros militantes. Nenhum dos dois teve jamais nenhum problema em declarar tal pertença abertamente e foi em consciência e por determinação deliberada que se dispuseram a fazer de sua atividade literária uma militância para sua fé.

Talvez por isso as obras de ambos permitam entrever e adivinhar a presença desta fé na qual se entretecem suas próprias existências. E isso seja do avesso como do direito. Tanto um como o outro explicitam o lado luminoso desta fé, assim como seu lado sombrio. Para ambos a presença do mal é algo de vital importância nos dramas que narram. Mas também – com matizes e intensidades diferentes – a fé na redenção mediada por Cristo e que o Espírito Santo continua suscitando em outros de seus seguidores aos quais concede a intimidade de sua presença e a quem envia em missão em favor dos irmãos.

Neste texto primeiramente apresentaremos um perfil de cada um dos dois escritores, situando-os para conhecimento do leitor. Em seguida procuraremos situar teologicamente os romances de ambos que iremos analisar: no caso de Bernanos, o *Journal d'un curé de campagne*. Quanto a Mauriac, os dois romances que compõem o que é conhecido pelos estudiosos de sua literatura como "o ciclo de Alain Forcas": *Ce qui était perdu* e *Les anges noirs*[14]. Para situar, pois, essas obras literárias, tomaremos como pano de fundo aquele que nos parece ser o mistério cristão que constitui o fio condutor de todas elas: a comunhão dos santos.

Em seguida procuraremos o lugar da mística ou, melhor, dos personagens místicos nas obras analisadas. Deliberadamente haverá dois sacerdotes, um bernanosiano (o pároco de Ambricourt) e um mauriaciano (Alain Forcas), no proscênio da narrativa. Veremos como na narrativa de ambos os romancistas e em seus personagens há uma trilogia que permanece e desenha o dinamismo do relato: o mal, a criatura e Deus. Desse dinamismo emergirá a teologia mística elaborada pelos dois romancistas que, ainda que cheguem ao mesmo *telos*, apresentam estilos diferentes: mais sombrio e pessimista no caso de Mauriac, mais esperançoso e positivo no caso de Bernanos.

Dois escritores, uma mesma fé, dois estilos de viver

Georges Bernanos[15] nasceu em Paris, filho de uma mãe muito católica que sonhava em vê-lo padre. Ainda jovem, foi discípulo de Drumont, um jornalista antissemita, do qual posteriormente se afastou (MOLNAR, 1997: 17). Após deixar de lado a ideia do sacerdócio, entrou na Sorbonne, formando-se em Direito e Literatura. Com 20 anos entrou na organização monarquista "Camelots du roi", da direitista Ação Francesa.

Na Primeira Guerra Mundial, Bernanos combateu e testemunhou as batalhas de Somme e Verdun, foi ferido gravemente, conservando sequelas durante o resto de sua vida, sendo igualmente condecorado por bravura. Convalescendo em Vernon, descobriu os escritos de Leon Bloy, que muito o influenciaram. Figura proeminente do catolicismo francês, Bloy considerava a escrita um chamado divino, e esse pensamento influenciou profundamente a Bernanos (VON BALTHASAR, 1996: 62).

Grande parte de sua ficção, Bernanos a escreveu em um período de quase doze anos, entre 1926 e 1937. Como outros escritores franceses, lutou com a fé católica fervorosa que o possuía ao longo de toda a sua carreira literária. Durante os seus últimos anos, tornou-se mais um jornalista polemista, escrevendo ensaios e artigos, e afastando-se da ficção. Fez campanhas contra o barbarismo que via aproximar-se com a subida do nacional-socialismo e esperava a chegada de um reavivamento espiritual e moral para seu país.

Viveu com sua família em Palma de Maiorca durante a guerra civil espanhola. Em 1938, às vésperas da guerra, foi para o Paraguai e, posteriormente, autoexilado, para o Brasil, onde passou sete anos. Viveu sobretudo perto de Barbacena, em Cruz das Almas. Com seus contatos pelo rádio, via BBC, tornou-se uma das vozes mais fortes da Resistência fora da França. Após a guerra, voltou a seu país atendendo a uma convocação do General De Gaulle.

Seu romance mais importante é sem dúvida o *Journal d'un curé de campagne*, de 1936, que foi adaptado em magistral filme de Robert Bresson em 1951 (BERNANOS, 1936). Bernanos morreu em Neuilly sur Seine em 1948.

François Mauriac nasceu em Bordeaux em 1885, filho de uma família burguesa de província[16]. Órfão de pai, foi criado pela mãe, sendo o caçula de cinco filhos. Recebeu educação esmerada em cultura e religião. Jovem muito culto, recebeu grande influência de Pascal, refletindo em sua obra algo do ilustre pensador francês, sobretudo no que se refere ao conflito trágico entre a vida de fé e as tentações da carne. Estudou Literatura em Bordeaux e Paris, mas logo se tornou um escritor independente. Seu livro *Le baiser au lépreux* lhe deu fama e em 1933 foi eleito para a Academia Francesa. Durante a Segunda Guerra Mundial viveu em território ocupado e publicou sob pseudônimo.

Após a guerra foi condecorado por De Gaulle com a Legião de Honra. Escreveu romances, peças de teatro e artigos de jornal. Seus romances religiosos foram alvo de muitas críticas por serem demasiado sombrios. Possuidor de uma maestria da língua e um estilo de enorme qualidade, Mauriac ganhou o Prêmio Nobel de Literatura em 1952. Seus livros mais famosos são *Therese Desqueyroux* e *Le noeud de vipères*.

Nos dois livros que aqui comentamos Mauriac constrói um personagem puro, inocente e místico em meio ao mar de lama que ambienta normalmente seus livros: o Padre Alain Forcas, que aparece em *Ce qui était perdu* e posteriormente em *Les anges noirs*. Mauriac morreu em 1970.

A ambiência da escrita: a comunhão dos santos

Na doutrina cristã, a comunhão dos santos significa a união espiritual de todos os cristãos vivos e mortos. Todos formam juntos um único corpo místico, cuja cabeça é o próprio Jesus Cristo. E cada membro deste corpo, por sua vez, contribui para o bem de todos os outros, estando inclusive aqueles que já morreram ligados e eternamente pertencentes a esta comunhão[17].

O termo "comunhão dos santos" aparece primeiramente no Credo Apostólico, que tem sua origem por volta do ano 100 d.C. e constitui a base da declaração de fé da

Igreja. A crença em um elo místico que unia todos os cristãos, vivos ou mortos, em esperança e amor, e, sobretudo, em uma mesma salvação, é confirmada já no século IV e faz parte até hoje do Credo cristão, mesmo nas suas versões mais ampliadas, que incluem as conclusões dos concílios de Niceia e Constantinopla.

A base bíblica do dogma da comunhão dos santos é baseada em 1Cor 12, onde Paulo de Tarso compara a Igreja a um único organismo, usando para isso a analogia do corpo e enfatizando a mútua interdependência de todos os membros com a cabeça e entre si. Chama de santos a todos os cristãos independente de sua santidade pessoal, uma vez que são consagrados a Deus e a Cristo e habitados pelo Espírito Santo (cf. Rm 8,32; 1Cor 6,17; 1Jo 1,3).

Na visão católica tradicional, a comunhão dos santos apresenta três estágios diferentes:

1) Igreja militante, formada por aqueles que ainda vivos peregrinam nesta terra rumo à pátria celeste.

2) Igreja padecente, composta por aqueles que ainda padecem no purgatório e que posteriormente irão ao céu.

3) Igreja triunfante, formada por aqueles que já alcançaram a definitiva santidade e purificação e habitam o céu[18].

O mais importante para o que aqui nos propomos refletir é a solidariedade sem limites que essa concepção traz consigo. Os que se encontram em qualquer um destes estágios não estão isolados uns dos outros, mas intercedem uns pelos outros, ajudam-se mutuamente com orações, boas obras, sacrifícios e indulgências. Assim, todo cristão é necessariamente um solidário. Se, por um lado, experimenta que o mal por ele produzido pelo pecado se expande e desata um processo em espiral que afetará a outros e não somente a ele; por outro lado sente igualmente que seus irmãos não apenas são seus companheiros de jornada, mas também sua condição para viver o ideal proposto pelo Evangelho. E experimenta-se salvo e salvador de outros através daquilo que vive e sofre.

A comunhão dos santos, portanto, é a condição para que possa haver salvação e resgate no mundo. Assim como todo aquele que peca é precedido no mal, assim também a santidade é como um útero que recebe sempre mais e mais filhos, nutrindo-os com a seiva vital que faz a vida mesma da comunidade eclesial. Onde um falha, o outro resiste; onde um desanima, o outro permanece firme; onde muitos desistem, um só é fiel e carrega em sua cansada, mas vitoriosa fidelidade, a fadiga dos irmãos que, por sua vez, o carregarão a ele no futuro, com sua oração, seu sacrifício, seu amor. Todos são responsáveis por todos e chamados a carregar mútua e reciprocamente os fardos uns dos outros[19].

A santidade exige comunhão, e por pura graça divina acontece nas pessoas como evento redentor. Não se apoia na indústria humana, mas sim na fragilidade e na vulnerabilidade da carne que, transfigurada pelo dom de Deus, coopera na economia da redenção, transformando *tudo* em graça e em ação de graças. Assim é tecido como preciosa trama o que existe de santidade em cada existência humilde e obscura para formar a figura do Reino que Deus deseja ver realizado neste mundo.

A nosso ver, este é o único tema da maioria dos romances seja de Bernanos, seja de Mauriac: a redenção que se dá no mundo, resgatando do mal o pecador que mais baixo caiu, o desesperado que não mais vê sentido na vida, aquele que afunda cada dia mais no vício que o ata e o prende. E entre o mal que enreda o ser humano, do demônio que deseja perdê-lo e o Deus cujo único desejo é salvá-lo, a figura do místico, do santo, se levanta. Mediador muitas vezes sem consciência de sê-lo, é ele ou ela que por sua pureza, sua inocência, sua entrega radical e confiante, situa-se entre o "diabo ávido e o Deus voraz" (MOCH, 1962: 15-16).

Não são apenas testemunhas da redenção, mas vítimas do mal, esses que fazem a experiência de mística união com Deus. Interpõem-se entre o mal e o pecador, tomando sobre si as consequências do mal que não praticaram e realizando por pura graça a redenção cuja economia não presidem. Sua estranha alegria em meio aos tormentos mais variados dá testemunho da intimidade e da união com Deus que os(as) habita e os une a si mesmos. É isso que, segundo Bernanos, faz com que o mundo ainda tenha sentido e futuro[20].

Mística e redenção

"Para o Ocidente católico, Cristo é objeto", dirá Nicolai Berdyaev (1965: 271-272). Objeto de todo esforço, amor e imitação... E continua:

> O espírito católico está intimamente próximo da imagem concreta do Cristo do Evangelho, da paixão de Cristo. A alma católica é apaixonadamente enamorada de Cristo, imita

seus sofrimentos [...]. Para o Oriente ortodoxo, Cristo é sujeito. Ele está dentro da alma humana [...]. A mística ortodoxa é prostração diante de Deus, antes que esforço em direção a Ele [...]. A ortodoxia não é nem fria nem apaixonada. A ortodoxia é morna, às vezes mesmo quente [...] nesta mística não há paixão ansiosa [...] não é romântica, é realista e sóbria (BERDYAEV, 1965: 271-272).

Esta citação de um grande crente ortodoxo aponta para a concepção de mística que preside os escritos dos dois romancistas claramente católicos que aqui trazemos. Para eles, a literatura tem como tema central a redenção[21]. Eles têm como principal objetivo narrar e descrever a maneira pela qual os propósitos redentores e salvíficos de Deus trabalham as vidas humanas. Os temas centrais de tais romances são o mal e a graça. E na narrativa aparecem as figuras dos místicos e dos santos (muitas vezes sacerdotes, padres, mas não apenas) que representam os canais dóceis e disponíveis da graça e, portanto, passíveis de serem "usados" pelo próprio Deus como mediadores da redenção (SHERRY, 2000: 249).

Os chamados "romances de redenção" não são, no entanto, exclusividade do Ocidente. O maior expoente de todos eles é sem dúvida um russo: Fiodor Dostoievski[22]. No entanto, pode-se encontrar nos romances desses dois católicos franceses do século XX que são Bernanos e Mauriac a mesma dinâmica que situa a mística entre "o diabo ávido e o Deus voraz", ou seja, entre a dolorosa disjuntiva de ser disputado por Deus e pelo mal. Normalmente o místico é alguém que toma sobre si as dores e os sofrimentos dos outros, e assim fazendo os redime, à semelhança de Jesus Cristo, do qual é réplica e efígie. Figuras crísticas, os personagens místicos de Bernanos e Mauriac irão conduzir o leitor através de situações extremamente humanas até se encontrarem com o poder de Deus, que, por assim dizer, "possui" por completo a fragilidade e a vulnerabilidade humanas, redundando isto em salvação daqueles que estão à sua volta, notadamente os mais ameaçados de perdição e danação eternas.

Os personagens de Bernanos e Mauriac não são humanos simplesmente por serem éticos, ou dotados de razão, mas se dividem entre a santidade e a perdição e, entre estes dois polos, são fragilidades indefesas e impotentes. Encontram-se, por um lado, à mercê da mão poderosa de Deus, que deles dispõe com sua graça para, através de muitos sofrimentos e provações, salvar outros. E, por outro, acham-se permanentemente ameaçados pelo demônio, que não desiste de tentar possuí-los para, através deles e delas, realizar suas pérfidas intenções. Formado por jesuítas, parece reproduzir aqui Bernanos algo da meditação central dos Exercícios Espirituais, chamada "As Duas Bandeiras"[23]. Mauriac foi igualmente educado por religiosos[24] e em sua formação certamente o imaginário que é o pano de fundo desta meditação de Santo Inácio terá influído.

Neste último caso se situam os personagens bernanosianos de Mouchette, do Padre Cenabre, de Chantal, a filha do conde do *Journal d'un curé de campagne*. Entre os personagens sombrios mauriaquianos, estão Gabriel Gradère, o assassino de *Les anges noirs*, o tirânico e cruel pai de Alain e Tota de *Ce qui était perdu*, *Therese Desqueyroux*, a assassina do próprio marido no seio de um casamento infeliz, os membros da família de *Le noeud de vipères*.

No primeiro estão os luminosos místicos e santos, tais como o jovem e agonizante pároco de Ambricourt, do qual Bernanos não fornece sequer o nome, talvez para deixar bem patente sua condição de *alter Christus*, a jovem adolescente luminosa Chantal de Clergerie, heroína mística de *La joie*, que recebe graças de êxtases e raptos comparáveis aos de uma Santa Teresa d'Ávila; o puro e sem jaça Padre Alain Forcas dos romances de Mauriac, que carrega sobre seus ombros a redenção da irmã adúltera, do pai iníquo, do assassino a ele confiado e de todo ser vivo que lhe passa por diante; o jovem Pierre, personagem de *Le désert de l'amour*, de Mauriac, difamado pela mãe e que se faz monge trapista ao final do livro.

Tanto um como outro, para descrever a luz que emana destes personagens habitados pelo Espírito de Deus, usam a analogia da infância. A pureza de Alain Forcas era a de um menino, tinha um olhar mais puro que o de uma criança (MAURIAC, 1936). O *curé* de Ambricourt é reconhecido e descrito pela condessa, que acaba de salvar do desespero mais profundo ocasionado pela perda, anos antes de sua criança, o filho ternamente amado, como "uma criança" (BERNANOS, 1936). Chantal de Clergerie é apenas saída da infância. Adolescente bela e frágil, sua corporeidade que atrai a volúpia malsã do motorista russo e de outros homens inspira ao mesmo tempo desejos de proteção, enquanto revela sua debilidade e sua falta de forças físicas que contrastam com sua virtuosa fortaleza e destemor para avançar nos caminhos do Espírito.

Para ambos, portanto, o espírito de infância é a condição para a atuação onipotente e eficaz da graça divina. E esta não apenas os salva dos perigos nos quais o inimigo quer enredá-los, mas igualmente os sobrecarrega dos perigos que ameaçam os outros, seus semelhantes que estão ameaçados de cair no mais profundo da perdição e da danação eternas. A liberdade destes místicos e místicas é convocada para lançar luz sobre o universo tenebroso que domina a situação dos outros. Carregam sobre si a responsabilidade da salvação de seus semelhantes, identificados a Jesus Cristo crucificado, que os toma a seu serviço muitas vezes apesar de si mesmos.

Uma trilogia: o mal, o místico e Deus

Nos dois escritores em questão lateja forte a pergunta da Teodiceia posta já na Grécia antiga pelo filósofo Epicuro: "Se Deus existe, é todo-poderoso e é bom, pois se não fosse todo-poderoso não seria Deus, e se não fosse bom não seria digno de ser Deus. Mas se Deus é todo-poderoso e bom, então como explicar tanto sofrimento no mundo?"

A reflexão de Epicuro dominou a mente ocidental e foi retomada posteriormente por Leibniz. A perplexidade advém do fato de que caso Deus seja todo-poderoso, então pode evitar o mal e o sofrimento, e se não o faz é porque não é bom e, nesse caso, não é digno de ser Deus. Mas caso seja bom e queira evitar o sofrimento, e não o faz porque não consegue, então não é todo-poderoso, e nesse caso também não é Deus.

Como muitos escritores e literatos, portanto, Bernanos e Mauriac, dois homens de fé que escrevem literatura, foram golpeados em suas mentes e corações pela enorme questão do mal presente no mundo. E igualmente pelo desafio de conciliar esse fato com a existência de um Deus onipotente e infinitamente bom e misericordioso. O mal, portanto, tanto sob a forma de pecado como sob a forma de sofrimento, tem sido uma preocupação central para muitos escritores.

Vários deles pintaram um panorama ermo e gelado da condição humana, presa da maldade própria ou alheia e mergulhada em profundo sofrimento e dor. Alguns deles, inclusive, foram acusados de viver em verdadeira obsessão com isso, tendo sua atenção quase inteiramente voltada para aquilo que é anormal, doente e monstruoso[25]. Porém, sempre, ao se falar e se narrar a redenção, importa saber de que se é redimido. E tradicionalmente, no Ocidente cristão, a redenção foi olhada antes de tudo como a redenção do pecado (SHERRY, 2000: 252). Há que reconhecer, no entanto, que após o Concílio Vaticano II a compreensão do mal foi mais identificada com a injustiça, sobretudo a injustiça social, produtora de vítimas e de morte para povos inteiros[26]. Mas não há que esquecer que Bernanos e Mauriac escrevem os romances que comentamos antes do Concílio.

Lendo os romances de ambos, percebe-se uma força quase virulenta naquilo que é seu sentido de pecado e na maneira como eles compõem uma atmosfera embebida de mal e sordidez. A declaração do próprio Mauriac em seu diário, que transcrevemos a seguir, é iluminadora neste sentido: "O pecador sobre o qual o teólogo dá uma ideia abstrata, eu o faço encarnado [...] a arte do escritor imaginativo consiste em fazer visível, tangível, nauseabundo um mundo cheio de prazeres perversos – e também de santidade" (MAURIAC, 1963: 154-162).

Já Bernanos afirma, sobre sua condição de escritor:

> Escrevo para justificar-me [...] aos olhos da criança que fui. Se ela cessou de falar-me ou não, que importa, não me acomodarei jamais ao seu silêncio, mas lhe responderei sempre [...] Sonhei com santos e heróis, negligenciando as formas intermediárias de nossa espécie, e percebo que as formas intermediárias existem palidamente, só contam os santos e os heróis (BEGUIN, 1954: 12-13).

Com seus romances, Bernanos visa pôr em relevo aqueles e aquelas que conseguem flutuar acima de um cristianismo abastardado, estagnado no equívoco da carne. E assume que neste mundo desesperado seu lugar é o de seus personagens místicos e ao lado de Jesus Cristo, tal como estaria antigamente nos caminhos da Galileia, na poeira com os pobres diabos, os pescadores do lago, o centurião, a mulher adúltera, a samaritana, Maria Madalena, enfim, todos os companheiros e companheiras do Evangelho (*Bulletin de la Societé des Amis de Georges Bernanos*, apud MOCH, 1962: 10).

A grande preocupação com o mal vista nos autores que escrevem sobre o mistério da redenção é acompanhada sempre por um desejo de mostrar a possibilidade da graça, trabalhando dentro das vidas humanas a fim de transformá-las. Em meio ao mal insidioso que vai fazendo seu trabalho destruidor, aparecem então as figuras puras, que andam em meio e ao lado do pecado e da desgraça sem se contaminar. Nele mergulham até o fundo e sofrem suas consequências inocentemente e sem culpa. E assim fazendo são instrumentos da graça para fazer acontecer o mistério da salvação. São vítimas do mal, mas não coniventes com ele. Triunfam do mal pela graça e pela experiência mística do amor que os habita e os inunda de paz, força e alegria, mesmo em meio às mais terríveis tribulações.

Esses místicos padecem Deus antes de experimentá-lo ativamente. Deus deles se apodera sem que possam ter muita voz ativa no processo. Nesse particular estão em coerência com o que se entende como definição da experiência mística propriamente dita, que inclui a passividade aberta e receptiva por meio da qual sua liberdade se oferece amorosamente e é tomada pela graça (McGINN, 1992: 328ss.).

Na impossibilidade de comentar todos os personagens de Bernanos e Mauriac que mereceriam atenção no interior deste tema, optamos aqui por tomar para nossa reflexão os dois sacerdotes que se encontram no centro de dois romances: *Les anges noirs* de Mauriac e *Journal d'un curé de campagne* de Bernanos. São eles o Padre Alain Forcas e o pároco de Ambricourt.

Alain Forcas e o chamado a carregar o pecado de outros

Alain Forcas é um jovem de família simples e infância sofrida, com um pai perverso e uma mãe resignada. Irmão de Tota, e a ela unido por terna afeição, é criado em um deserto de fé ou de formação religiosa durante toda a sua vida, até que, chegado à idade adulta, começa a sentir dentro de si uma "estranha felicidade" que um dia o obriga a ficar de joelhos e a murmurar palavras que nem ele mesmo sabe o que significam (MAURIAC, 1930). Em Paris, em visita a sua irmã, sente uma alegria à qual não sabe dar nome a ponto de abraçar o próprio peito para que a mesma não lhe escape (MAURIAC, 1930).

Mauriac vai deixar bem claro diante do leitor sua interpretação do sentimento que enche o peito do jovem Alain e que mudará seu destino dali em diante. Nos movimentos interiores experimentados está o começo de um itinerário que acabará por fazer o jovem provinciano descobrir no fundo de si mesmo a fé que nunca lhe foi transmitida e que começa a emergir como dom inesperado e gratuito. Esta descoberta será de tal maneira fulgurante em sua vida que o levará não somente converter-se e a situá-la ao centro de sua existência, como também a descobrir a vocação e o chamado ao qual se encontra destinado: o sacerdócio.

Aqui citamos o longo trecho de *Ce qui était perdu* que relata a confirmação que Alain busca sobre seu batismo dos lábios da mãe.

> Esta felicidade que o derrubou no chão um dia, em La Hume, no meio do campo poeirento, que mais tarde o fez correr sob as castanheiras dos Champs Elysées e que, no divã de um atelier em Paris o manteve acordado até a aurora (e para abraçá-la ele tinha os braços

apertados contra seu peito), esta felicidade ele talvez a tenha perdido, ou pelo menos ele não a reconhece: alguém a levou para longe das estradas povoadas...

Ele se lembrava de se haver formulado pela primeira vez, entre Chatellerault e Poitiers, a questão que ele perguntaria primeiramente a sua mãe. Esta pergunta que há meses queimava seus lábios, como ele haveria de conseguir retê-la mais tempo? Como poderia ele vencer esta curiosidade da qual ele estava por fim invadido, possuído, a tal ponto que ele se lembrava que o ônibus parecia arrastar-se e que ele já desesperava de chegar a La Hume, e que ele tinha medo de morrer antes de saber. Assim, nem bem o velho ônibus havia deixado a estação de Cerons, apenas atravessada a Garonne, sem preparação, ele perguntou a sua mãe se era batizado. Ele esperava um sim ou um não, mas não este sobressalto de medo.

– Por que você me pergunta? Você sabe que seu pai...

Ele a havia interrompido com impaciência:

– Então não o sou?

E ela, como para defender-se, com seu tom servil, aprendido à sombra de seu marido:

– O que eu podia fazer? Eu sou meio antiga: sou de outra época. Já que você não acredita, o que isso importa? Isto não significa nada, não te compromete com nada. E, além disso, pode ser ruim para uma moça o fato de não ser batizada. A partir do momento que eu o havia feito para Tota, era difícil recusá-lo para você ao padre de Sauternes, que foi muito bom, naquela época.

– Então eu também?

– Fique tranquilo: é inútil dizer a você que seu pai não soube de nada. Ninguém soube de nada: a empregada do padre e o sacristão, seu padrinho e madrinha, estão mortos há muito tempo. Não restou nenhum vestígio. Sabe-se bem que vocês não fizeram a Primeira Comunhão: isto é que conta. Você não fica zangado comigo?

Ele buscava uma palavra que tranquilizasse sua mãe e que, sem perturbá-la, a colocasse alerta. Ele disse então a meia-voz e como se não desse nenhuma importância, que ao contrário, era doce para ele saber que pertencia ao Cristo. Era a primeira vez que Alain pronunciava este nome em voz alta? Até seu último suspiro ele se lembraria do trovão desta única sílaba (*Christ*) no velho ônibus desmantelado sobre uma estrada de Entre deux Mers, uma noite (MAURIAC, 1930: 83-84).

Alain procura o padre para pedir para receber a catequese, sente o chamado da vocação e entra para o seminário. No trem, voltando para o enterro do pai, juntamente com sua irmã, recorda a experiência:

Aonde ele iria agora? Ele já não corria tão rápido. Era como se Tota tivesse os braços em volta de seu pescoço e não estivesse sozinha: muitos outros se agarrariam a suas vestes e já ele arrastava atrás de si uma penca de seres humanos. Impossível recuar. Atrás dele, todas as pontes queimadas; diante dele, este fogo que devia atravessar. Ser chamado... a vocação... Alain, sem desconfiança, havia subido este rio de delícias que corria surdamente sob seus anos puros, e de repente, eis a fonte: uma colina não muito alta, uma cruz elevada apenas acima da terra, meio escondida pelo pobre movimento eterno de injúrias, zombarias e amor: e em volta, a indiferença assustadora do mundo (este gesto que dura há séculos: este mesmo golpe de lança no coração dado por uma mão indiferente). Ele não pode nada; não pode ver outra coisa senão essa cruz; cada resposta o leva para lá a partir do pequeno catecismo para crianças que há quinze dias o velho padre de Sauternes o faz recitar... E ele repetia para si mesmo: "Sobretudo nunca dizer: até aqui e não mais longe" (MAURIAC, 1930: 83-84).

Alain Forcas reaparece, já padre, no romance *Les anges noirs*. Mauriac o confronta aí com outra figura que é a própria encarnação do mal: Gabriel Gradère, sedutor, gigolô, proxeneta, cafetão, assassino, bêbado, ladrão. Todos os vícios do mundo se concentram sobre Gabriel, que será resgatado e salvo por Alain, escolhido do meio do mundo perdido, que sofre e "paga" por todos: pelo iníquo Gabriel e também por Tota, sua irmã adúltera que é expulsa de casa pelo marido e acolhida por ele na casa paroquial. Toda a aldeia pensa que é sua amante e lhe desatam uma perseguição sem quartel. Na verdade Tota tinha um caso com o filho de Gabriel Gradère.

Após várias peripécias, Gabriel confessa a Alain todas as ignomínias de sua vida e lhe pede para carregar sua cruz. Os dois estarão assim sempre unidos sob o olhar de Deus. Alain entende sua missão como "envolver em uma imensa rede de oração e sofrimento" todas as almas que cruzam seu caminho. Para Mauriac é a concupiscência carnal a fonte do mal no mundo. E Alain é alguém puro, livre dela, possuído pelo espírito de infância cuja inocência brilha sobre seu rosto, embora já seja um homem de vinte e seis anos.

Devido à acolhida que dá à irmã adúltera, é rejeitado e caluniado por seus paroquianos, e seus superiores o suspeitam ao menos de imprudência. Mas ele se sente chamado a suportar, a nunca desviar a cabeça, não recusar nada. Para todo o resto, ele havia fracassado: nem com os jovens, nem com os velhos ele havia encontrado a mínima acolhida; não se tratava mais aqui como ali de indiferença ou ignorância. Não, um ódio positivo, virulento em alguns; um desprezo arraigado há dez anos, desde que dois padres mornos se haviam sucedido na paróquia. Sua inexperiência de jovem serviçal foi explorada, todas as suas faltas de jeito valorizadas, todos os seus movimentos de coração para este ou aquele transformados em zombaria ou atribuídos a motivos ignóbeis, até a chegada de sua irmã, que desencadeara a perseguição. E Alain escuta do próprio Cristo crucificado, a quem volta o olhar em sua oração: "Você fracassa em toda parte, você não é capaz de nada, exceto de suportar... Suporta. [...] Você não tem que entender, mas assemelhar-se a mim" (MAURIAC, 1936).

Gradère sente o impulso de escrever a confissão de sua vida a Alain Forcas e o faz em um caderno que o padre lê ao longo da noite:

> A lâmpada do padre estava sobre uma mesa, a cabeceira de sua cama, sob o crucifixo que ela iluminava de cima a baixo. Ele lia uma página, buscava sua respiração, elevava seus olhos a Cristo como para retomar força, mergulhava de novo no rio de lama, não com horror, mas com terror. Sua grande tentação, o mistério do mal. Eis que ele o tinha inteiro entre as mãos nesta noite, sob a capa azul de um pequeno caderno pautado. Leu de uma vez até a passagem na qual Gradère, obcecado pelo demônio, citava a palavra do velho padre: "Há almas que lhe são dadas".
> Este homem, este Gradère escolheu ser um deus... Ele se estirou em um esforço violento para sufocar... Este desejo criminoso de não se colocar à parte do grande número dos perdidos. Fez vazio em si mesmo, permaneceu com o espírito em suspenso. Do fundo dos tempos lhe vinha distintamente a resposta de Cristo ao apóstolo que havia perguntado: "Senhor, ninguém será então salvo? Nada é possível ao homem, tudo é possível a Deus". Alain teve naquele momento a sensação quase física deste parentesco das almas entre si, destas alianças misteriosas nas quais somos todos comprometidos pelo pecado e pela graça. Ele chorava de amor pelos pecadores (MAURIAC, 1936: 460).

Gradère, após haver assassinado uma antiga amante, vem pedir asilo na paróquia. Alain o recebe e trata dele, extremamente doente. Gabriel se confessa e espera a morte em paz. O Padre Alain pensa: "Aqueles que parecem destinados ao mal talvez tenham sido escolhidos antes dos outros, e a profundidade de sua queda dá a medida de sua vocação." A mística do Padre Alain Forcas cumpre um ciclo que ele repetirá com outros: tomar sobre si o pecado e suas consequências, carregá-lo, abraçá-lo e redimi-lo. Essa é sua mística. Assim entende o sacerdócio, sua vocação de ser outro Cristo.

O pároco de Ambricourt e a economia da graça

O pároco de Ambricourt, do qual não se sabe o nome, é o porta-voz da consolação espiritual e da mística do próprio Bernanos. Cercado por uma cidade em revolta da qual ele sondou e descobriu o lodo, atravessa com firmeza, mas sem estardalhaço, a estupidez, a maldade e o vício. Ele não viverá além dos 30 anos, vitimado por um câncer de estômago que o acompanha desde o começo do romance e que ele ignora, atribuindo as dores que sente a um estômago caprichoso e sensível. Alimenta-se mal, seu estômago tolera pouco, come pão embebido em vinho, o que lhe vale a pecha de alcoólatra.

Ele ama, como Bernanos, o "doce reino da terra". Um conde idiota, superiores cegos, paroquianos grosseiros põem à prova sua tímida fortaleza. Ninguém o compreende e sua história tem que ser narrada no diário por ele mesmo, pois só ele penetrou até o fundo de sua solidão. O livro no fundo mostra a concepção bernanosiana daquilo que é necessário para um mundo de "cristianismo decomposto": a nostalgia de uma grande luz desaparecida, aquela que brilha no rosto de criança do pároco de Ambricourt.

O livro é uma crítica dura à Igreja, que não entende seus místicos e santos e não tolera a menor independência de espírito. O jovem pároco se entende mal com as autoridades eclesiásticas (BERNANOS, 1936: 99). Admira o padre de Torcy, sólido, forte, inteligente e... terno à sua maneira. Mas que não se intromete em sua solidão. O jovem e doente padre tem que sofrer sozinho. Esta é a parte que lhe foi destinada pelo Deus que o chamou e ao qual ele entregou sua vida.

É ele que escreve em seu diário:

> A verdade é que, desde sempre, é no jardim das Oliveiras que eu me encontro. Abri a boca, ia responder ao padre de Torcy, não pude. Azar. Não é bastante que Nosso Senhor me tenha dado esta graça de me revelar hoje, pela boca de meu velho mestre, que nada me arrancaria do lugar escolhido para mim desde toda a eternidade, que eu era prisioneiro da Santa Agonia? (BERNANOS, 1936: 108).

Como Alain Forcas, o pároco de Ambricourt é um fracassado pastoralmente. A paróquia lhe volta as costas, mesmo as crianças. Ele sofre, gostaria de ser mais proativo, ter mais iniciativa. Não conseguindo, investe em sua vida interior: "O pecado é viver na superfície de si mesmo, não ter vida interior, a vida pela qual seremos julgados" (BERNANOS, 1936: 105). Seu diário é uma conversa entre Deus e ele, um prolongamento de sua oração: "Se eu cedesse à tentação de me queixar, o último elo entre Deus e eu seria quebrado, parece-me que eu entraria no silêncio eterno" (BERNANOS, 1936: 105). Diante de suas ovelhas que não consegue conquistar, ele escreve não querer jamais ser senão um instrumento banal da vontade divina.

O encontro com a condessa lhe permite exercer seu ministério e viver a profunda e misteriosa experiência de ser totalmente tomado por Deus, que fala por sua boca. Inconsolável com a perda de um filho, a refinada aristocrata viveu toda a sua vida sem esperança. O jovem pároco lhe diz que sua dureza pode separá-la de seu filho para sempre. E que o inferno é não mais poder amar. Ela diz: "O amor é mais forte que a morte". E ele responde: "Se a senhora quer amar, não se coloque fora do alcance do amor. É preciso resignar-se à vontade de Deus, abrir o coração". Assim dizendo, ele se sente, novamente, misticamente unido a Deus enquanto fala com ela, e a faz aceitar e confiar novamente.

– O senhor me jura?

– Minha filha, não se negocia com Deus. É preciso entregar-se a Ele sem condições [...]

– O senhor acha que já estou dócil. O que me resta de orgulho seria suficiente para perdê-lo para sempre.

– Entregue seu orgulho juntamente com o resto, tudo.

Ela joga o medalhão onde guardou os cabelos do filho morto no fogo. Após esse gesto, recebe a absolvição e a paz, de joelhos diante do padre. No dia seguinte lhe escreve uma bela carta de agradecimento terno, onde diz: "A lembrança de uma criança me mantinha afastada de tudo em uma solidão aterradora, e me parece que outra criança me tirou desta solidão. Eu me pergunto o que o senhor fez, como o fez... Não estou resignada, estou feliz" (BERNANOS, 1936).

E morre. Diante da notícia, ele escreve: "Oh doce milagre de nossas mãos vazias! A esperança que morria em meu coração refloriu no seu, o espírito de oração que eu havia acreditado perder sem volta, Deus lhe devolveu e quem sabe? Talvez em meu nome..." (BERNANOS, 1936).

Ao saber pela boca do médico que tem câncer e que lhe resta apenas um breve tempo de vida, o jovem pároco de aldeia é obrigado a encarar a morte. Sempre havia dito: "Não tenho medo da morte, ela me é tão indiferente como a vida... Penso em mim como um morto"[27]. Mas, ao receber o diagnóstico, a morte não é para ele a libertação que um poeta saudaria estando em boa saúde. Ela o preserva da revolta que ameaça sua dignidade. Diante dela, chora como criança. Sente-se totalmente sozinho e chora de saudades da vida que se vai.

Escreve:

> Meu Deus, eu vos dou tudo, de coração. Somente eu não sei dar, eu dou assim como quem se deixa despojar. O melhor é ficar tranquilo. Pois se eu não sei dar, vós sabeis tomar... E, no entanto, eu desejaria ser uma vez, apenas uma vez, liberal e magnânimo para convosco! (BERNANOS, 1936: 245).

Sua morte se dá nas circunstâncias menos "pias" e mais adversas. Ao sair do consultório do médico, bate à porta de um ex-companheiro de seminário, agora casado.

Ele não está, apenas a mulher. Entra sentindo-se mal, sente que vai morrer, diz não querer morrer ali. Sem forças para sair, fica. As últimas palavras que escreve no diário são: "É mais fácil do que se pensa odiar-se a si mesmo. A graça é esquecer-se. Mas se todo orgulho estivesse morto em nós, a graça das graças seria amar-se humildemente a si mesmo, como qualquer um dos membros sofredores de Jesus Cristo" (BERNANOS, 1936: 245).

O amigo chega, ele agoniza. Pede a absolvição. O amigo chama um padre que não chega. Por fim é o apóstata mesmo que o absolve a seu pedido. Sorri. Com a demora do padre, o amigo lhe diz que pena lhe dá que ele morra sem a consolação dos sacramentos. Ele então murmura, e são suas últimas palavras: "Que importa? Tudo é graça!" (BERNANOS, 1936: 245).

Conclusão: os místicos, outros cristos

Após percorrer os itinerários dos romances dos dois autores franceses, acompanhando os personagens dos dois sacerdotes, constatamos entre eles algumas semelhanças fundamentais que nos dizem algo sobre a concepção do que seja a mística dentro do cristianismo católico.

1) **Testemunhas**: os dois personagens místicos aqui estudados apresentam inegável e incontornavelmente os traços daquilo que o cristianismo entende por testemunhas. A palavra "testemunho" é fundamental na história do cristianismo. A fé em Jesus Cristo, em quem a comunidade reconheceu a Palavra feita carne, revelador do Pai mise-

ricordioso, foi transmitida através dos tempos por textos que atestaram sua existência, sua gesta e suas palavras. Mas foi também, antes disso, transmitida por testemunhas, por pessoas que foram verdadeiros "textos vivos" em cuja carne o Espírito Santo escreveu não com tinta, mas com seu próprio sopro divino, as bases da nova lei do amor. Uma testemunha é alguém dilacerado em sua carne e seu espírito.

> Dilacerado primeiramente no interior de si mesmo entre a testemunha suprema no ponto mais alto de seu ser e o lamentável indivíduo do qual ele assume a vida ao longo dos dias. Dilacerado ainda pelo abismo que separa a verdade da qual ele dá testemunho do mundo que não quer receber sua mensagem (ADAMOV, apud PERRON, 2006: 9).

2) Cordeiros de Deus: as figuras de Alain Forcas e do pároco de Ambricourt só podem ser entendidas tendo como pano de fundo a cristologia do Cordeiro de Deus, vítima inocente e pura que carrega em si o pecado do mundo para resgatá-lo. Ambos, com suas respectivas diferenças, exibem esta característica central: ser postos por Deus em meio ao pecado sem serem por ele contaminados e assumindo o sofrimento que é sua consequência. O fruto dessa experiência é participar ativamente na economia da redenção presidida pelo próprio Cristo, Ele mesmo o Cordeiro de Deus que tira o pecado do mundo. Do símbolo do Cordeiro guardam a passividade, a inocência, a vulnerabilidade débil e aberta, com a qual a força de Deus que os possui aparece mais plena e fulgurante. Ao Deus que os destina a ser "ovelhas entre lobos"[28], os dois místicos são impotentes para resistir, e sua resposta feita de entrega plena e pacífica abrirá de par em par as portas para a ação da graça redentora.

3) Outros cristos: os dois autores deixam claro sua concepção de que o cristianismo é Jesus Cristo e que a missão do cristão é encarnar sua pessoa em uma vida de amor heroico[29]. Toda forma de misticismo, assim como toda outra prática e "ideal" cristão, não são válidos fora desta verdade. Trata-se, no fundo, de outra forma de dizer que o que aqui é apresentado na figura de dois padres não se restringe aos ministros ordenados, mas é válido para todo batizado. Ao mesmo tempo, com seus personagens crísticos, os dois autores revelam outro aspecto da experiência mística tal como o cristianismo a entende, que não é tão refletido e trabalhado hoje em dia: o aspecto da intercessão eficaz pelos pecadores.

No fundo, o que ambos parecem dizer através de seus luminosos personagens é que – na ótica do cristianismo – o amor é a única medida do ordinário e do extraordinário da vida. E é igualmente o único segredo da mística e da santidade.

Simone Weil e os Irmãos Grimm
(elementos para uma soteriologia nas asas do mistério de um conto)

Simone Weil (SW)[30] sempre foi uma grande leitora dos mitos e das narrativas simbólicas e metafóricas. Incluem-se aí os contos de fadas, pelos quais tinha grande apreço, por achá-los terrenos seminais onde podiam ser encontradas as grandes intuições sobre os mistérios fundacionais do imaginário da humanidade.

Neste capítulo examinaremos sua relação muito especial com um desses contos, de autoria dos Irmãos Grimm: "Os seis cisnes". Em primeiro lugar e antes de abordar o conto propriamente dito, veremos como para Simone Weil os mitos são verdadeiros *loci theologici*, lugares de onde emergem tesouros de espiritualidade que desafiam o pensar filosófico e, evidentemente, também o teológico. Em seguida, veremos como no conto dos seis cisnes Weil lerá desde muito jovem uma parábola teológica e soteriológica que irá configurar sua vida e seu pensamento posteriormente. Veremos, por fim, como a relação de Simone Weil com os contos de Grimm pode ser paradigmática para aquilo que hoje entendemos como diálogo entre a literatura e a teologia.

Os mitos: *loci theologici*

Simone Weil assume e utiliza os mitos com uma continuidade e uma constância que dão testemunho de uma perpétua atenção, bem como evidenciam sobretudo um sentido peculiar atribuído às figuras e à linguagem do mito. Apesar de não elaborar a esse respeito uma verdadeira e própria teoria, já nas *Lições de filosofia* considera o mito um "tesouro de espiritualidade" (1989: 71-74), e, ao falar indiretamente da dimensão *mítico-simbólica*, caracteriza-a como o "quinto nível" da "influência" exercida pela sociedade através da linguagem[31].

Segundo ela, a linguagem cria a fraternidade entre os seres humanos. E isso seria particularmente verdadeiro a respeito das obras literárias, como também com relação aos ditados populares, aos mitos (Bíblia, mitologia grega, contos, magia), aos poemas e às obras de arte. A linguagem estabelece entre os seres humanos uma comunhão não apenas de pensamentos, mas também de sentimentos. Na terra todos conhecem sentimentos como o ciúme, o amor... Portanto, ocorrendo um litígio entre dois homens, se um reconhecesse que a ira do outro é semelhante à sua própria, a contenda acabaria (WEIL, 1989: 73-74). Pois os mitos, na verdade, permitem universalizar as dores e as alegrias individuais, mediante sua referência a uma pertença comum e originária ao "gênero humano"[32].

Os mitos, portanto, para Simone Weil, ocupam um lugar importantíssimo em uma antropologia filosófica. São lugares de "enraizamento de um povo com o seu passado" e por isso representam o fundamento da cultura humanista. Com efeito, tanto os *mitos* como também o *folclore* e os contos e fábulas, embora através de linguagens diferentes, têm para Simone Weil o mesmo valor: são elementos de oposição ao *desenraizamento* da sociedade moderna e contemporânea, *alienada* justamente porque perdeu o contato com o *passado*, permanecendo degenerada na busca e fixação em *ídolos*.

É através da tradição *mítica* que se torna possível um *enraizamento*, quer seja *social*, na medida em que possibilita uma reaproximação entre as várias classes, colocando-as em relação com a única fonte *mítica*; quer seja *universal*, porque tanto os *mitos*, como também o *folclore*, os contos e as fábulas são patrimônio comum e, por conseguinte, *lugares* privilegiados onde encontrar novamente as *raízes da humanidade*.

Neles está conservada a tradição dos povos, e estes constituem ao mesmo tempo alertas e corretivos essenciais para a sociedade contemporânea, caracterizada, como ressalta M. Cacciari, "pela distração de qualquer *religio*" (CACCIARI, apud MARIANELLI, 2005). Para Simone Weil, portanto, os mitos, as fábulas e os contos são sinais de um *passado*, do qual somente na corrente fecunda da tradição entendida como *traditio, comunicação, transmissão de raízes*, é possível descobrir vestígios e modelos carregados de *significado* (CACCIARI, apud MARIANELLI, 2005). De fato, Weil afirma que nestes relatos fundacionais é possível obter um correto "pressentimento do futuro" somente colocando o passado e seus "tesouros de espiritualidade" como ponto de partida para qualquer reflexão (WEIL, 1953: 55)[33].

Com isso também Simone Weil está inferindo – o que desenvolverá mais adiante em todo o seu pensamento filosófico e teológico – que todos os desventurados (*malheureux*), todos os infelizes, marginalizados, perdidos, oprimidos e excluídos podem encontrar nos *mitos* suas raízes, pois neles estão sementes salvíficas que fulguram em meio às sombras do desespero e permitem entrever verdades que iluminam a trajetória humana através dos milênios[34].

E precisamente nesta dimensão de iluminador da memória, de enraizamento no passado, de resgate dos fatos inaugurais e fundadores, o mito narrado em qualquer de suas formas constitui o âmbito de uma relacionalidade constitutiva. E isto acontece porque – no dizer de Marianelli – esses mitos constituem um *espaço narrativo de relação*. Os mitos, de fato, podem ser compreendidos como *espaços*, *lugares* de uma relacionalidade que Weil classifica antes de tudo como *horizontal* (um aspecto tratado de modo especial nas *Lições de filosofia*), mas também e sobretudo como *vertical* (um aspecto abordado especialmente nos *Cadernos*) (WEIL, 1994, 1997, 2002).

No primeiro caso (relacionalidade horizontal), os mitos emergem como indicadores do caráter social da linguagem, e são considerados como fatores intermediários entre o ser humano atual (como também de qualquer época) e o seu passado. No segundo caso (relacionalidade vertical), porém, os *mitos* serviriam de *intermediários* entre o ser humano e a sua *origem transcendente* (MARIANELLI, 2005: 66).

No âmbito do mito-símbolo, portanto, o intelecto tende a ir além dos próprios limites, isto é, a superar-se mediante o esforço e a disciplina da atenção. Por outro lado, a *atenção*, como foi bem evidenciado por Caló, representa no pensamento weiliano a abertura para um horizonte *ontológico*. Tal atenção é a única capacidade em condições de satisfazer a sede de *absoluto* do ser humano, e constitui o momento central na reflexão de Simone Weil, que vai perpassar toda a sua obra[35].

A atenção, segundo Weil, torna possível a abertura de espaços *vazios* nos quais somente pode manifestar-se o autor do "Verdadeiro texto" no "espace d'un éclair" (espaço de um lampejo) (WEIL, 1988: 296), através de fulgurações, "lampejos de luz" sobrenatural que aparecem e brilham em meio à "razão natural", que é essencialmente narrativa. Por isso, somente a partir do nível narrativo alguém pode se abrir a uma *intuição*. Tal abertura se realiza de maneira especial no mito, entendido como espaço narrativo onde ocorre uma "relação vertical". Com efeito, a expressão do mito se efetua em uma "linguagem especial" (LITTLE, s.d.: 199) na medida em que, em sua determinação, o mito faz alusão a algo indeterminado, maior e transcendente: isto é, vai além (*dépasse*) (LITTLE, s.d.: 184) do exprimível, abrindo para o inefável.

A razão então, suspendendo a própria atividade unificante, tende a uma *alteridade* que é finalmente não objetivável e excedente no que diz respeito a suas possibilidades cognitivas. A linguagem propriamente mítica das mitologias, símbolos, fábulas e contos é parábola, quer por seu caráter evocativo (que lembra o uso que dela faz Aristóteles na *Retórica*), quer por seu valor exemplar, isto é, de modelo de comportamento. Dentro da concepção de Simone Weil, a *parábola* é a linguagem do mito, podendo tomar a ficção ou a realidade para exprimir o que deseja (WEIL, 2002: 185-186)[36].

Neste sentido, o mito é o âmbito daquela inteligência discursiva que, como ressalta Trabucco, é o lugar "de uma correlação originária entre a peremptoriedade da verdade e a sua destinação ao ser humano" (TRABUCCO, 1997: 231)[37]. O mito, portanto, está entre os limites da *matéria* e do *espírito*, precisamente porque nele pode se manifestar uma intuição, a qual "é puramente espiritual", como diz Weil (2002: 210).

Para explicar a possibilidade da existência dessas intuições fulgurantes que fazem a passagem do material para o espiritual, apesar de sua não afinidade hermenêutica e epistemológica, Simone Weil utiliza o termo *convenance* (consenso), que não é a *harmonia* estabelecida pelo intelecto entre dois termos contrários, mas uma "harmonia impossível" para o próprio intelecto; e, embora possa harmonizar termos opostos, não tem soluções para conceitos contraditórios, aceitando a realidade somente quando se impõe "como um fato" (MARIANELLI, 2005: 168).

Simone Weil acena a diversos níveis de *convenance* ou consenso. Aqui, em se tratando da relação entre teologia e literatura, o nível que nos interessa é aquele "mais alto" e próprio das "conformidades transcendentes". São aquelas "conformidades mais misteriosas", que dizem respeito a qualquer ordem de conhecimento e tocam nas coisas infinitas e eternas, a partir das quais nos entendemos a nós mesmos e ao mundo (MARIANELLI, 2005: 168).

Segundo ela, é através dessas grandes alianças misteriosas e dessas relações fundantes presentes no inconsciente coletivo da humanidade e no universo que se pode ler o *mesmo universo* como um tecido simbólico e não apenas como um enredo de referências infinitas de *sinal* para *sinal* como seria, por exemplo, a álgebra moderna.

No entanto, é importante ressaltar que por "conformidades transcendentes" Simone Weil entende também "conformidades misteriosas que vão além da necessidade e são perceptíveis considerando as próprias relações como símbolos de verdades sobrenaturais"[38]. Parece-nos que na reflexão de Weil há uma constante articulação e uma referência recíproca entre o discurso filosófico e o teológico, e isso vai se dar progressivamente justo na dimensão simbólica, onde se efetua o entrelaçamento originário dos dois momentos: o racional e o transcendente.

Como salienta Kühn, as concepções "da salvação e da queda do ser humano enquanto determinação permanente da sua existência" (KÜHN, 1983: 268), que estão no entrelaçamento da reflexão filosófica e teológica de Simone Weil, encontram o seu fundamento nos mistérios e na produção simbólica. Mitos e símbolos, que caracterizam o âmbito intermediário entre o momento filosófico e o momento teológico, são elementos constitutivos de uma ontologia implícita da liberdade weiliana.

Justamente nessa conformidade que há entre o momento gnosiológico e o momento teológico e que se encontra na intersecção da filosofia e da teologia situam-se e podem referir-se as verdades ocultadas nos mitos. Com certeza o núcleo teórico e cultural do discurso weiliano sobre o mito é propiciado pela sua colocação no nível do símbolo. Esse núcleo teórico remete sobretudo ao caráter *metafórico* do próprio símbolo, que vai além do significado propriamente etimológico do termo. Na concepção de Weil, o símbolo não representa uma dimensão estática, mas sim dinâmica. Com efeito, ele é constituído por uma tensão irredutível entre o sentido narrativo e o não narrativo (EVANS, apud MARIANELLI, 2005: 174).

Kühn sustenta que na concepção de Simone Weil o símbolo pode ser definido como "sinal e metáfora". Assim, o símbolo é como que uma "baliza provisória" que remete para algo *outro* não objetivável e, portanto, nunca cognoscível exaustivamente. Considerando o uso weiliano do termo metáfora, e tentando desenvolver as reflexões de Kühn sobre o sentido simbólico, constatamos que, quando fala em metáforas, Weil se refere a "fatos" em que o ser humano faz a experiência de dependência da dimensão sobrenatural e experimenta, por conseguinte, a própria limitação e fragilidade. Em particular, ao referir-se às metáforas como a eventos que os antigos acreditavam serem fatos realmente acontecidos, ela introduz a expressão "metáfora real" (WEIL, 2002: 103). O símbolo vai deixar de ser "sinal e metáfora", tornando-se simplesmente "metáfora real", ou seja, *sinal* que em si mesmo concentra e possui a capacidade *metafórica* e assume o valor de intermediário.

"É preciso descobrir a noção de metáfora real", escreve Simone Weil. "Caso contrário a história do Cristo, por exemplo, perderia tanto a sua realidade como também o seu significado" (WEIL, 2002: 103). Tais considerações permitem enfrentar a questão complexa do papel de Cristo que, no entender de Simone Weil, é símbolo supremo, mas que pode ser igualmente entendido como uma multiplicidade de figuras míticas que desempenham, como Ele, o papel de intermediários[39].

Na realidade, no universalismo religioso weiliano, é resguardada, como foi assinalado por W. Tommasi, seja a centralidade de Cristo, como também a presença de uma multiplicidade de tradições religiosas que o próprio Cristo consegue abranger, por ser o Verbo ("a voz eterna de Deus"), o Verbo do qual as diversas religiões não são outra coisa senão outros tantos modos de manifestação e antecipações. Mais precisamente, ressalta G.P. Di Nicola, a pluralidade das tradições é testemunho de um cristianismo em esboço e pré-cristão que "confirma [a] presença daquelas sementes do Verbo (*semina verbi*) que o Espírito espalha" (DI NICOLA, 1998: 67).

O encontro com Cristo, portanto, que marcou de maneira indelével a história existencial de Weil, proporcionando-lhe experiências místicas de uma profundidade e beleza raramente encontradas na história da mística cristã, não a fez minimizar o valor daqueles "tesouros de espiritualidade" provenientes das mais diversas tradições a que ela se aproximara já antes de conhecer o cristianismo. Pelo contrário, a pensadora parece atribuir a esses "fragmentos de espiritualidade" o mérito de terem favorecido o seu encontro com o próprio Cristo[40].

Os mitos, por conseguinte e como dissemos acima, são propriamente *lugares* onde aparece de certa forma a manifestação dos *símbolos*. Por isso, propomos aqui sua definição como espaços narrativos de relação, especialmente vertical. Desse modo, parafraseando Teilhard de Chardin, embora numa perspectiva diferente, o espaço mítico é um *milieu divin*, isto é, um ambiente divino que se torna plenamente compreensível só mediante a categoria de mediação e por meio dos símbolos como intermediários.

Assim sendo, os símbolos se apresentam na narração mítica como "semelhanças misteriosas", em que se evidencia a noção de *metáfora real*. E, justamente pelo fato de ser constituído por essas "*convenances*", o nível do mito-símbolo é uma forma de conhecimento das mais elevadas que o ser humano pode alcançar. Nesse âmbito ocorre um "rompimento de limite". Com efeito, aqui, experimentando a própria limitação e renunciando à própria existência, tal como ocorreu com Antígona, a humanidade pode se abrir para o transcendente. Na concepção de Simone Weil, a verdade ocultada no discurso mítico tem de fato uma realidade que não só não exclui a realidade histórica, mas vai além, transcendendo a realidade dos fenômenos e dos acontecimentos historicamente comprováveis. Tal realidade remete para uma essência espiritual não objetivável de forma definitiva e, portanto, sempre misteriosa. No interior da dimensão do *mito-símbolo,* tanto as coisas como também os fatos são *interpretados* como transcendentes a si próprios.

Isso significa propriamente recuperar a noção de *metáfora real* a partir da aceitação de "fatos" cuja *verdade* não podemos determinar de maneira demonstrativa, mas que apesar disso se impõem ao pensamento (em virtude das "*convenances*"). Em tais metáforas a transposição de significado não é algo *posto* pelo intelecto, mas sim o que se encontra nas coisas e nos eventos históricos através dos esforços da atenção e por inspiração superior. Certos fatos (que são as "conformidades transcendentes") se impõem e perenemente "induzem a pensar", como sendo objetos de contemplação que permanecem sempre não objetiváveis: são os *mistérios*.

Na concepção de Weil, todos "os esforços realizados para pensar o universo" são redutíveis por conseguinte ao "mistério". Por isso, tais esforços – como ela escreve – não podem ser expressos por outra linguagem que não aquela "dos mitos, da poesia e das imagens", cuja escolha "pode ser mais ou menos bem-sucedida", e somente quando é eficaz "tais imagens podem desvendar um mistério" (WEIL, 1966: 112).

Chamamos *mistérios* – continuará ela – especificamente aqueles "problemas insolúveis" que o filósofo deve "contemplar", sem esperar resolvê-los, ficando na condição de *espera*. Em tal disposição, o sobrenatural pode manifestar-se através dos *símbolos*. A situação de *espera*, "muda e paciente" (WEIL, 1994: 122), "transformadora do tempo em eternidade", consiste "na passividade do pensamento em ato" (WEIL, 1994: 122), a única postura conveniente com relação aos *mistérios* guardados na linguagem do mito e do símbolo. Mistérios que podem ser "contemplados fixamente durante anos", mas "sem esperança de solução". E justamente por isso são dignos de contemplação. Lugares de revelação, *loci theologici* que convidam o pensamento e a razão a contemplar e esperar antes de serem autorizados a entrar.

O conto "Os seis cisnes", de Grimm, na trajetória de Simone Weil

Aquilo que pensa Simone Weil sobre os mitos, contos, fábulas e poemas como lugares de revelação – porque disso se tratam – vai tornar-se especialmente claro no caso do conto "Os seis cisnes", de Grimm.

Este conto marca o início do processo de configuração dos grandes temas da meditação weiliana, o que ocorre desde o fim do ano de 1932. Weil interpreta um dos primeiríssimos textos a ela dados por seu professor de Filosofia, Alain (Emile Chartier). A jovem Simone acaba de entrar no Liceu Henri IV, onde fez sua formação em Filosofia e não teve ainda tempo de penetrar na brilhante filosofia de Alain. Seu texto abre-se com uma referência não a Grimm, mas a Platão: "Entre os mais belos pensamentos de Platão estão aqueles que ele encontrou pela meditação dos mitos"[41].

Esta frase, a primeira das obras de Weil, é surpreendente para quem conhece o desenvolvimento ulterior de seus escritos. Poderia ter sido a última. Platão é o autor que a acompanhará durante toda a sua vida e que ela não cessará de aprofundar, declarando-o o primeiro dos místicos[42]. O Platão de Simone Weil, ao contrário daquele de Hegel, será o dos mitos.

E ela continua: "Quem sabe se de nossos mitos também não haveria ideias a extrair?"[43] Isso foi o que ela fez durante toda a sua vida, meditando e comentando o que chamava as "civilizações inspiradoras": a Grécia, a Índia e a Occitânia. Weil não cessa de pesquisar e comentar os mitos de todas as épocas e países a partir de 1940-1941[44].

O mito (o símbolo) dá o que pensar. A meditação dos mitos, sua hermenêutica, permitirá a Simone Weil falar daquilo que ela viu "atrás da Porta"[45], qual seja, construir um discurso sobre a realidade mística. Este conto de Grimm assim narrado retorna em muitas ocasiões de sua vida, pontuando seus escritos.

O princípio que estará no coração de sua antropologia dos últimos anos já está aí, presente: só se recebe o bem "de fora", "do outro" (1994: 58). E esta postura existencial permite a disponibilidade ao bem, que será por ela chamada "ação não agente", e será uma das mais importantes categorias de seu pensamento[46].

Aí está, em germe, toda a teologia filosófica desenvolvida em seus *Cahiers*: a imagem de uma renúncia de Deus (*kenosis*) que se retirou para que o mundo seja e que vem encontrar sua criatura para salvá-la. A leitura do mito já é, portanto, em Simone Weil, de tipo soteriológico[47]: o homem, transformado em animal (em cisne), se separa de Deus, que "parte em seu encalço para buscá-lo". É Deus quem busca o homem e não o inverso e o salva no último momento. A salvação vai ser queimada no mesmo instante em que se produz. E ela se dá por intermédio do mediador, que neste caso é a menina silenciosa, filha do rei, irmã dos homens, figura transparentemente crística[48]. A aproximação que Simone Weil faz entre Grimm e o pensamento oriental é o início da sua hermenêutica da cultura, aqui anunciada[49].

"A única força neste mundo é a pureza; tudo que é sem mistura é um pedaço de verdade", dirá ela (1994: 58).

Com efeito, na escala dos valores, a intenção e a atenção podem substituir o esforço da vontade e o talento. O perfil da verdade perseguido por Simone Weil não coincide com as verdades das ideologias, das religiões e das igrejas, mas com uma luz que mata a sede da alma e sem a qual viver é um sofrimento insuportável. Na sua concepção, os elementos constitutivos da verdade são a beleza, a pureza e a probidade.

E o sinal dessa "conversão" da alma é o seu comentário sobre o conto "Os seis cisnes" de Grimm, redigido aos 16 anos de idade: a salvação dos irmãos transformados por malefício em cisnes não decorre do esforço pessoal ou da capacidade de realizar grandes feitos, mas sim do amor da irmã que espera e costura pacientemente as camisas.

Tal ideia se conecta com a parte mais profunda do pensamento oriental. Nunca é difícil agir: nós agimos até demais e nos desesperamos sem cessar em ações desordenadas. Fazer seis camisas com anêmonas: eis o nosso único meio para adquirir força... A força neste mundo é a pureza (1994: 58-59).

O silêncio, a espera imóvel, a virtude eficaz (mais tarde reconhecida e nomeada como a humildade), a pureza, a beleza, o amor. Deus que vem em busca do homem: toda a doutrina do homem, do mundo e de Deus desenvolvida em seus últimos anos (1940-1943) está presente em germe neste texto, que por esta razão se torna fundamental para compreender seu pensamento e sua experiência teologal.

Toda a maneira de conceber o homem, o humano em todas as suas dimensões, a pessoa está aí expressa. O ensaio por ela redigido em Londres em 1943 para os serviços da Direção do Interior da França Livre, e que é conhecido sob o título de "La personne et le sacré"[50], se inicia por um estudo semântico de "pessoa". Falar de si empregando o sintagma "minha pessoa" coloca uma distância entre a origem desta palavra e o que é manifestado, no sentido fenomenológico do termo (no sentido no qual aparece no espaço público), daquilo que eu sou[51].

"Minha pessoa" são todas as minhas particularidades físicas, psicológicas, sociais; é também minha posição social, minha profissão que me define, meus interesses (econômicos, sociais, políticos etc.) – portanto, o que se refere a meu ponto de vista, a mim como centro de perspectiva. A pessoa releva do aparecer social, do prestígio da aparência, portanto da ilusão – daquilo que Simone Weil chama por vezes de "vestimenta": o social é uma vestimenta, no sentido próprio, como o ilustram os exemplos da inversão dos papéis entre o senhor e o escravo, fazendo aparecer a diferença entre o ser e o parecer. Weil toma os exemplos no folclore, em particular nos contos de Grimm, entre os quais está o que comentamos.

A redenção como paixão e não como ação

Após sua experiência mística de ser tomada pelo Cristo, e mesmo antes dela, Simone Weil se sente confirmada na intuição de que a salvação passa muito mais pela paixão do que pela ação. O personagem da menina de Grimm, em silêncio, esperando, e sofrendo acusações e insultos, vai ser prototípico de sua experiência de Deus e de seu desejo.

Foi no texto de Marselha, intitulado "Deus em Platão", que Weil expôs melhor sua compreensão das etapas da relação da alma com Deus nos principais diálogos de Platão, que podemos resumir em três etapas fundamentais. O primeiro momento consiste em opor categoricamente duas morais: uma pertencendo apenas a este mundo, da ordem da virtude e da recompensa aparente na sociedade; outra "sobrenatural", no sentido que visa a uma salvação da alma e um bem puro, radicalmente transcendentes em relação ao social. Tal atitude leva a preferir suportar o mal a cometê-lo e é novamente simbolizada pela imagem do "justo crucificado" de A república. O justo crucificado, assim como o Prometeu de Ésquilo, deve ser reconhecido como uma figura profética do Cristo, preferindo, como Ele, o sofrimento, a "nudez da morte"[52], a condenação pelos homens, o aparente abandono por Deus, à aceitação do mal. Essa "ruptura de todas as amarras" terrestres, que remete ao pensamento de São João da Cruz, leva à conclusão de que "se a justiça exige que durante esta vida fiquemos nus e mortos, é evidente que é algo sobrenatural, impossível para a natureza humana" (WEIL, 1953: 75-77)[53].

A metafísica – ou ainda a "metaxologia" – da cultura de Weil, isto é, este pensamento segundo o qual todas as formas concretas de uma cultura autêntica são "metaxu", canais ou intermediários da graça aparece aí claramente[54]. O ser humano não pode produzi-los, assim como também não pode dar-se a si mesmo o ser[55]. Tem que esperá-los cheio de atenção, a fim de não deixá-los passar e extrair deles todos os tesouros que carregam. Mas para isso a atenção e a humilde e silente espera, a ação não atuante e não agente, é condição fundamental.

A própria Simone Weil experimentou isso em sua vida. A partir de sua experiência mística de encontro com Cristo, a centralidade da cruz, sempre presente em sua vida, passou a ser habitada e ter um nome: o nome de Jesus Cristo, para ela, a partir de determinado momento, Senhor ternamente amado. Desde o momento de seu encontro explícito com a fé cristã, no entanto, esse Cristo se revela a Simone com sua face crucificada. Jamais ela poderá dissociar a pessoa de Jesus Cristo de sua paixão. Não o conseguirá, pois para ela crer está para sempre ligado à paixão salvadora do Filho de Deus.

Podemos encontrar ressonâncias paulinas na experiência weiliana. Assim como o apóstolo, Simone, uma vez possuída pelo Cristo, não quer saber de outra coisa a não ser Jesus Cristo, e este crucificado. E, para ela – coisa que nossa "ortodoxia" bem-comportada poderia etiquetar como hermético –,verdadeiramente a cruz é a prova da divindade de Jesus, da encarnação de Deus, e não a ressurreição. Deixemo-la falar em uma longa carta ao Padre Couturier:

> [...] se o Evangelho omitisse toda menção da ressurreição de Cristo, a fé me seria mais fácil. A cruz apenas me basta. A prova para mim, a coisa verdadeiramente miraculosa, a perfeita beleza dos relatos da paixão, juntamente com algumas palavras fulgurantes de Isaías: "Injuriado, maltratado, Ele não abriu a boca" e de São Paulo: "Ele não olhou a igualdade com Deus como algo a que aferrar-se... Ele se esva-

ziou... Ele se fez obediente até a morte e morte de cruz... Ele foi feito maldição..." É isto que me constrange a crer (WEIL, 1974).

Parece ser que esse doce constrangimento se revelou desde a sua mais tenra juventude, quando esse Cristo posteriormente encontrado apresentou-se a ela na face dos mitos, do jovem que na *Ilíada* vai contra a sua vontade para o Hades; nos mitos de Prometeu, de Antígona, de Electra. Mas muito especialmente na figura da menina do conto de Grimm, cuja ação não agente e silenciosa, persistente e firme, sofredora e paciente, será a única via de salvação para os irmãos enfeitiçados e vítimas das artes do mal e da maldade.

Conclusão: a literatura como berço da teologia

Na leitura feita por Simone Weil deste conto de Grimm podemos ver um aspecto importante e fundamental da relação entre teologia e literatura: a literatura como berço do pensar teológico. A narrativa literária – tenha ela a forma de mito, de narrativa maravilhosa, de fábula, de conto – fala sempre sobre a condição e a experiência humanas. Atingindo o centro da pessoa, pode fazer emergir aquilo que ali já está semeado e marcado com um selo: a imagem e semelhança de Deus, que a partir daquela leitura fará emergir uma fulguração, um lampejo, um luminoso sinal do mistério desejado.

Essa fulguração tocará os olhos do leitor e fará dele um "buscador do mistério". A partir daquele lampejo primeiro, ele ou ela irá perseguir o mistério que o levará pela mão ao encontro definitivo e decisivo da fé e da união mística com Deus.

Na aula de Filosofia de Alain, a menina Simone Weil sentiu-se atraída pelo personagem da menina do conto de Grimm. Olhou-o e contemplou-o com toda a atenção da qual sua alma era capaz. O conto tomou forma própria dentro dela e configurou dali por diante sua busca da Verdade e sua experiência de amor. Tomou-a por inteiro e fê-la reencontrar-se no personagem que encantou sua infância quando, já adulta, reviu-o na face do Crucificado.

Em tempos de secularização, quando o discurso religioso e teológico parece ter perdido boa parte de sua capacidade de ressonância nos corações e nas mentes das pessoas de hoje, a literatura é uma via fértil e adequada para permitir o acesso ao mistério revelado, que palpita sob as vestes encantadas de contos e fábulas, mitos e símbolos. Aí repousa um tesouro precioso que pode redespertar em nossos contemporâneos a fome da Verdade e a sede de Deus.

Os seis cisnes

Irmãos Grimm

Achando-se um rei em caçada em um grande bosque, saiu em perseguição de uma peça com tal ardor que nenhum de seus acompanhantes pôde segui-lo. Ao anoitecer deteve seu cavalo e, dirigindo um olhar a seu redor, deu-se conta de que se extraviara e, embora tratasse de procurar uma saída, não conseguiu encontrar nenhuma. Viu então uma velha, que se aproximava cabeceando. Era uma bruxa.

– Boa mulher – disse-lhe o rei –, não poderia me indicar um caminho para sair do bosque?

– Oh, sim, senhor rei – respondeu a velha. Se puder, mas com uma condição. Se não a aceitar, jamais sairá desta selva. E morrerá de fome.

– E que condição é essa? – perguntou o rei.

– Tenho uma filha – declarou a velha –, formosa como não encontraria outra igual no mundo inteiro, e muito digna de ser sua esposa. Se se comprometer a fazê-la rainha, mostrar-lhe-ei o caminho para sair do bosque. O rei, embora angustiado em seu coração, aceitou o trato, e a velha o conduziu a sua casinha, onde sua filha estava sentada junto ao fogo. Recebeu ao rei como se o tivesse estado esperando, e, embora o soberano pudesse comprovar que era realmente muito formosa, não gostou dela, e não podia olhá-la sem um secreto terror. Quando a donzela montou na garupa do cavalo, a velha indicou o caminho ao rei, e o casal chegou, sem contratempos, ao palácio, onde pouco depois se celebraram as bodas.

O rei estivera já casado uma vez, e de sua primeira esposa lhe tinham ficado sete filhos: seis varões e uma menina, aos quais amava mais que tudo no mundo. Temendo que a madrasta os tratasse mal ou chegasse talvez a lhes causar algum dano, levou-os a um castelo solitário, que se elevava em meio a um bosque. Tão oculto estava e tão difícil era o caminho que conduzia até lá, que nem ele mesmo teria sido capaz de segui-lo se não fosse por meio de um novelo maravilhoso que uma fada lhe tinha oferecido. Quando o jogava diante de si, desenrolava-se ele sozinho e lhe mostrava o caminho. Mas o rei saía com tanta frequência para visitar seus filhos, que, *por fim, aquelas ausências chocaram a rainha, que sentiu curiosidade em saber o que ia fazer sozinho no bosque. Subornou os criados, e estes lhe revelaram o segredo, descobrindo-lhe também o referente ao novelo, único capaz de indicar o caminho. Depois disso, a mulher não teve um momento de repouso até averiguar o lugar onde seu marido guardava a milagrosa meada. Logo confeccionou umas camisetas de seda branca e, pondo em prática as artes de bruxaria aprendidas de sua mãe, enfeitiçou as roupas. Um dia em que o rei saiu de caça, agarrou ela as camisetas e se dirigiu ao bosque. O novelo lhe assinalou o caminho. Os meninos, ao ver de longe que alguém se aproximava, pensando que seria seu pai, correram a recebê-lo, cheios de gozo. Então ela jogou sobre cada um uma das camisetas e, ao tocar seus corpos, transformou-os em cisnes, que fugiram voando por cima do bosque. Já satisfeita, retornou a casa acreditando-se livre de seus enteados. Mas resultou que a menina não tinha saído com seus irmãos, e a rainha ignorava sua existência. No dia seguinte, o rei foi visitar seus filhos e só encontrou a menina.*

– Onde estão seus irmãos? – perguntou-lhe o rei.

– Ai, meu pai! – respondeu a pequena. – Partiram e me deixaram sozinha.

E lhe contou o que vira da janela: como os irmãozinhos transformados em cisnes tinham saído voando por cima das árvores; e lhe mostrou as plumas que tinham deixado cair e ela tinha recolhido. Entristeceu-se o rei, sem pensar que a rainha fosse a artista daquela maldade. Temendo que também fosse roubada a menina, quis levá-la consigo. Mas a pequena tinha medo de sua madrasta, e rogou ao pai que lhe permitisse passar aquela noite no castelo solitário.

Pensava a pobre mocinha: "Não posso já ficar aqui; devo sair em busca de meus irmãos." E, ao chegar a noite, fugiu através do bosque. Andou toda a noite e todo o dia seguinte sem descansar, até que a fadiga a rendeu. Vendo uma cabana solitária, entrou nela e achou um aposento com seis diminutas camas; mas não se atreveu a meter-se em nenhuma. Deslizou então para debaixo de uma delas, disposta a passar a noite sobre o duro chão.

Mais perto do pôr do sol, ouviu um rumor e, ao mesmo tempo, viu seis cisnes que entravam pela janela. Pousaram no chão e se sopraram mutuamente as plumas, e estas lhes caíram, e sua pele de cisne ficou alisada como uma camisa. Então reconheceu a menina a seus irmãos e, muito contente, saiu rastejando de debaixo da cama. Não se alegraram menos eles ao ver sua irmã; mas o gozo foi de breve duração.

– Não pode ficar aqui – disseram-lhe –, pois isto é uma guarida de bandidos. Se a encontrarem quando chegarem, vão matá-la.

– E não poderiam me proteger? – perguntou a menina.

– Não – replicaram eles –, pois só nos está permitido despojar-nos, cada noite, de nossa plumagem de cisne durante um quarto de hora, tempo durante o qual podemos viver em nossa figura humana. Mas logo voltamos a nos transformar em cisnes.

Perguntou a irmãzinha, chorando:

– E não há modo de desencantá-los?

– Não – disseram eles –, as condições são muito terríveis. Você deveria permanecer durante seis anos sem falar nem rir, e durante este tempo teria que nos confeccionar seis camisas de anêmonas. Uma só palavra que saísse de sua boca poria tudo a perder.

E quando os irmãos disseram isto, transcorrido já o quarto de hora, voltaram a retomar o voo, saindo pela janela.

Mas a moça tinha tomado a firme resolução de redimir seus irmãos, embora lhe custasse a vida. Saiu da cabana e foi para o bosque, onde passou a noite, escondida entre a ramagem de uma árvore. Na manhã seguinte começou a recolher anêmonas para fazer as camisas. Não podia falar com ninguém, e, quanto a rir, bem poucos motivos tinha. Levava já muito tempo naquela situação, quando o rei daquele país, indo de caçada pelo bosque, passou perto da árvore que servia de morada à moça. Uns cavaleiros a viram e a chamaram:

– Quem é? – mas ela não respondeu.

– Desce – insistiram os homens. – Não lhe faremos nenhum mal.

Mas a donzela se limitou a sacudir a cabeça. Os caçadores continuaram acossando-a de perguntas, e ela jogou a corrente de ouro que levava ao pescoço, acreditando que assim se dariam por satisfeitos. Mas como os homens insistissem, jogou-lhes o cinturão e logo as ligas e, pouco a pouco, todos os objetos de que pôde desprender-se, ficando, no fim, apenas com a camiseta. Mas os teimosos caçadores subiram à copa da árvore e, descendo até onde estava a moça, conduziram-na ante o rei, o qual lhe perguntou:

– *Quem é você? O que faz na árvore?* – *mas ela não respondeu.*

O rei insistiu, formulando de novo as mesmas perguntas em todas as línguas que conhecia. Mas em vão; ela permaneceu sempre muda. Não obstante, vendo-a tão formosa, o rei se sentiu enternecido, e em sua alma nasceu um grande amor pela moça. Envolveu-a em seu manto e, montando-a em seu cavalo, levou-a ao palácio. Uma vez ali mandou vesti-la com ricos objetos, ficando então a donzela mais formosa que a luz do dia. Mas não houve modo de lhe arrancar uma só palavra. Sentou-a a seu lado na mesa, e sua modéstia e recato lhe agradaram tanto, que disse:

– *Quero-a por esposa, e não quererei a nenhuma outra no mundo.*

E ao cabo de alguns dias se celebraram as bodas.

Mas a mãe do rei era uma mulher malvada, a quem desgostou aquele casamento, e não cessava de falar mal de sua nora.

– *Quem sabe de onde saiu esta garota que não fala!* – *murmurava.* – *É indigna de um rei.*

Transcorrido pouco mais de um ano, quando a rainha teve seu primeiro filho, a velha o tirou enquanto dormia, e manchou de sangue a boca da mãe. Logo se dirigiu ao rei e a acusou de ter devorado o menino. O rei se negou a lhe dar crédito, e mandou que ninguém incomodasse sua esposa. Ela, porém, seguia ocupada constantemente na confecção das camisas, sem atender outra coisa. E com o próximo filho que teve, a sogra repetiu a maldade, sem que tampouco o rei prestasse ouvidos a suas palavras. Disse:

– *É muito piedosa e boa, para ser capaz de atos semelhantes. Se não fosse muda e pudesse defender-se, sua inocência ficaria bem patente.*

Mas quando, pela terceira vez, a velha roubou o menino recém-nascido e voltou a acusar a mãe sem que esta pronunciasse uma só palavra em sua defesa, o rei não teve mais remédio senão entregá-la a um tribunal, e a infeliz rainha foi condenada a morrer na fogueira.

O dia famoso para a execução da sentença resultou ser o que marcava o término dos seis anos durante os quais lhe tinha estado proibido falar e rir. Assim tinha libertado a seus queridos irmãos do feitiço que pesava sobre eles. Além disso, tinha terminado as seis camisas, e só à última faltava a manga esquerda. Quando foi conduzida à fogueira, ficou com as camisas sobre o braço e quando, já atada ao poste da tortura, dirigiu um olhar ao seu redor, viu seis cisnes, que se aproximavam em veloz voo. Compreendendo que se aproximava o momento de sua libertação, sentiu uma grande alegria. Os cisnes chegaram junto à pira e pousaram nela, a fim de que sua irmã lhes jogasse as camisas; e assim que estas tocaram seus corpos, caiu-lhes a plumagem de ave e surgiram os seis irmãos em sua figura natural, sãos e formosos. Só ao menor lhe faltava o braço esquerdo, substituído por uma asa de cisne. Abraçaram-se e beijaram-se, e a rainha, dirigindo-se ao rei, que assistia, consternado, à cena, começou por fim a falar, e disse-lhe:

– *Esposo meu amadíssimo, agora já posso falar e declarar ter sido caluniada e acusada falsamente.*

E relatou os enganos de que tinha sido vítima pela maldade da velha, que lhe tinha roubado os três meninos, ocultando-os.

Os meninos foram recuperados, com grande alegria do rei, e a perversa sogra, em castigo, teve que subir à fogueira e morrer queimada. O rei e a rainha, com seus seis irmãos, viveram longos anos em paz e felicidade.

A liberdade do Espírito em duas escritoras místicas contemporâneas:
Etty Hillesum e Adélia Prado

Talvez uma das questões mais candentes e instigantes do cristianismo seja a da reconciliação entre o espírito e o corpo. Apesar de todos os esforços que a teologia e a moral cristãs têm feito depois do Concílio Vaticano II, ainda se pode perceber uma dualidade não tão saudável entre o espírito e o corpo, que celebra o amor deixando de fora o erótico como se fosse a encarnação do mal ou até mesmo algo demoníaco.

Já o Papa Bento XVI, na primeira encíclica de seu pontificado, *Deus Caritas Est*, afirma:

> Ao amor entre o homem e a mulher, que não nasce da inteligência e da vontade, mas de certa forma impõe-se ao ser humano, os antigos gregos deram o nome de *Eros*. Diga-se desde já que o Antigo Testamento grego usa a palavra *Eros* apenas duas vezes, enquanto o Novo Testamento nunca a usa: das três palavras gregas relacionadas com o amor – *Eros*, *Philia* (amor de amizade) e *ágape* – os escritos neotestamentários favorecem a última, que, na lingua-

gem grega, era quase posta de lado (BENTO XVI, 2005).

No entanto, ainda que criticando-o e superando-o, o cristianismo não eliminou de seu horizonte o Eros, como bem nota e afirma Bento XVI em sua encíclica:

> Os gregos – além de formas análogas a outras culturas – viram no Eros, especialmente, a embriaguez, a sujeição da razão por parte de uma "loucura divina" que arranca o homem das limitações de sua existência e, neste estado de transtorno por uma força divina, o faz experimentar a mais alta beatitude [...] O Eros foi, pois, celebrado como força divina, como comunhão com o divino (BENTO XVI, 2005).

O papa dirá, no entanto, que a novidade do Evangelho de Jesus Cristo estará em ir mais longe que o Eros, encontrando a síntese agápica, feito não só de atração sexual e exaltação física, como também de carinho, cuidado, desvelo pelo amado até o sacrifício e a oblação de si mesmo. A marca de Deus no amor com que se ama na história deve trazer essas características de doação e entrega, sob pena de não ser capaz de autocompreender-se como realmente divino e revelado.

Neste texto, queremos trazer a experiência de vida de duas escritoras e místicas contemporâneas. Duas mulheres: uma holandesa e jovem, outra brasileira e já anciã. Etty Hillesum e Adélia Prado têm em comum a experiência mística, a profunda intimidade com o mistério de Deus. E também a literatura. A primeira era apaixonada por escritores alemães (Hölderlin, Rilke) e russos (Dostoievski). Ensinou literatura e desejava ser escritora. Morta aos 29 anos em Auschwitz, não pôde realizar esse sonho. A segunda já é entrada em anos e vive um feliz e longo casamento, do qual teve cinco filhos. Escreve poesia e prosa, e sua experiência mística está presente em sua obra.

Ambas revelam em seus escritos e em sua mística uma integração não comum entre Eros e ágape. Mulheres conscientes de sua corporeidade sexual, vivendo em plenitude, ainda que de maneiras muito diferentes, a experiência de Deus está inscrita nessa corporeidade. E por isso podem de tal maneira iluminar essa integração proposta por Bento XVI em sua encíclica, que é hoje uma das questões mais urgentes que a teologia e a pastoral cristãs são chamadas a administrar e propor ao mundo contemporâneo.

Etty Hillesum: a menina que aprendeu a se ajoelhar

Quando narramos a surpreendente biografia de Etty Hillesum, há que tomar cuidado frente às inclinações existentes que tentam assemelhá-la com Edith Stein ou vê-la como uma Anne Frank adulta. E igualmente devem ser tomadas precauções contra a inclinação para a apropriação cristã de sua pessoa e de sua vida[56]. Etty Hillesum viveu e morreu como judia. Era uma judia que encontrou a Deus de forma profunda e, a partir daí, escolheu seu próprio caminho (DOWNEY, 1988: 18-35). No entanto, inegavelmente, entre suas leituras estava com grande frequência e importância o Novo Testamento – notadamente o Evangelho e Santo Agostinho.

Como tantos outros judeus europeus do primeiro quartel do século XX, Etty nasceu em um país marcado pela cultura cristã no dia 15 de janeiro de 1914, em Midelburg, Holanda. Seu pai era professor de Línguas Clássicas e sua mãe uma judia russa. Esther, ou Etty, era a mais velha de três filhos.

Etty deixou a escola de seu pai em 1932. Ao ir para Amsterdã a fim de fazer seus estudos universitários em Direito e depois em Psicologia, Etty viveu na casa de Han Wegerif. Este era um viúvo de 62 anos, com quem desenvolveu uma relação íntima (HILLESUM, 1995: 946). Ganhava sua vida com um trabalho semelhante ao de uma governanta e também como professora de Línguas. Ensinava russo, o idioma de sua mãe. Seus diários narram as várias reações do grupo que se reunia com frequência na casa de Wegerif às cada vez mais rigorosas restrições de que eram vítimas os judeus e que faziam parte do projeto de extermínio que tomava lugar naquele momento histórico. Como outros, Etty não percebe o que está acontecendo no começo, mas depois começa a tornar-se cada vez mais consciente. Narra igualmente os seus sentimentos conflitantes sobre o relacionamento com o Sr. Wegerif, a quem ela se refere como Papa Han e de quem engravida para depois abortar.

Muito mais importante, porém, que Han Wegerif é seu encontro com Julius Spier, o "S" dos diários, discípulo de Jung e conhecido como havendo sido o fundador da psicoquirologia[57]. Era pai de dois filhos, divorciado de sua esposa gentia. Possuía uma personalidade altamente carismática, quase mágica. Causava uma fascinação incrível sobre as mulheres. Etty sentiu-se absolutamente seduzida por aquele homem e se tornou sua assistente, parceira intelectual e amante.

Seu amor apaixonado por "S" – que era um homem de fé – ajudou-a a desenvolver uma enorme sensibilidade religiosa que deu a seus escritos um caráter místico onipresente. Foi "S" quem lhe ensinou a pronunciar o nome de Deus, sem constrangimento, e foi também ele quem a convidou para empreender a viagem até o fundo mais profundo da intimidade e da solidão humanas, nas quais a presença de Deus é despertada e emerge na consciência. Etty caminhou em direção a uma conversação sempre mais consistente e intensa com esse Deus encontrado no meio de um grande amor humano. E ao entregar-se à oração mais frequente e profundamente, começou a se sentir agraciada com fortes experiências místicas.

Tudo foi interrompido, no entanto, quando a perseguição dos judeus chegou ao auge e ela assumiu uma posição de datilógrafa no Conselho Judaico, que devia fazer a mediação entre os nazistas e os judeus. Fundado pelos nazistas, o Conselho foi formado com a ilusão por parte dos judeus perseguidos de que, por essa mediação e negociação, haveria a possibilidade de salvar alguns judeus do pior dos destinos. No entanto, logo se tornaria uma arma nas mãos dos nazistas.

Depois de apenas duas semanas no Conselho, Etty decidiu ir voluntariamente para o campo de Westerbork, como assistente social: uma interrupção de sua vida, livremente escolhida, mesmo tendo a chance de escapar, se assim o quisesse. Seus diários indicam que estava convencida de ser fiel a si mesma apenas se não abandonasse aqueles que se encontravam em perigo – seu povo que sofria – e se usasse sua energia para trazer vida às vidas dos outros, ser um bálsamo para suas feridas. O futuro bem próximo mostraria que ela não seria eximida do destino do povo ao qual pertencia.

Chegou a Westerbork no exato momento em que as deportações para Auschwitz estavam começando. Para mais de cem mil judeus, Westerbork era a última parada antes de Auschwitz-Birkenau, o terrível campo de extermínio situado na Polônia. Entre agosto de 1942 e setembro de 1943 Etty Hillesum – então com 28 anos – ocupou seu tempo mantendo seu diário, escrevendo cartas e cuidando dos doentes no hospital do campo. Durante este período, viajou com permissão oficial para Amsterdã por quase uma dúzia de vezes, levando cartas, garantindo o fornecimento de remédios e trazendo mensagens. Mas a maior parte do tempo em que permaneceu na cidade foi forçada a ficar de cama, por estar doente. Sua saúde sempre visivelmente fraca ressentia-se visivelmente do regime de restrição alimentar, proibição de usar transportes e o dever de fazer longas caminhadas a pé, como a situação exigia. A última parte do seu diário foi escrita em Amsterdã, depois de seu primeiro mês em Westerbork, e narra a súbita doença e morte de Julius Spier. Etty o acompanha em seus últimos momentos. O golpe da morte do homem amado é por ela vivido com serenidade e como parte das dores daquele momento. Voltou para Westerbork depois disso, mas retornou a Amsterdã para ser novamente hospitalizada. Finalmente, no início de junho de 1943, deixou Amsterdã, indo para Westerbork pela última vez. O próximo destino seria Auschwitz e a câmara de gás.

Muitos detalhes da personalidade de Etty são fascinantes. Mulher jovem, bonita e refinada, exercia grande atração sobre os homens, já havendo tido, mesmo com sua pouca idade, muitos namorados e uma legião de admiradores. Extremamente inteligente e culta, dominando várias línguas – holandês, alemão, francês, inglês e russo – conhecia profundamente a literatura alemã e russa, sendo particularmente apaixonada por Rilke e Dostoievski. Refinada em seus gostos, era igualmente aberta para os outros, com extrema facilidade de fazer amigos. Sonhava em ser escritora e viajar pelo mundo aprendendo outras línguas e convivendo com outras culturas. Nota-se em seus diários uma preocupação com o aperfeiçoamento do estilo da própria escrita, que irá alcançar um crescimento digno de nota nos tempos finais de sua vida[58].

No entanto, é sua nobreza de alma e sua profunda e luminosa experiência de Deus o que mais chama aqui nossa atenção. Diante da certeza da interrupção final de sua vida na flor dos 29 anos de idade – situação que provoca em qualquer um enorme medo –, Etty teve uma atitude cheia de heroísmo e generosidade. Enfrentou com extrema coragem sua deportação de Westerbork, assim como seu posterior extermínio pelos nazistas, conhecido com antecedência, com serena aceitação. Ardia de desejo de dar-se, de oferecer-se aos outros, de dar sua vida para que esses que tanto sofriam ao seu redor pudessem alimentar-se. No dia

30 de novembro de 1943, o bálsamo que era a vida de Etty Hillesum foi derramado nas câmaras de gás de Auschwitz, em solidariedade para com seu próprio povo, e para com milhões de outros seres humanos.

A "mística selvagem" e difícil de ser definida de Etty Hillesum tem alguns pontos extremamente notáveis, que merecem ser destacados e comentados, por serem testemunho iniludível da liberdade do Espírito que sopra onde e como quer.

A integração entre Eros e ágape. Etty era uma mulher jovem, bonita e muito sensual. Alguém muito consciente de seu corpo e de suas fomes e sedes sexuais. Muito feminina, era também e ao mesmo tempo extremamente independente e livre em suas escolhas. Os relacionamentos com pessoas do sexo oposto nos quais entrou, múltiplos e variados, vivia-os com profundidade, mesmo quando resultavam em conflitos contínuos, como foi o caso com o homem mais velho e viúvo que era Han Wegerif. Ou quando resultaram em um excesso de intensidade e paixão, como foi o caso com Julius Spier.

Quanto a Spier, pode-se ver pelos diários que Etty experimentou toda a gama de sentimentos que removem interiormente uma mulher apaixonada que não pode ter segurança em relação ao homem que ama: ciúme, possessividade, ardor etc.

Mas isso não significa que esta capacidade enorme e intensa para o amor tenha permanecido apenas em nível erótico. A libido um pouco descontrolada e possessiva de sua juventude não era senão a imensa força de um desejo inextinguível, um chamado da vida ao dom de si mesma. No entanto, esse desejo de compartilhar todo esse amor do qual se sentia cumulada, ela o realizará, mas não exatamente através do casamento e da maternidade.

Pode-se observar, através da leitura de seus diários, como esta jovem judia, inteligente, bonita e brilhante, foi capaz de fazer a passagem dos prazeres imediatos da vida para os maiores sacrifícios por causa do amor e da solidariedade que sentia para com seu povo. E fazê-lo com alegria, gratidão e uma consciência espiritual profunda, sem o menor sinal de amargura. Por outro lado, era capaz de ver a beleza na desolação mortal do campo de concentração, indo para Auschwitz cantando com sua família e apreciando em meio ao horror da "solução final" da qual eram vítima os belos elementos da natureza, a água que corre, o perfume das flores. E sentir-se rica e agraciada, mesmo sendo forçada a enfrentar e suportar uma morte certa e injusta.

Spier foi sem dúvida a pessoa que serviu de catalisador para esta radical libertação espiritual em meio às dolorosas restrições que Etty foi forçada a viver. Ele era ao mesmo tempo seu amante e mistagogo, já que lhe abriu o caminho para a relação com Deus, que acabará no final tornando-se seu único interlocutor. Através dele, ela chegou a ver como o sofrimento, quando aceito, não reduz, mas qualitativamente fortalece a vida. O amor entre os dois era ao mesmo tempo erótico e contemplativo. Spier a orientou na busca por aquilo que é essencial, acrescida pela urgência trazida por sua consciência do destino cruel que estava reservado aos judeus. Foi ele quem lhe ensinou a falar de Deus, sem vergonha, e falar com Deus sem interrupção. Assim, pode-se observar no processo por Etty narrado em seu diário e em suas cartas que, enquanto a exterioridade em torno a si se estreitava (restrições, racionamentos, prisões, deportações, sofrimentos de todos os tipos), sua interioridade ia alargando-se e ampliando-se até o infinito (por meio de oração, disciplina, autoconhecimento e amor cada vez maior pelos outros e por Deus).

Foi ainda Spier quem ancorou Etty no território onde toma lugar a verdadeira batalha da vida. Diante da certeza de que o que os nazistas desejavam era a destruição total dos judeus, Etty viu que os demônios que habitam o interior das pessoas eram forças reais com as quais é necessário lutar. No momento da morte de Spier, a mística de Etty havia já tomado forma plena e integral. Emergiu não negando a realidade e os fatos históricos, mas entrando nos altos e baixos da realidade e transformando a ambos.

Parece-nos que o ponto alto da caminhada espiritual de Etty Hillesum acontece em 30 de abril de 1942, quando ela toma a decisão de casar-se com Spier a fim de que, se ele fosse deportado, pudesse acompanhá-lo (HILLESUM, 1995: 500-507). É quando ela diz a si mesma sobre os riscos de tal empreendimento, e escreve no diário: "Sim, eu sei, é simplesmente um destino, em vez de uma vida" (HILLESUM, 1995: 504). Nestas páginas, que fecham o volume VI de seu diário, Etty se sente madura para assumir um destino e tudo o que isso significa: deixar a proteção segura do velho Han e assumir uma vida desenraizada, cortada tanto de um passado como de um futuro (HILLESUM, 1995: 504).

Com palavras muito femininas, Etty compara este processo e seu término com a gravidez e a gestação: "Alguma coisa em mim veio a termo, estava ali e eu não tinha outra coisa a fazer, senão agarrá-la. De repente, eu soube que iria ligar minha vida à sua, em um casamento platônico para poder estar perto dele. E depois eu o entregarei são e salvo à 'Freundin'"[59]. Etty anseia pela comunhão radical nascida do amor. E essa comunhão implica compartilhar a angústia e a dor do homem que ela amava, sacrificando sua felicidade pessoal e seu futuro.

Spier morrerá antes que Etty possa acompanhá-lo no voo que irá libertá-lo. O destino para o qual Deus amadurecera o coração de carne de Etty Hillesum, no entanto, foi maior do que Spier e, através dele, chegava a todo o seu povo. Etty viveu a morte de Spier com aceitação. A morte foi para ela o grande mistério da vida, a ser recebido e até mesmo reverenciado.

> Olhar a morte de frente e aceitá-la, esta aniquilação, todas as formas de aniquilamento, como parte integrante da vida, e dilatar esta vida. Ao contrário, sacrificar à morte desde agora, um pedaço da vida, por medo da morte e da recusa em aceitá-la é o melhor caminho para o maior número de pessoas, porque temos medo e não aceitamos, para salvar um pedacinho mutilado de vida, que quase não merece o nome de vida. Isso pode parecer paradoxal: excluindo a morte de sua vida, as pessoas se privam de uma vida plena e, acolhendo-a, ampliam e enriquecem suas próprias vidas (HILLESUM, 1995: 504).

No amor por Spier, Eros não detinha a exclusividade, mas tornava-se um amor inclusivo, sem deixar de ser particular e singular, de uma mulher que amava um homem na plenitude do que esse sentimento significava. Imediatamente depois de sua morte, escreveu sobre ele: "Ele era o mediador entre Deus e eu, e agora você, o mediador, partiu e meu caminho me leva diretamente para Deus [...] E eu deverei ser a mediadora de qualquer alma que eu possa alcançar".

O destino para o qual Etty se sente madura vai, posteriormente, ser por ela entendido como um "destino de massa" cujo peso é necessário carregar. Esse destino é o destino de seu povo, com o qual ela vai comungar sem reservas, vendo claramente que não havia mais lugar para pensar na própria individualidade, quando todo um povo – seu povo – era massacrado:

> [...] eliminar todas as futilidades pessoais. Cada um quer ainda tentar salvar-se, sabendo muito bem que se não parte, é outro que irá substituí-lo. Será que é importante que seja eu ou outro, esse ou aquele? Tornou-se um destino de massa e devemos saber disso [...] Dia muito duro [...] Mas eu sempre me reencontro na oração. E eu sempre poderei orar, ainda que no lugar mais exíguo. E o pequeno fragmento do destino de massa que eu carrego, eu o fixo em minhas costas como uma mochila com nós cada vez mais fortes e cada vez mais apertados, faço corpo com ele e o carrego pelas ruas (HILLESUM, 1995: 673).

O amor de Etty está transfigurado em pura ágape, gratuita e generosa oblação. E será esse amor – nascido de sua mística, de sua relação com Deus – aquilo que ela derramará sobre os deportados de Westerbork e Auschwitz, até sua morte.

Uma alma antiga e uma longa herança espiritual: Etty sentia que, enquanto caminhava para um destino duro e doloroso, sua vida interior florescia e crescia como nunca havia sonhado que poderia acontecer. Em 10 de outubro de 1942, ela escreveu que a alma tem uma idade diferente daquela que está registrada e inscrita no cartório de nascimentos e mortes: "[...] pode-se nascer com uma alma de mil anos de idade" (HILLESUM, 1995: 673). O próprio Spier vai dizer-lhe, quando falavam sobre a diferença de idade entre os dois (28 e 55 anos): "Mas quem me diz que a sua alma não é mais velha que a minha?" (HILLESUM, 1995: 758).

Além disso, ela também se sentia como que pertencendo a uma longa tradição espiritual. Tinha em si a sensação de ser uma das numerosas herdeiras de um grande patrimônio espiritual e prometia a Deus e a si mesma "ser a guardiã fiel disso". E também compartilhá-lo "na medida em que seja capaz" (HILLESUM, 1995: 758). No dia 4 de julho de 1942, escreve: "[...] em minhas ações e minhas sensações cotidianas mais ínfimas se desliza uma suspeita de eternidade. Não sou a única a estar cansada, doente, triste ou angustiada, estou unida a milhões de outras pessoas através dos séculos, tudo isto é a vida; e, portanto, a vida é bela e cheia de sentido" (HILLESUM, 1995: 758). A dicotomia mundo interior/mundo exterior parece totalmente estranha e distante para essa mulher que conhece a realidade que vive e sobretudo a que a espera e que a toma sobre si com amor e plena alegria. "Sim, nós carregamos tudo dentro de nós, Deus e o céu e o inferno e a terra e a vida e a morte e toda a história" (HILLESUM, 1995: 722).

Etty lê Santo Agostinho e se apaixona pelo livro das *Confissões*. E acrescenta: "São realmente as únicas cartas de amor que se deveria escrever: as que são destinadas a Deus" (HILLESUM, 1995: 649)[60].

Desde que reaprende a oração, a dirigir-se diretamente a Deus, a falar-lhe sobre o que sente em seu interior, Etty Hillesum sente dentro de si uma profunda atração pela vida de oração, a ponto de, em vários momentos ao longo do dia, sentir o desejo ardente e quase irrefreável de retirar-se em seu quarto para poder recolher-se e estar a sós com Deus. A uma amiga que lhe diz não poder viver sozinha, sem um marido e filhos, diz:

> Eu sim, eu poderia muito bem viver assim, eu provavelmente poderia aguentar muito tempo em uma cela nua, ajoelhada durante horas sobre o chão duro e haveria ainda em mim uma vida grande e florescente, todas as formas de vida ainda possíveis, eu as teria em mim (HILLESUM, 1995: 645).

Sua experiência de Deus é completamente livre, o que dificulta sua identificação institucional ou "tradicional". Na verdade, a tradição de que é herdeira Etty é a tradição mística que nasce da liberdade do Espírito que sopra onde quer. Pertence a toda a humanidade, uma vez que se autodescobre finita, mas habitada pelo Infinito. Suas palavras são impressionantes quando descreve o sentimento da presença de Deus que vive nela. Como, por exemplo, no dia 16 de setembro de 1942: "Às vezes, inesperadamente, de repente alguém se ajoelha em um canto do meu ser. Eu posso estar caminhando na rua ou encontrar-me no meio de uma conversa com uma pessoa. E este alguém que se ajoelha é o meu 'eu mesma'" (HILLESUM, 1995: 645).

Um coração pensante e um bálsamo para as feridas. Em Westerbork, Etty se tornou "o coração pensante dessas tendas [...] o coração pensante em todo o campo de concentração" (HILLESUM, 1995: 520). Sua alma antiga, de mais de mil anos e herdeira de uma longa e preciosa tradição espiritual, encontrou sua mais alta expressão ali (HILLESUM, 1995: 717). Entregue sem reservas ao serviço de seu povo, seu desejo cresce incessantemente. E Etty o expressa em termos que nos lembram Santa Teresa do Menino Jesus. Não lhe basta apenas Westerbork, microcosmo desde o qual seu coração compassivo e seu desejo de doação alcançam os limites do universo. Em 2 de outubro de 1942 escreve:

> [...] eu gostaria de estar em todos os campos através de toda a Europa, gostaria de estar em todo o *front*, não desejo estar em segurança, como se diz, quero ser com tudo isso, quero ser, em cada lugar, uma pequena parcela, lote de fraternização com aqueles que chamamos de inimigos. Eu quero entender tudo o que acontece, eu gostaria que todos aqueles que eu possa alcançar – e eu sei que são numerosos – mas dá-me saúde, ó Deus – compreendam os acontecimentos do mundo à minha maneira (HILLESUM, 1995: 748).

Livre espiritualmente como sempre, não hesitará em usar termos mais que cristãos, eucarísticos, para expressar seus desejos ao final do seu último diário, na data de 12 de outubro de 1942: "Parti meu corpo como pão e o reparti [...] E por que não, eles estavam com fome e sentiam falta disso há tanto tempo [...]" (HILLESUM, 1995: 760)[61]. Ela termina seu dia com as palavras: "Quisera ser um bálsamo versado sobre muitas feridas" (HILLESUM, 1995: 761). A partir daí só escreverá algumas cartas para os amigos que deixa para trás e se dedicará a derramar esse amor que lhe enche o peito sobre todos os que estão sofrendo no campo e, posteriormente, no transporte para Auschwitz e no próprio campo de extermínio.

Etty Hillesum recusou-se a deter-se sobre a decepção e o desespero com relação a si própria e aos outros. Corta as ilusões pela raiz, e vê diretamente através do autoengano pelo qual os nazistas foram cegados pela loucura de um ditador e um sistema. São os próprios nazistas que estão presos pelo arame farpado. Não seus prisioneiros.

E, nesta circunstância tão dolorosa e negativa, vê lucidamente o fato de que, sem a possibilidade da menor dúvida, os alemães planejaram o extermínio sistemático de seu povo sem engano. Mas argumenta que "se pudesse ser encontrado um único alemão decente, haveria razões de sobra para não odiar todo um povo. Apesar de todo o sofrimento e injustiça, não posso odiar os outros" (HILLESUM, 1995: 684).

Um sofrimento a abraçar e não fugir ou negar. Etty derramou sua vida em serviço e sacrifício pelos outros e no desejo de morrer em solidariedade com as vítimas. Não é

Deus que ela culpa pela desintegração e destruição de seu povo, mas os seres humanos. Olhando de frente esta realidade, e sabendo o que a esperava e a sua família, ela não menos incansavelmente insiste que sentido e beleza ainda podem ser encontrados na pior das situações.

Ela se sente sobretudo unida à parte do sofrimento que está reservado a seu povo naquele momento histórico e do qual ela não deseja estar excluída nem isenta. Ao diário ela confia seus sentimentos, ainda um ano antes de ir para Auschwitz:

> Caminhando [...] pensava no dia em que tudo isso acabar, quando caminharmos para chegar a uma sala comum de um campo onde morreremos com muitos outros. Eu sabia de tudo isso, enquanto caminhava, que será não apenas meu destino, mas o de todos os outros, e eu o aceitei (HILLESUM, 1995: 650).

O sofrimento é essencial na visão de Etty sobre o ser humano, e esse sofrimento ela aprendeu a abraçar quando abraçava "S": "Através do sofrimento devemos compartilhar nosso amor com toda a criação" (HILLESUM, 1995: 618). O sofrimento é uma arte. "Podemos sofrer com ou sem dignidade. Mas o sofrimento e a morte fazem parte da vida" (HILLESUM, 1995: 641). Em sua vida, Etty aprendeu a arte do sofrimento que faz nascer e crescer a compaixão a partir de um coração fraco, mas pensante, diante da enormidade do sofrimento de seu povo.

À luz da lama e das infindáveis deportações de Westerbork para Auschwitz, ela escreve em carta a Han Wegerif e outros: "Eu estou em um estranho estado de triste contentamento" (HILLESUM, 1995: 858). "Há espaço para tudo em uma única vida. Para a crença em Deus e para um final miserável... É uma questão de viver a vida minuto a minuto e tomando o sofrimento como parte do jogo." E lutando para não fugir da realidade que lhe é apresentada, pede a Deus, emocionadamente: "Eu ainda tenho uma lição a aprender, a mais dura, meu Deus: assumir os sofrimentos que Tu me envias e não aqueles que eu escolhi para mim" (HILLESUM, 1995: 646-647).

Etty Hillesum viu a sua própria alma como um combate no interior do qual os grandes dramas da história aconteciam: "Eu me sinto como um pequeno campo de batalha, onde alguns dos problemas do nosso tempo estão sendo disputados. Tudo o que se pode esperar é permanecer humildemente disponível, para permitir-se a si mesmo ser um campo de batalha" (HILLESUM, 1995: 744).

Sua dignidade diante do sofrimento ainda por vir se expressa em palavras dignas e impressionantes: "É sem dúvida o extermínio completo, mas podemos sofrê-lo com graça". Em meio ao terrível sofrimento, seu e dos que conhece, de que toma conhecimento diariamente e a cada momento, se sente amada.

Há dois pontos fulcrais que nos ajudam a compreender a relação de Etty com Deus: a compulsão por ajoelhar-se e o conteúdo de suas mais intrigantes orações. Ela mesma diz que sua história é a história de uma "menina" que aprendia a ajoelhar-se, aprendendo a rezar (HILLESUM, 1995: 757). Muito mais importante do que suas leituras (a partir do Evangelho de Mateus ou de Santo Agostinho ou de

Rilke), ter que ajoelhar-se para aprender a rezar – que não é uma postura familiar para a oração na tradição judaica – evidencia a natureza de sua relação com Deus. Seu diário narra uma vez e muitas vezes sua adoção gradual da postura ajoelhada para rezar no banheiro sobre uma esteira de fibra de coco, em um canto da sala, perto da janela, andando pela rua etc. Sugere que o ato de ajoelhar-se é mais íntimo do que as intimidades de sua vida sexual e amorosa[62]. E essa posição é o sinal da sua entrega, seu consentimento ao mistério que vai se apoderando de sua pessoa irresistivelmente[63].

Muito importante é sua crescente consciência de que se pode rezar em qualquer lugar, atrás de uma cerca de arame farpado ou em um quarto em Amsterdã. Na medida em que ela cresce na consciência da sua capacidade de rezar seja onde seja e sempre, escreve sobre seu desejo de ajoelhar-se interiormente, uma espécie de postura interior que assume regularmente e com crescente frequência. Ela se ajoelha diante de Deus, que é o santo. Trata-se de uma prostração interior sem palavras ou imagens, nas profundezas de sua alma diante do Único que deve ser discernido, agradecido e louvado. O corpo de Etty, tão sensível em seus sentidos e aberto para tudo captar, sente esse desejo de ajoelhar-se como uma verdadeira reconfiguração de toda a sua pessoa, tal como ela escreve em 3 de abril de 1942:

> Meu corpo todo inteiro é, por vezes, percorrido pelo movimento natural de desejar ajoelhar-se, ou melhor, não, é outra coisa: eu diria que o gesto de ajoelhar-se é modelado em todo o meu corpo, às vezes eu o sinto por todo o

meu corpo [...] tornou-se um gesto infuso em meu corpo, que às vezes deseja ser realizado (HILLESUM, 1995: 451).

E esse gesto vai ser o seu grande conforto nos dias difíceis que ela sabe que tem de enfrentar. Como quando escreve em 10 de outubro do mesmo ano:

> Quando a tempestade é por demais violenta, quando eu realmente não sei mais o que fazer, mesmo assim eu ainda terei sempre duas mãos a unir e dois joelhos a dobrar. É um gesto que não nos foi transmitido, de geração em geração, para nós, judeus. Tive grande dificuldade em aprendê-lo. É a herança mais preciosa que me legou o homem do qual já quase esqueci o nome, mas cuja melhor parte continua a viver em mim (HILLESUM, 1995: 756).

Este Deus diante de quem Etty se ajoelha não é o Deus da teologia convencional. Em algumas de suas mais inspiradas e inspiradoras orações, Etty promete cuidar de Deus, guardar dentro de si o lugar onde Deus habita. Deus é visto como aquele que não pode fazer nada sobre as circunstâncias e os sofrimentos que ela vive, ou sobre o destino dos judeus. Deus não pode ajudar, então ela ajudará a Deus. "Eu simplesmente devo tentar ajudar da melhor forma possível, e, se eu conseguir fazer isso, então eu serei útil para outros também" (HILLESUM, 1995: 723).

Deus não é responsável perante nós pelos eventos históricos. Somos responsáveis perante Deus pela maneira segundo a qual trazemos o dom divino e sua presença dentro dele. Etty viveu com um inegável sentido da proximidade de

Deus. O grande e único santo, presente no coração de toda a criação e ativo na história, deve ser protegido e cuidado nas profundidades da alma. Porque é fraco e não esmaga ninguém com sua onipotência. O *insight* mais significativo de Etty refere-se à vulnerabilidade da vida divina. E, no entanto, esse Deus fraco se faz sentir sobre ela como amorosa proteção. Ela se sente em seus braços amorosos quanto mais as garras dos nazistas se fecham sobre seu futuro e seu destino. "Não me sinto sob as garras de ninguém, sinto-me somente nos braços de Deus" (HILLESUM, 1995: 677).

E se Deus deixa de ajudar-me – ela diz – ajudarei a Deus (HILLESUM, 1995: 738). Esta vulnerabilidade de Deus, que, no entanto, é o único com quem dialoga e seu único interlocutor em meio ao inferno em que vive, é o pino da dobradiça que une os vários paradoxos e ambiguidades de sua vida interrompida e que, ainda assim, era como um centro vital de ardente amor e força que dela jorravam como chamas (HILLESUM, 1995: 738).

Um lírio do campo em meio às trevas do mal

Em certo momento, bem perto do final de sua vida, em 22 de setembro de 1942, Etty Hillesum expressa um desejo: "Eu queria tanto viver como os lírios do campo. Se entendemos bem essa época, é isto que ela poderia ensinar-nos: a viver como um lírio do campo" (HILLESUM, 1995: 729). Etty, sem dúvida, refere-se a Mt 6,28, quando Jesus ensina aos discípulos o segredo da liberdade evangélica: ser como os lírios do campo que não tecem nem fiam, mas têm beleza maior do que Salomão em toda a sua glória; ou ser como as aves do céu: que não semeiam nem colhem, mas o Pai celestial as sustenta. A conclusão de Jesus é lógica: se Deus veste assim a erva do campo e trata assim as aves do céu, como não fará com o ser humano, sua mais amada criatura?

Etty "sabe" esse segredo, pois seu Deus mesmo a ela o revelou. Basta ser, deixar-se ser, e confiar na bondade infinita de Deus, que poderá não atender a todos os nossos pedidos, mas que cumpre todas as suas promessas. E a realização dessas promessas é verificada no fato de que Deus acompanha e sustenta a humanidade em meio às provações e tribulações, para que a escuridão não derrote a luz (BÉRIAULT, 2010: 120).

Etty confia nesse Deus fraco e impotente, que sofre com a vítima, em vez de aniquilar o verdugo. Sabe que Ele "é pouco capaz de modificar uma situação finalmente indissociável desta vida" (HILLESUM, 1995: 680). Vai cada vez mais deixando-se despojar pelo amor desse Deus. E para isso entende que deve abandonar todas as grandes palavras, as atitudes grandiloquentes. "É necessário tornar-se tão simples e tão mudo como o trigo que cresce ou a chuva que cai. É necessário contentar-se em ser" (HILLESUM, 1995: 672).

Os olhos grandes e escuros de Etty Hillesum fecharam-se em Auschwitz em agosto de 1943. Mas a sua palavra e o seu testemunho perduram até hoje, e são das mais profundas leituras já feitas sobre esse tempo de trevas e banalidade instaurado pelo mal em ação que foi o genocídio nazista na Europa. Da pena de Etty, em 27 de julho de 1942, quando, certa já do destino que a espera, começa a arrumar sua mochila para Westerbork, sai esta declaração: "Será muito necessário que alguém permaneça para poder testemunhar mais tarde que Deus também viveu em nossa época. E por que não seria eu esta testemunha?" (HILLE-SUM, 1995: 703).

O testemunho de Etty Hillesum ressoa hoje, intacto e sempre eloquente, aos ouvidos de nossos contemporâneos. Ensinada pela liberdade do Espírito que sopra onde quer, ensina sempre mais a cuidar do Deus descoberto no interior de cada um, a fim de enfrentar as dificuldades que a realidade apresenta e tomar compassivamente sobre seus frágeis ombros a dor dos outros para e "ajudar a Deus" a redimi-la (HILLESUM, 1995: 666; 703).

Adélia Prado: mística, poesia e redenção do corpo

Em poucos poetas e escritores – brasileiros ou não – se pode notar uma intimidade e uma proximidade explícita com o mistério divino como em Adélia Prado, essa mineira de Divinópolis, esposa de José e mãe de cinco filhos, professora e formada em Filosofia, catequista e católica praticante, ligada à espiritualidade franciscana.

A poesia de Adélia é crente e católica. Mas de uma crença que não pretende nem "consegue" ser convencionalmente litúrgica, teológica, catequética ou religiosa, no sentido mais tradicional do termo. Ao contrário! A fé e a crença no discurso poético de Adélia Prado perpassam todas as correntes mais puramente humanas da vida cotidiana e ali descobrem e dizem o transcendente, presente em epifania e diafania.

Adélia concebe sua poesia como derivada e nascida da fonte mesma de todo poema que é a Palavra de Deus. A poesia adeliana, além disso, sendo como é um exercício espiritual, está permanentemente em estreito e permanente contato com a corporeidade humana. O corpo é o território onde o espírito é experimentado. E disso é feita a poesia. No caso de Adélia, é seu corpo feminino, de mulher, com todas as consequências e características biológicas que isso implica, o lugar onde a epifania divina se dá. Em Adélia – poeta e mística – Eros e ágape não são terrenos separados e antagônicos, mas, pelo contrário, tocam-se em harmoniosa síntese. Adélia, como todos os místicos verdadeiramente cristãos, não tem pudor em usar expressões eróticas e sexuais para falar de sua experiência de Deus e traduzi-la em poesia. Nesse ponto seus escritos estão próximos aos de Etty Hillesum, uma no gênero autobiográfico e outra na poesia e na prosa poética.

Centrado no mistério da encarnação, o cristianismo não despreza o corpo, mas o inclui em sua reflexão e em seu discurso e o situa em lugar proeminente ao refletir e falar sobre o mistério do divino. A experiência da transcendência no cristianismo é a experiência de um Deus encarnado. Portanto, é uma experiência que passa pela corporeidade. Fora desse dado central e indispensável não há cristianismo nem aliança entre a carne e o espírito.

No entanto, "o Verbo se fez carne" proclama o poema-prólogo que abre o Evangelho de João (Jo 1,1ss.). Deste Verbo, Palavra transcendental e primeira, o evangelista dirá igualmente que "habitou entre nós", e não apenas no sentido histórico de Deus, se manifestou na pessoa de Jesus de Nazaré, mas também na dimensão da profundidade com que atinge a natureza humana: nosso ser é habitado pelo divino, e se diviniza na mesma proporção em que é humanizado. Nada do que é humano, portanto, é estranho ao divino segundo o cristianismo, e tudo o que é humano vem não ameaçar sua identidade, mas ao contrário alimentá-la, nutri-la, torná-la mais verdadeira. Ao invés, todas as tentativas de escapar e minimizar a corporeidade e a carne são tentação que descaracteriza a fé cristã em sua dinâmica histórica e encarnatória.

A partir desta convicção central cristã de que o corpo humano é condição de possibilidade da encarnação e, acima de tudo, da experiência do divino, a poesia de Adélia Prado adquire, aos olhos da teologia, uma luminosidade toda especial. Nós acreditamos que aí se encontra o eixo central que rege toda a sua obra, seja em poesia ou prosa.

Possuída pela profunda convicção de que "Deus não a fez da cintura para cima para o diabo fazer o resto", Adélia não cessa de redimir e louvar o corpo humano, em sua busca incansável de comunhão com Deus:

> É inútil o batismo para o corpo
> o corpo não tem desvãos
> só inocência e beleza
> tanta que Deus nos imita
> e quer casar com sua Igreja
> (PRADO, 1999a: 320).

É ainda ela que nos recorda que o cristianismo é a religião por excelência da economia dos corpos, pois no batismo nosso corpo é lavado no Sangue de Cristo. Na Eucaristia se nutre do Corpo de Deus. No matrimônio, em "uma só carne" os corpos se fundem no amor que transubstancia o carinho em liturgia e a sexualidade em fonte prazerosa de vida (FREI BETTO, 2000). Adélia proclama incansavelmente, de uma forma ou de outra, a identidade humana que é ser espírito encarnado (PRADO, 2001: 22ss.). Essa tensão dolorosa e conturbada, mas não menos fecunda, é a de um espírito que deseja a comunhão com Deus numa carne que não é um impedimento, e sim mediação para essa comunhão. Carne essa que, no entanto, ao mesmo tempo, aponta cruelmente os limites e restrições da finitude humana, que se estende por todas as páginas da obra adeliana.

A corporeidade própria (e também alheia) está no centro de toda poesia e prosa de Adélia Prado, seja quando a autora critica amargamente aqueles que por sua soberba ou vaidade querem fugir da condição carnal e suas implicações (PRADO, 2001: 19), seja ao comentar sem cessar suas próprias dificuldades corpóreas, tais como a comida e o jejum, por exemplo (PRADO, 2001: 21-22). As dificuldades de gestão da fome (ou gula), que a incitam incessantemente, a fazem experimentar ao mesmo tempo a bênção que é ter um corpo, ser um corpo e poder alimentá-lo, deleitar-se no gozo que o mesmo lhe proporciona ou incliná-lo na oração (PRADO, 2001: 23). Também a faz sentir sua importância até mesmo para os mais ascéticos santos, como São Francisco (PRADO, 2001: 23), e regalar-se com a imagem do Reino de Deus na Bíblia, descrito com a metáfora de um grande banquete (Mt 22,4ss., apud PRADO, 2001: 23), e da maneira de Jesus comunicar-se, que é dando o seu corpo em alimento (PRADO, 2001: 21).

Buscando o caminho para estar no mundo e aí encontrar e construir seu estar com e em Deus, Adélia sempre encontra seu corpo em altos e baixos, com seu desejo ardente e crucificação particular, que é boa para abaixar o orgulho[64]. E ao encontrar seu corpo humano e mortal, encontra o corpo do Senhor encarnado, vivo, morto e ressuscitado e dado eucaristicamente em alimento ao povo.

A poesia adeliana toca aí no coração da mística cristã, inseparável da corporeidade vulnerável e mortal, que o próprio Jesus Cristo assumiu em sua encarnação. A poeta diz o nome amado e transliterado no de Jonathan. Quem é este estranho que a seduz e enlouquece de um amor ímpar e sem parâmetro de comparação? O livro *O pelicano*, de 1987, será todo ele habitado por essa presença amorosa e apaixonada que vai atravessar de fogo e desejo a corporeidade feita poesia: Jonathan.

A epifania da transcendência se dá – em desejo doloroso e gozoso ao mesmo tempo – ao apalpar os limites da carne mortal e caduca. Nesta fraqueza é que brilham sua força e beleza. Neste limite se dá a presença do santo. Nessa condição humana finita e mortal acontece a *kenosis* do Verbo que tinha a condição divina, mas a ela não se aferrou (Fl 2,5-11).

Adélia deseja e deseja. E experimenta a beleza da presença. E canta muito alto o reconhecimento que nomeia: Jesus transliterado em Jonathan. Jesus, o verdadeiro amor do qual outros amores são pálidos reflexos. Jesus, que, no entanto, se deixa experimentar nesses outros amores e não fora deles. A beleza da encarnação do Verbo que habitou entre nós é sentida no corpo. Beleza e corpo que tem sexo. Gênero feminino (PRADO, 1999a: 11).

Ao mesmo tempo em que se dá conta das vicissitudes de ser humana, de ter um corpo, de ser mulher, Adélia se revela alguém totalmente reconciliado com seu corpo feminino, incluídos aí seus ciclos e particularidades. Percebendo o ciclo menstrual que chega, sente o alívio da mulher que sabe que – uma vez passados alguns dias – entrará em seu melhor período do mês. A calma virá agora por um tempo até que o corpo lhe dê novamente seus femininos sinais (PRADO, 2001: 33). Ela ri mesmo da própria ira e fervor por perceber que se trata de um fenômeno biológico que a medicina colocará no seu lugar. Essas coisas, esse destino miúdo, caco de vidro no pó, ao contrário de abatê-la e asqueá-la, vai trazê-la mais ainda de Deus, que, segundo ela, é o único que, "com a sua paciência e seu estranho amor, permanece elevado, fiel, incorruptível e tentador como um diamante" (PRADO, 2001: 33).

A católica Adélia escreve dentro de uma igreja católica onde as mulheres ainda se encontram na sombra e onde o sistema vigente é claramente patriarcal. Em verdade, a maior discriminação contra as mulheres dentro da Igreja parece dizer respeito a algo mais profundo e muito mais grave do que simplesmente a força física, a formação intelectual ou a capacidade de trabalho. Pois o patriarcalismo eclesial sublinha a superioridade do homem não apenas por um viés intelectual ou prático, mas pelo que chamaríamos de um viés ontológico.

Em uma certa tradição judaica, as mulheres começam a ser oprimidas por sua constituição corpórea. Sua anatomia não permite que elas passem pelo rito de iniciação do judaísmo. Os ciclos mensais das mulheres eram considerados não puros. E isto as segregou de muitas esferas da vida social, pública e religiosa.

Dentro desta discriminação do corpo, há uma forte associação da mulher com o pecado, mostrando-a como responsável pela entrada do pecado no mundo, e pela morte como consequência do pecado. Ao longo da história da Igreja, a mulher foi mantida a uma prudente distância do sagrado e de tudo o que o rodeia, bem como da liturgia e da mediação direta com Deus. Tudo isso, obviamente, exige um corpo "puro", e é grande a desconfiança de saber se a mulher realmente o tem. Apesar de todos os avanços e progressos que têm sido feitos na participação das mulheres em muitos níveis da vida eclesial, ainda continua a pesar sobre ela o estigma de ser a sedutora inspiradora de medo, fonte de pecado para a castidade do homem e o celibato do clero. Entre a mulher e o mistério, difícil e raramente se reconheceu e legitimou uma sintonia em termos da "alta" mística, das experiências mais profundas de Deus, restando-lhe o campo das devoções menores e menos importantes.

A poesia adeliana, embora sem uma intencionalidade explícita, questiona frontalmente tal concepção da corporeidade feminina. O Espírito buscado e experimentado na carne é uma constante na poesia de Adélia, assim como o é em toda a sua prosa. A origem dessa convicção é simples e cristalina: Deus não rejeita a obra de suas mãos. Simplesmente não é possível que nos haja criado para nos rejeitar depois e condenar como coisa pecaminosa e impura o corpo que nos deu com o seu próprio e criativo amor.

Denunciando o embuste que situou na mulher a sede do pecado sexual, Adélia faz poesia contemplando o corpo do Crucificado:

> Mais que Javé na montanha
> essa revelação me prostra
> Ó mistério, mistério
> suspenso no madeiro
> o corpo humano de Deus. É próprio do sexo
> o ar
> que nos faunos velhos surpreendo,
> em crianças supostamente pervertidas
> e a que chamam dissoluto.
> Nisso consiste o crime
> em fotografar uma mulher gozando
> e dizer: eis a face do pecado.
> Durante séculos
> os demônios porfiaram
> em cegar-nos com esse embuste.

Denunciando a falácia que fez tantas gerações de cristãos pensarem que deveriam ignorar o próprio corpo para chegar a Deus, Adélia canta ao Crucificado na Festa do Corpo de Deus:

> E teu corpo na cruz suspenso
> E teu corpo na cruz, sem panos:
> Olha pra mim
> Eu te adoro, ó Salvador meu
> Que apaixonadamente me revelas
> a inocência da carne

exposto como um fruto
nesta árvore de execração o que dizes é o
amor
amor do corpo
amor
(PRADO, 1999a: 281).

Esse Deus que a toma por inteiro – corpo e alma – é também aquele que vai se tornar o objeto de desejo por excelência, a ponto de ela reconhecer não ser capaz de falar sobre qualquer outra coisa senão sobre Ele (PRADO, 2001: 44). E revelar que Ele a leva até os esponsais místicos, ao amor sem jejum de sentimento, fazendo-a exprimir o desejo da santidade em sua condição de santa casada e poeta (PRADO, 2001: 48-49). Neste desejo de santidade Adélia percebe por que essa é, em verdade, uma identidade crística, uma identificação sempre mais perfeita e completa com Cristo, que é o que buscam todos os santos (PRADO, 2001).

Por tudo isso Adélia afirmará ser a pessoa mais infeliz do mundo se não houvesse ressurreição da carne (PRADO, 2001: 65). Essa carne inocente e sem desvãos, essa carne que o próprio Deus assumiu, vivendo e morrendo na cruz para casar com sua Igreja; essa carne será resgatada, proclama Adélia, e isso comprova que "ser santo é tarefa humana" (PRADO, 2001: 67). E a graça de ser mulher é ter um corpo terreno, que ressuscitará diretamente como uma estrela apaga e se acende (PRADO, 2001: 69).

Quando o cansaço da exigência da missão de poeta sobre ela se abate, o corpo de mulher, corpo semelhante ao de suas vizinhas e companheiras, mulheres mineiras de

Divinópolis, se insurge e clama pelas funções miúdas, cotidianas e não menos nobres: trabalhar na cozinha. A poeta não quer mais carregar o fardo da inspiração, já não quer mais ser possuída pelo Espírito que a deixa exausta de tanto criar. Quer cozinhar para sua família, bater o osso no prato para chamar o cachorro e jogar fora os restos. No entanto, a rebelião da carne dura pouco. A obediência triunfará sobre a fadiga e o medo, pois se trata de sedução divina e não de outra. E a salvação sua e da humanidade está aí implicada. Escrever poesia para Adélia não é diletantismo e sim salvação. Modo poético de salvação.

Trabalhar na cozinha adquire expressão eucarística: "Deixa-me fazer teu pão". E a resposta do Senhor é inapelável e não se faz esperar: "Filha, eu só como palavras" (PRADO, 2001: 9). As palavras que apenas o Senhor come, devemos recebê-las, sofrê-las, metabolizá-las, dizê-las, escrevê-las. E, finalmente, gozar deste processo pascal de morte e vida que é, sobretudo, amoroso.

O modo poético de salvação para Adélia é o amor que o Novo Testamento diz ser o nome próprio de Deus (1Jo 4,1). Amor que a faz gozar e sofrer, amor que a faz sentir Deus e ser brutalmente tentado a blasfemar seu santo nome, amor que a faz compreender que não fez o mundo, mas tem que carregá-lo em seus poemas que doem demais. Consciente de sua vocação e missão de poeta, Adélia ousa comparar-se, em giro lírico-teológico de ousada beleza, ao Servo Sofredor do Dêutero-Isaías (52–53), que, como um cordeiro, uma ovelha, é levado ao matadouro, sem abrir a boca e, assim, salva o povo. A poesia vai sendo posta no papel e a poeta é "a ovelha pronta para o sacrifício, sabe balir, sabe falar, ela escreve e vai parir o poema, começar tudo de novo" (PRADO, 2001: 53).

Para essa mineira de Divinópolis, a poesia é um destino, um "fado", não uma escolha arbitrária ou pessoal. E ela o anuncia com temor e tremor: "O que me fada é a poesia. Alguém já chamou a Deus por este nome? Pois eu chamo, eu que não sou hierática nem profética e temo descobrir a via alucinante: o modo poético de salvação" (PRADO, 2001: 20).

Àquela que pariu cinco filhos de carne e osso, gerados no amor com José, em feliz casamento na cidade mineira de Divinópolis, coube, além dessa missão de fecundidade, parir poemas gerados pela própria divina *ruach*, que no princípio aleteava sobre o caos primigênio qual grande ave chocando o ovo ainda não rompido do mundo. Cumprir o fado feminino de ser fecundada, gestar e dar à luz é fado que não se interrompe na vida de Adélia, apesar dos cansaços que ocorrem de tempos em tempos e que fazem nascer o desejo de voltar para a cozinha e fazer o pão de Deus.

Mas a cozinha poética é de Deus e seus ingredientes são palavras. Essas, amassadas no corpo da poeta, fazem o pão que alimenta e dá vida. Palavras nascidas do impulso de Eros e suavizadas no regaço macio da ágape que a tudo acolhe e acaricia. Amor – Eros e Ágape –, que é o outro nome da poesia com que a poeta nomeia Deus e que carrega em si a salvação do mundo.

Eros e ágape: a poesia em seu conteúdo poético

Lendo a escrita adeliana, seja em prosa ou poesia, pode-se constatar algo fundamental. Em Adélia, mística e erótica se tocam e até mesmo se superpõem. Adélia só faz mostrar, com isso, a configuração claramente cristã tanto de sua mística como de sua poesia.

É isso, pois, que faz com que Adélia Prado, autêntica mística cristã, possa construir e transmitir uma visão original e diferente da santidade cristã. Dito seja, no entanto, que a santidade segundo Adélia está muito mais de acordo com as fontes bíblicas e a tradição cristã do que com o que a espiritualidade dualista tradicional fez com a mesma (FESTUGIÈRE, 1949). É assim que, em vez de Santa Teresinha, que morreu aos 24 anos de tuberculose sem sair da cama, lhe parece mais interessante a morte de Santa Maria Goretti, assassinada aos 12 anos em uma tentativa de estupro, descrita por Adélia com todas as cores e o ritmo da excitação sexual (PRADO, 2001: 39).

Talvez uma das grandes contribuições que a poesia de Adélia Prado pode trazer para a experiência de Deus das novas gerações é esta: que na experiência do Deus cristão, Eros não pode estar ausente, ainda que a ágape deva terminar predominando e ser mais forte e preponderante.

Assim também o entende Adélia, que, com todo o fervor de seu corpo sexuado e a naturalidade com que assume os desejos e movimentos da própria corporeidade, é capaz de viver o afeto calmo do longo e feliz casamento com José e aí encontrar o encanto de limpar peixes na cozinha tarde da noite para em seguida, na cama, entre escamas prateadas, reencontrar o fervor que faz de ambos noivo e noiva (PRADO, 1999a: 254). Ou observar na mãe, que achava estudo a coisa mais fina do mundo, a cortesia muito maior do delicado sentimento de preparar café e pão para o esposo cansado que voltava tarde do serviço pesado. Sem palavras de luxo ou gemidos ou suspiros. Amando apenas concretamente (PRADO, 1999a: 118).

O corpo feminino sexuado de Adélia, lugar de sua identidade mais profunda, é também o lugar do desvelo, da entrega nupcial, do cotidiano vivido entre a cozinha, os filhos, a casa e o marido, ensinando às crianças, seus alunos da catequese e da oração na Igreja, da orfandade sentida como saudade do pai e da mãe mortos e distantes.

Existe na poética adeliana uma relação íntima entre erotismo e mística. Adélia dirá, sem nenhuma timidez ou vergonha, "é em sexo, morte e Deus que eu penso invariavelmente todos os dias", apontando para essa circularidade impressionante em temas que o senso comum julga tão díspares, mas que são apoiados naquilo que se convencionou chamar, por falta de melhor nome, alma humana. A poesia de Adélia une sinais sagrados a sinais eróticos e, ainda mais, vai entretecendo-os, tendo como pano de fundo temático maior sua visão de mundo e sua leitura teológica e até mesmo teologal da vida e da morte.

A entrega de si mesma à experiência mística, totalizante e total, faz com que Adélia apalpe e morda o sofrimento, mas também com que sinta que não é a última palavra sobre a vida. Com profundo selo pascal, sua dor deseja a alegria da ressurreição da carne e da esperança que nunca morre. É ela quem diz: "Deus mastiga com dor nossa carne dura/ Mas não por chorar estamos abandonados" (PRADO, 1999a: 197).

Eros se torna ágape na filiação que chora de desamparo e saudade, na contemplação que encontra a presença divina em todas as coisas, mesmo as mais diminutas e prosaicas, que experimenta fadiga e desamparo diante da vocação divina, que esgota e possui e que faz com que o serviço ao outro tome todas as suas forças e energias. As lágrimas da poetisa correrão como um rio caudaloso até aportar na alegria tão querida e desejada que "remonta ao meu mil avô" e na esperança implorada e desejada, que não será defraudada, porque a fidelidade foi firme no exercício do múnus poético.

Poesia como alegria agápica

A alegria para a mística poetisa Adélia está – parece-nos – na constatação da integralidade da vida, das coisas e de toda a realidade em Deus. "Ou tudo é bento, ou nada é bento" (PRADO, 2001: 199). Ou Deus a fez de corpo inteiro ou não a fez de modo algum. Ou tudo é vida ou nada é vida. A morte é inimiga vencida pela encarnação, vida, morte e ressurreição de Jesus Cristo, ou então nada é verdade.

Em um livro de prosa, *Manuscritos de Felipa*, Adélia enfrenta o mistério do envelhecimento, da caducidade, da finitude e da morte. Atravessa o momento terrível que a menopausa é para toda mulher, quando o corpo não mais conhece o majestoso mistério da fertilidade, já não podendo gerar outras vidas. A tentação de crer que está tudo acabado, que só a morte é permitido esperar, ronda à espreita e persegue a poeta, cuja mão que escreve seca (BINGEMER, 2003). É sua constatação, entre perplexa e assustada: "Minha libido está desaparecendo, o rosto repugnante do medo dá o ar de sua graça. A velha está com medo e não existe chupeta para anciãs" (PRADO, 2001: 389).

A personagem de Felipa continua sua luta para não deixar-se abater e derrotar pela certeza do envelhecimento. Ser recordada disso é por ela vivido como tentação do demônio, que de tudo se aproveita para enterrar mais fundo o espinho na carne (PRADO, 2001: 431). A corporeidade feminina e cheia de vida de Felipa percebe a inclemência da caducidade do tempo sobre seu corpo e anseia pela eternidade. "Eterna é uma palavra doce. É terna"[65].

Driblando os tratamentos, as ginásticas, as prescrições médicas para sua velhice, a personagem de Felipa vai paralelamente encontrando, mais intimamente do que nunca, a Deus e a si mesma, poeta, instrumento de Deus. A poesia salvará Felipa e Adélia de sucumbir à caducidade da carne que insiste teimosamente em envelhecer e morrer. É na poesia que se vai encontrar a aliança que a fará perder o medo da velhice e da morte. Com conotações eróticas, como sempre, Adélia invoca o Espírito, artesão maior e fonte de sua poética.

> Penetra-me, ó Espírito Santo, língua afiada, corrige minha espinha, levanta meu queixo, falar com uma tal voz que mais tenha dela certeza que de minha própria pele [...] Serei feliz porque estarei liberada, mais ainda porque a roça não é minha, sou trabalhador contratado

por patrão exigente, "que colhe onde não plantou", ai de mim, os evangelhos dão calafrios" (PRADO, 2001: 460).

Por outro lado, Felipa – aliás, Adélia – vai terminar confiante pensando na perspectiva da morte como atravessar uma ponte agarrada no pescoço de Deus. "Fecha os olhos e quando abre já passou. Não doeu nada." Entre a vida que dói e deixa marcas na corporeidade e a morte que não vai doer nada, permanece a escrita e a poesia que doem, mas que salvam e fazem viver plena e abundantemente.

A alegria, Adélia a encontra e encontrará atravessando a dor por dentro, completa e destemidamente.

> Tudo é pouco para mim. Não há arte para suprir meu desejo. Para o do meu coração, o mar é uma gota. Eu quero é tudo, o infinito é o que todo mundo quer [...] Aceitar a condição humana é santidade. Pode ver a alegria dos santos; se você lê a biografia deles, é porque eles descansaram em sua condição. Sou realmente criatura e criatura humana. Aceitar isso já é criar asas. É por isso que eu peço a Deus todo dia[66].

Conclusão: a liberdade do Espírito na corporeidade de duas mulheres

Depois de percorrer muito rápido a biografia e os escritos dessas duas mulheres, a primeira coisa que se impõe como conclusão é como são diferentes. Diferentes em idade, temperamento, escolhas de vida etc.

No entanto, quantos pontos em comum encontramos nelas. Desde sua juventude apaixonada e vivida com muita, até demasiada intensidade, Etty encontra a Deus. E isso vai recentrar sua vida de modo completamente diferente, mas tomando como referência justamente seu corpo sexuado. Com soberana liberdade, o Espírito vai conduzir o corpo dessa jovem mulher através das estradas do Eros, de um grande amor por um homem até o dom supremo deste mesmo corpo em comunhão com a dor e a morte de todo um povo, seu povo.

Já o caminho de Adélia passa por uma sexualidade vivida no matrimônio e uma indiscutível fé católica. Mas, desde essa situação, a liberdade do Espírito que a possui e a conduz em sua mística e em sua salvadora poesia a faz experimentar ao Deus de seu amor, inseparável de sua corporeidade sexuada, apaixonada e integrada.

Os escritos e relatos tanto de Etty como de Adélia são de enorme importância ao demonstrar que a alegria ágape, o gozo da alma, não é incompatível com o prazer do corpo e do sexo. Ao contrário, o Eros é figura e mesmo caminho para o que pode ser o relacionamento com Deus e que em indescritíveis voos pode levar o ser humano.

É assim que o mesmo Espírito que conduz a uma e a outra vai demonstrar que sopra onde e como quer. Na jovem, judia e livre Etty Hillesum, na Holanda ocupada pelos nazistas no século XX, ou na brasileira, mãe, avó, mas igualmente livre Adélia Prado, que em sua pequena cidade natal tem experiências dignas das maiores místicas celebradas em toda a história do cristianismo. Em ambas a liberdade do Espírito do Deus santo realiza maravilhas e não deixa de surpreender a um mundo onde às vezes parece que seu rastro se perdeu. Etty e Adélia nos demonstram que o Deus que as apaixona e que dá sentido às suas vidas está mais vivo do que nunca, revelando-se em formas sempre originais e nunca repetidas.

Notas da Parte II

1 Cf. a carta escrita por Camus à mãe de Simone Weil. Disponível em https://docs.google.com/file/d/0B5L7sbakadX-NTg4MGEzNjIt MGMxYS00ZWRmLTllZjMtZTdmNmJiNGVkZjk1/edit? authkey=CL-2ouwC&hl=en – Acesso em 29/01/2015. Aqui citamos o trecho final: "Simone Weil [...] é o único grande espírito [...] de nosso tempo. Creio bem que falo aqui sem o desejo de lhe ser agradável; digo somente uma pequena parte do meu reconhecimento para com aquela que lamentarei para sempre não ter conhecido".

2 Cf. biografia de Camus em http://www.alalettre.com/camus-bio. php – Acesso em 29/01/2015.

3 Fazemos aqui uma nota mostrando que muitos cristãos no século XX adotaram uma parte da filosofia camusiana, recusando uma esperança escatológica que minimizasse ou eximisse da luta e das utopias intra-históricas, que dão força aos projetos transformadores. Refiro-me à teologia política na Europa e à teologia da libertação na América Latina.

4 Nisto Camus tem paralelo com muitos outros autores do século XX que também se debateram com as questões de Deus, como, por exemplo, José Saramago.

5 Cf. o romance *A peste*, que comentaremos a seguir.

6 CHAVANES, F. Op. cit., p. 126.

7 Impressiona aqui a identificação do pensamento de Camus com o de Simone Weil, que, apesar de judia de nascimento, também expe-

rimentava dificuldades quanto ao Deus do Antigo Testamento, que, segundo ela, tinha um pacto com a violência e também nutria simpatia pela doutrina marcionita, considerada herética pela Igreja. Cf. sobre isso Bingemer (2005, 2007, 2014).

8 Marcião de Sinope foi um dos mais proeminentes heresiarcas durante o cristianismo primitivo. A sua teologia, chamada marcionismo, propunha dois deuses distintos – um no Antigo Testamento e outro no Novo Testamento – e foi denunciada pelos Pais da Igreja e ele foi excomungado.

9 Camus aqui confronta as teorias católicas sobre o sacrifício vicário de Jesus. Cf. sobre isso as teorias expiatórias da teologia católica, sobretudo em Santo Anselmo, com o conceito de expiação, substituição etc. Cf. tb. sobre isso a crítica dessas teorias, p. ex., de F. Varone (1999).

10 Aqui Camus se alinha bem de perto a outros pensadores contemporâneos, como Emmanuel Lévinas, que afirma ser a ética a filosofia primeira.

11 "De même, c'est l'air raréfié des montagnes qui donne force et couleur aux edelweiss; et c'est la nuit qui donnent aux étoiles leur brillance" (Assim mesmo, é o ar rarefeito das montanhas que dá força e cor às *edelweiss*; e é a noite que dá às estrelas seu brilho).

12 Como o diz Mounier (1953): "il est étrange de voir le monde moderne refaire, sur le registre athée, toutes les expériences du Christianisme" (é estranho ver o mundo moderno refazer, no registro ateu, todas as experiências do cristianismo).

13 A expressão "terceira categoria" decorre do fato de que Tarrou havia afirmado pouco antes, no texto, só haver duas categorias no mundo: os flagelos e as vítimas. A terceira seria a paz.

14 Sobre os ciclos na obra de Mauriac cf. GAI, F. *Citer, acte au cœur du dispositif romanesque mauriacien* [Disponível em Ci-Dit | Communications du IVe Ci-dit Colloque international, Nice 11-13

juin 2009 /http://revel.unice.fr/symposia/cidit/index.html?id=474 – Acesso em 08/05/2012].

15 Cf. algumas biografias de Bernanos existentes: Cooke (1981), Renard (1994), Gaucher (1962), Von Balthasar (1996).

16 Entre as biografias de François Mauriac, encontramos: Jarrett-Kerr (1954), Pell (1947), Alvim Correa (1951), Imberti (2000), Quoniam (1984), Barré (2009), Lacouture (1980), Mauriac (1985).

17 A comunidade cristã do Novo Testamento já vivia essa concepção. Cf. Hb 12,22-23.

18 A poetisa Adélia Prado diz em um belo poema: "No céu / os militantes, os padecentes, os triunfantes / seremos só amantes" (PRADO, 2011).

19 Desenvolvo esse aspecto em meu livro *A identidade crística* (BINGEMER, 1998).

20 Beguin (1954: 10): "Minha certeza profunda é que a parte do mundo ainda suscetível de resgate pertence somente às crianças, aos heróis e aos mártires..."

21 Cf. Sherry (2000: 249): A Redenção, tal como o cristianismo a entende em geral, vê-se operando em três atos, como um drama:

> 1) A história da salvação que culmina com a vinda de Cristo, sua morte e ressurreição.

> 2) A vida presente, na qual os efeitos descritos em At 1 estão vivos e atuantes na história.

> 3) A vida futura, na qual os propósitos redentores de Deus deverão ser plenamente atingidos.

22 Sobretudo em *Crime e castigo* e *Irmãos Karamazov*.

23 Meditação [da parábola] de duas bandeiras. Uma, a de Cristo, sumo capitão e Senhor nosso, outra, a de lúcifer, mortal inimigo da nossa natureza humana.

Oração preparatória, a habitual [46].

137 Primeiro preâmbulo é a história. Será aqui como Cristo chama e quer a todos debaixo de sua bandeira, e lúcifer, ao contrário, debaixo da sua.

138 Segundo [preâmbulo], composição, vendo o lugar. Será aqui ver um grande campo de toda aquela região de Jerusalém, onde o sumo capitão general dos bons é Cristo nosso Senhor; outro campo na região de Babilônia, onde o caudilho dos inimigos é lúcifer.

139 Terceiro [preâmbulo]. Pedir o que quero; e será aqui pedir conhecimento dos enganos do mau caudilho, e ajuda para deles me guardar; e conhecimento da vida verdadeira que mostra o sumo e verdadeiro capitão, e graça para o imitar.

140 Primeiro ponto. Imaginar assim como se se assentasse o caudilho de todos os inimigos naquele grande campo de Babilônia, como que numa grande cátedra de fogo e fumo, em figura horrível e espantosa.

141 Segundo [ponto]. Considerar como faz chamamento de inumeráveis demônios e como os espalha, a uns numa cidade e a outros noutra, e assim por todo o mundo, não deixando províncias, lugares, estados nem pessoas algumas em particular.

142 Terceiro [ponto]. Considerar o sermão que lhes faz e como os admoesta a lançar redes e cadeias; que primeiro hão de tentar com cobiça de riquezas, como costuma, a maior parte das vezes, para que mais facilmente venham a vã honra do mundo e, depois, a grande soberba. De maneira que o primeiro escalão seja de riquezas, o segundo de honra, o terceiro de soberba, e destes três escalões induz a todos os outros vícios.

143 Assim, pelo contrário, se há de imaginar do sumo e verdadeiro capitão, que é Cristo nosso Senhor.

144 Primeiro ponto, considerar como Cristo nosso Senhor se apresenta num grande campo daquela região de Jerusalém, em lugar humilde, formoso e gracioso.

145 Segundo [ponto], considerar como o Senhor de todo o mundo escolhe tantas pessoas, apóstolos, discípulos etc., e os envia por todo o mundo a espalhar a sua sagrada doutrina por todos os estados e condições de pessoas.

146 Terceiro [ponto], considerar o sermão que Cristo nosso Senhor faz a todos os seus servos e amigos, que envia a esta expedição, encomendando-lhes que queiram ajudar e trazer a todos, primeiro a suma pobreza espiritual, e, se sua divina majestade for servida e os quiser escolher, não menos à pobreza atual; segundo, ao desejo de opróbrios e desprezos, porque destas duas coisas se segue a humildade; de maneira que sejam três os escalões: o primeiro, pobreza contra riqueza; o segundo, opróbrio ou desprezo contra a honra mundana; o terceiro, humildade contra a soberba; e destes três escalões induzam a todas as outras virtudes.

147 Um colóquio a Nossa Senhora para que me alcance a graça de seu Filho e Senhor, para que eu seja recebido debaixo de sua bandeira, e primeiro em suma pobreza espiritual, e, se sua divina majestade for servido e me quiser escolher e receber, não menos na pobreza atual; segundo, em passar opróbrios e injúrias, para mais nelas o imitar, contanto que as possa passar sem pecado de nenhuma pessoa nem desprazer de sua divina majestade; e, depois disto, uma Ave-Maria. Segundo colóquio. Pedir o mesmo ao Filho, para que mo alcance do Pai; e, depois disto, dizer Alma de Cristo. Terceiro colóquio. Pedir o mesmo ao Pai, para que Ele mo conceda; e dizer um Pai-nosso.

24 Fará seus estudos no colégio dos Padres Marianistas, na Institution Sainte-Marie Grand-Lebrun [Disponível em www.fr.wikipedia.org/wiki/Caud%C3%A9ran].

25 Cf. o que diz sobre Mauriac a esse respeito (SHERRY, 2000: 252). Mauriac se defendeu declarando não haver grande distância entre monstros humanos e a humanidade normal.

26 Cf. os documentos *Gaudium et Spes* e *Ad Gentes*, entre outros. Assim também na América Latina todos os documentos que geraram a Teologia da Libertação, como as conclusões de Medellín (1968) e Puebla (1979).

27 *Journal d'un curé de campagne*. Paris: Gallimard, p. 1.171 [Col. Pléiade].

28 Mt 10,16.

29 Cf. sobre isso, p. ex., BERNANOS, G. *Essais et écrits de combat*. Paris: Gallimard, 1961, p. 451.

30 Filósofa, militante e mística francesa, nascida em 1909 e falecida em 1943. Judia de origem, foi a discípula predileta do filósofo Alain. Seu pensamento, permeado de um profundo conhecimento da filosofia grega, sobretudo platônica, juntamente com sua grande sensibilidade compassiva pelos pobres, a levou a trabalhar em uma fábrica durante um ano, a fim de conhecer por dentro o sofrimento dos operários. Teve profunda experiência mística cristã, aproximando-se do catolicismo, mas recusando o batismo até o final de sua vida. Morre aos 34 anos, na Inglaterra, sem poder entrar na França ocupada. Para conhecer melhor sua vida, cf. sobretudo a obra em dois volumes de Simone Pétrement (1973), sua amiga e biógrafa por excelência. Outras biografias, no entanto, foram escritas com menor riqueza de detalhe e conhecimento de causa sobre a vida de Simone Weil. Algumas a leem desde uma determinada perspectiva. Entre outras: Cabaud (1957), Perrin (1984), Forni Rosa (1996), Khan et al. (1978), Perrin e Thibon (1967), Davy (1966), Hourdin (1989), Fiori (1993), Gray (2003).

31 Aqui Simone Weil descreve "Cinco modos de influência da sociedade através da linguagem": 1) "pelo próprio fato de que a linguagem existe"; 2) porque é "através dos caracteres determinados por esta ou aquela linguagem que a sociedade exerce a própria influência"; 3) pelo fato de que a própria linguagem "já contém pensamentos"; 4) porque "graças a isso estamos já inseridos em um ambiente intelectual; e, finalmente, 5) "graças à linguagem [e isso é sobretudo verdade a respeito dos mitos] se busca uma troca de pensamentos".

32 Cf. o que sobre isso comenta Marianelli (2005), em seu belo texto "A verdade dos mitos em Simone Weil".

33 E, mais adiante: "É coisa inútil esquecer o passado para pensar somente no futuro. Também é uma ilusão perigosa acreditar que isso seja possível. De fato, a oposição entre porvir e passado é absurda. O futuro não nos traz nada, nem nos dá nada; somos nós que, para construir o futuro, precisamos dar a ele tudo, concedendo-lhe até mesmo a nossa vida. Mas para dar é preciso possuir, e nós não possuímos nenhuma outra vida, ou outra linfa a não ser os tesouros herdados do passado e digeridos, assimilados, recriados por nós".

34 Fazemos notar aqui que Simone Weil escreve isso quatro décadas antes do Concílio Vaticano II, que vai afirmar que nas outras tradições religiosas diferentes do cristianismo existem sementes do Verbo e da Verdade. Cf. *Nostra Aetate*, *Gaudium et Spes*, *Unitatis Redintegratio* etc.

35 Cf. Weil (1977, 1962), entre outros.

36 "O que é importante na mitologia – ela escreve – é a parábola, mas uma parábola pode tomar muito bem como meio de expressão os fatos que acontecem realmente no mundo, em lugar de uma história inventada. Assim, por exemplo, a expressão 'se o grão de trigo não morre'. Isso pode ocorrer ainda melhor com relação a fatos astrais (mitos siderais), através da identificação do macrocosmo como microcosmo" (WEIL, 2002: 185-186).

37 Conforme Trabucco, no nível do saber do ser humano o simbólico corresponde a essa correlação originária, "nele são implicadas [ele continua] tanto a dimensão gnosiológica como também a ontológica, isto é, a questão do acesso ao conhecimento tanto da realidade como também do seu fundamento" (TRABUCCO, 1997: 231).

38 Segundo ela, isso vale tanto para o "Dogma da Trindade, como também para a dupla natureza do Cristo em uma única pessoa, da dualidade e da unidade do bem e do mal, da transubstanciação, sendo preservados, pode-se dizer, por uma proteção quase milagrosa do Espírito Santo" (WEIL, 1994: 134).

39 Cf. as figuras crísticas que ela apresenta em seus escritos, tais como o jovem troiano que vai levado à força ao Hades no texto sobre a *Ilíada* (WEIL, 2002: 540); ou a própria figura de Antígona.

40 A esse respeito ela escreve ao Padre Perrin: "Pode também acreditar em mim a respeito da afirmação de que tanto a Grécia, o Egito, a Índia antiga e a China antiga como também a beleza do mundo, os reflexos puros e autênticos desta beleza nas artes e na ciência, e ainda a visão das chagas do coração humano nos corações desprovidos de fé religiosa, tiveram a mesma parte naquilo que é ostensivamente cristão, entregando-me prisioneira do Cristo" (WEIL, 1977: 57-58).

41 "Parmi les plus belles pensées de Platon sont celles qu'il a trouvées par la méditation des mythes."

42 Cf. "Foi depois disso que senti que Platão é um místico..." (*AD (Attente de Dieu)*[2], p. 46).

43 "Qui sait si de nos mythes aussi il n'y aurait pas des idées à tirer?"

44 Cf., em particular, *Intuitions pré-chrétiennes* (1985), *La source grecque* (1953) e *La connaissance surnaturelle* (1950a).

45 "La porte": título de um poema de Simone Weil (1962: 11-12). Cf. tb. "Prologue" em Weil (2002: 369-370).

46 "Action non-agissante" (ação não atuante ou ação não agente): "Ici, l'abstention pure agit. [...] Le néant d'action possède donc une vertu. Cette idée rejoint le plus profond de la pensée orientale. Agir n'est jamais difficile: nous agissons toujours trop et nous répandons sans cesse en actes désordonnés" (Aqui a abstenção pura age [...] O vazio da ação possui então uma virtude. Esta ideia encontra o mais profundo do pensamento oriental. Agir nunca é difícil: nós agimos sempre demais e nos dispersamos sem cessar em atos desordenados [...] A única força e a única virtude é reter-se de agir).

47 Cf. o comentário do reconhecimento de Electra e Oreste (Sófocles) e do Coro do Agamémnon de Ésquilo em Weil (1985: 47-55).

48 Cf., p. ex., o comentário do conde do "Duque da Noruega" (WEIL, 1985: 13-15).

49 Foi em Marseille, em 1941, que Simone Weil foi iniciada ao sânscrito e ao pensamento oriental por René Daumal.

50 Este ensaio foi objeto de uma primeira publicação em 1950, sob o título "La personne humaine, le juste et l'injuste" (A pessoa humana, o justo e o injusto) na revista *La Table Ronde* (WEIL, 1950b). Foi retomado sob o título *La personne et le sacré* (WEIL, 1957) e colocado no primeiro volume do tomo V das *Œuvres complètes*.

51 "Exprime-se uma acusação quando se diz: 'Ele coloca sua pessoa à frente'. A pessoa é então estrangeira ao bem" (WEIL, 1957: 30). Este sentido dado à "pessoa" depende diretamente da etimologia. É neste sentido que o autor da Epístola a Tiago considera, quando pergunta: "Meus irmãos, na vossa fé em nosso glorioso Senhor Jesus Cristo, guardai-vos de toda consideração de pessoas. Suponde que entre na vossa reunião um homem com anel de ouro e ricos trajes, e entre também um pobre com trajes gastos; se atenderdes ao que está magnificamente trajado, e lhe disserdes: Senta-te aqui, neste lugar de honra, e disserdes ao pobre: Fica ali de pé, ou: Senta-te aqui junto ao estrado dos meus pés..." (Tg 2,1-3). Reencontra-se a crítica do social como o lugar do aparecer público. Cf. David (2003: 53).

52 Cf. as longas análises do *Górgias* e do *Fédon* em Weil (1953: 73-76).

53 A imagem do justo crucificado condensa, para Weil, o ensinamento dos trágicos gregos, a crítica platônica do "grande animal" social e sua própria experiência da política, da opressão e da barbárie: cristaliza a ideia de que continuar a amar o bem através do sofrimento e do mal é uma prova da relação com o sobrenatural (GABELLIERI, 2001).

54 Cf. o magnífico texto de Gabellieri (2003). No quadro desta "metaxologia", o autor faz notar a importância da mediação entre as culturas em que Paul Ricoeur, na mensagem dirigida ao colóquio do Rio de Janeiro de 1993, via um ponto comum essencial entre a inspiração weiliana e a sua. Cf. a publicação desse texto e o comentário de Gabellieri (1998: 11-23).

55 Cf. Rahner (1989: 37-59), em que diz que o ser humano é paciente mesmo quando agente.

56 Ela certamente não é uma mística cristã, mas com certeza se pode dizer que é uma mística. Na verdade, é difícil identificar Etty Hillesum em termos de filiação religiosa. Não se trata de uma judia praticante. Tem, no entanto, um grande sentido de pertença ao povo judeu, como sua própria vida vai mostrar. Por outro lado, sua mística se desenvolve em um clima de liberdade total e absoluta frente a um Deus que a seduz, a conquista e a toma por inteiro. Trata-se de uma mística "selvagem" de filiação anônima que pode ser lida com qualquer olhar, inclusive o olhar cristão.

57 O estudo e classificação das impressões palmares das mãos.

58 Una de sus amigas, que participaba de su circulo más intimo dice sobre ella: "Etty era como un hada. Hablaba con nosotros y inmediatamente hacía salirnos de la banalidad".

59 A "Freundin" é Hertha Levi, a mulher com quem Spier havia prometido casar-se e que vivia na zona livre de Londres.

60 Cf. tb. Remy (2007: 253-278) e Pleshoyano (2008: 63-79).

61 Impossível não aproximar aqui a experiência de Etty Hillesum da experiência de outra mística do século XX, judia como ela: Simone Weil. Em Londres, sem poder entrar na França ocupada, Simone Weil escreve uma oração terrível, em meio à qual diz: "Pai, em nome de Cristo, concede-me..." E o que pede ao Pai que lhe conceda é que dela nada reste, mas que tudo seja distribuído aos outros até o fim.

62 "É meu gesto mais íntimo, mais íntimo ainda que aqueles que eu faço na união com um homem" (HILLESUM, 1995: 757).

63 Cf. o comentário que sobre isso faz Bériault (2010: 80-81).

64 En este punto, la Autora se identifica con San Pablo, que al sentirse bañado de grandes y elevadas revelaciones místicas, comenta: *"ya que esas revelaciones eran extraordinarias, para yo no llenarme de soberbia, me fue dado un aguijón en la carne – un ángel de satanás para apalearme – a fin de que yo no me llene de soberbia. A este respecto tres veces pedí al Señor que lo alejase de mí. Me contestó, sin embargo: "te basta mi gracia, pues es en la debilidad que la fuerza manifiesta todo su poder". Por consiguiente, con todo el ánimo prefiero gloriarme de mis debilidades, para que pose sobre mí la fuerza de Cristo. Por esto, yo me complazco en las debilidades, en los oprobios, en las necesidades, en las persecuciones, en las angustias a causa de Cristo. Pues cuando soy débil, entonces es que soy fuerte"* (2Cor 12,7-10).

65 Em português fica igual: "é terna" = "eterna".

66 Disponível em http://www.seojoao.com.br/revista/index.php?option =com_content&view=article&id=1150&Itemid=488 – Acesso em 18/08/2013.

Posfácio

O desejo era antigo e vinha de longe. Mas a vida – essa implacável – não deixava tempo hábil para realizá-lo. Finalmente o desejo venceu a vida e o *kronos*. E a reunião de meus textos sobre literatura e teologia em um só volume aconteceu.

Nele reuni alguns textos escritos nos últimos anos, onde o entrelaçamento das duas disciplinas procurava fazer-se buscando iluminar sobretudo a teologia. Pois é fato que creio – segundo já disse o saudoso José Carlos Barcellos – que

> se a teologia é uma forma de apropriação (não apenas intelectual, mas também – ou, antes, sobretudo – existencial) do mistério da fé, nenhuma outra manifestação cultural, nas sociedades modernas, cumpre melhor que a literatura o papel de colocar o homem em contato direto consigo mesmo, tornando-lhe manifestas suas verdades mais profundas e abrindo-lhe perspectivas amplas para sua autocompreensão e autopossessão (BARCELLOS, 2008: 7).

Não é à toa que tantos teólogos grandes e maiores escreveram obras teológicas sobre literatura[1]. Assim também grandes escritores e autores literários – crentes ou não crentes – lançaram mão de temas teológicos para compor suas obras. Entre os crentes, poderíamos citar Bernanos, Mauriac, Unamuno. Entre os não crentes, Saramago, Guimarães Rosa, Camus e tantos outros.

Parece, portanto, que a parceria entre literatura e teologia está definitivamente selada, uma vez que ambas dependem da inspiração e cultivam inestimável e irrompível amizade com a vida. Daí a importância, parece-me, de disponibilizar para o grande público em um só volume essas reflexões que se encontravam seja dispersas em publicações várias, seja inéditas e desconhecidas do grande público.

Vendo crescer sempre mais a área de pesquisa entre teologia e literatura, recebendo alunos em número crescente propondo dissertações e teses sobre tal tema, imagino que este livro possa ser um instrumento de trabalho válido para eles.

Os textos aqui reunidos dizem também algo sobre minha trajetória nos estudos da literatura em seu diálogo com a teologia. Notam-se neles algumas afinidades temáticas e pontos de diálogo que desejaria ressaltar neste posfácio ou epílogo, enfim, neste texto posterior, derradeiro, que pretende que o leitor não se sinta abruptamente arrancado da leitura sem uma conclusão da proposta.

Primeiramente chamo a atenção para a presença feminina destacada. Entre os escritores aqui comentados e estudados a maioria é, sem dúvida, de mulheres. Algumas já me acompanham há algum tempo, como é o caso de Adélia Prado, que me fascina com seu jeito tão feminino e "mineiro" de fazer a fé virar poesia e a poesia tornar-se fé. Não é à toa que aqui ela está presente em dois textos. No primeiro deles, é apenas sua poesia que me ocupa. Procuro viajar por ela encontrando elementos para uma teologia fundamental, ou seja, a disciplina que reflete sobre os fundamentos da teologia: a revelação e a fé.

No outro situo-a ao lado de uma companheira de grande estatura: Etty Hillesum, a jovem judia que não sabia ajoelhar-se e teve que aprendê-lo para falar com Deus em meio ao horror do holocausto. A jovem que tinha vários namorados encontrou um verdadeiro amor que a levou à fonte de todo amor. E registrou essa experiência nas páginas de seu diário e nas cartas que escrevia a amigos. Enquanto Adélia jamais deixou de ter naturalidade ao lidar com questões relativas à corporeidade, Etty fez um caminho no qual moveu-se do predomínio absoluto do Eros para uma ágape pura e translúcida, totalmente gratuita e excessiva, que a fez caminhar para Auschwitz junto com seu povo e morrer na câmara de gás aos 29 anos de idade.

Se Adélia é poeta, Etty é escritora já com sua pouca idade. Sonhava em sê-lo plenamente mais tarde, e para isso aperfeiçoava-se lendo, estudando, escrevendo e copiando textos de seus autores preferidos. O futuro não aconteceu, mas seus diários são peças de alto valor literário, que essa jovem mística holandesa sem filiação institucional deixa para os leitores que, em cada vez maior proporção, descobrem sua experiência e com ela se encantam.

Clarice Lispector é objeto de outro texto do livro. Inútil encarecer as maravilhas do texto de Clarice e fazer desnecessários louvores a seu gênio literário. Nos dois magníficos romances que analisamos trata-se de ver como, sem a via eclesial ou instituição religiosa claramente definida, essa judia de impressionante sensibilidade e talento ensina mais sobre o amor entendido como ágape incluindo o Eros e a experiência do absoluto como *kenosis* do que muitos manuais de teologia. A mulher em plenitude que é Clarice transita entre os abismos da paixão, do amor, da entrega e do êxodo de si mesma para mergulhar no mais baixo da criação a fim de revelar ao leitor de qualquer credo em que consiste ser humano e amar.

Por último, mas não por isso menos importante, está Simone Weil, mulher filósofa, mística, ativista política que ocupa minha pesquisa há muito tempo por vias outras que não a literatura. É assim, com imenso prazer, que aqui a apresento fazendo seu primeiro trabalho na Sorbonne para o Mestre Alain (Emile Chartier) sobre um conto de Grimm. Este texto destinado teoricamente ao público infantil, que gosta de ouvir histórias encantadas, marcou toda a trajetória religiosa de Simone Weil, que posteriormente irá desembocar em um encontro místico com Cristo, que a toma para si por inteiro. O que lhe foi revelado na leitura do conto sobre a salvação e a identificação com o Cristo silencioso e inocente permanecerá como central em sua mística até sua morte.

Poderá o leitor criticar-me por estarem os autores estrangeiros – majoritariamente franceses – em maior número que os brasileiros. Justifico-me ao dizer que a brasileira Adélia invade a seção das outras latitudes testemunhando ser imortal a literatura e a poesia inspirada como a sua. Assim também Bernanos, em que pese sua nacionalidade francesa, morou e viveu longo tempo no Brasil, sendo grande amigo do querido Alceu Amoroso Lima, nosso imortal Tristão de Athayde.

A literatura francesa sempre me pareceu uma fonte abundante de inspiração teológica, mormente nas obras de alguns autores do primeiro quartel do século XX, como são os que tomo aqui. Camus, com sua lucidez e sua paixão pela humanidade, levanta questões fundamentais sobre a santidade que certamente terão inspirado a teologia de Rahner sobre os "cristãos anônimos", tão fundamental no Concílio Vaticano II. Toda a sua obra é uma profissão de fé na transcendentalidade da pessoa humana, enquanto se debate com o problema do mal e a questão da teodiceia. Nesse ponto aproxima-se bastante de João Guimarães Rosa, cuja monumental obra *Grande sertão: veredas*, com sua acirrada discussão sobre o bem e o mal, situa-se no centro do pensar sobre o ser humano. Esperamos que nossos textos provoquem os leitores a conhecerem melhor não apenas o autor brasileiro como também o francês.

Finalmente, Bernanos e Mauriac são dois católicos atormentados pela dinâmica entre o pecado e a graça. De ambos creio que o tema teológico da salvação e da santidade pode destacar-se luminosamente. Os personagens sacerdotais de Alain Forcas, de Mauriac, e do pároco de Ambricourt, de Bernanos, valorizam algo que hoje a vivência do cristianismo corre o risco de perder: a carga de dramaticidade que a salvação carrega em si mesma e as vidas de certas pessoas de configuração crística, não apenas padres, mas seres humanos configurados pelo mistério do Messias que toma livremente sobre si os pecados do mundo.

A mística aí presente nestes dois autores pode ser altamente inspiradora em tempos de banalização generalizada, até mesmo da religião. A salvação é dom gracioso, mas ao mesmo tempo é mistério de responsabilidade. Em uma cultura *light* onde não existe obrigação, dever ou culpa, os textos fortes e carregados de seriedade dos dois romancistas franceses podem ajudar a pensar em coisas sérias ao mesmo tempo em que cheias de uma alegria que nada pode destruir.

Finalizando este posfácio, que busca retomar algo dos eixos temáticos deste livro, deixo agora com o leitor o desafio humilde e alegre de lê-lo e interpretá-lo. Segundo Paul Ricoeur, o texto é algo vivo. Quando sai das mãos do autor ou autora e passa pelo crivo da primeira leitura feita pelo primeiro leitor, já está aberto a novas contextualizações, releituras e reescritas. Espero que esta partilha de afinidades e segredos entre duas disciplinas sempre mais irmãs – a teologia e a literatura – seja fecunda em sua missão de fertilizar o debate sobre a vida e o mistério absoluto que a fundamenta, a cria, a salva e a dinamiza.

Rio de Janeiro, Natal de 2014.

---

1 Como, p. ex., Romano Guardini, Marie-Dominique Chenu, Karl Rahner, Hans Urs von Balthasar, Hans Küng, Karl-Josef Kuschel, Jean-Pierre Jossua, Johann Baptist Metz, Paul Tillich, Adolphe Gesché, Gustavo Gutiérrez. E temos consciência de que a lista é tudo, menos exaustiva.

Referências

ADAMOV, A. "Printemps 1940". In: RILKE, R.M. *Avertissement*: le livre de la pauvreté et de la mort. Paris: Actes Sud, 1982.

ALVIM CORREA, R. *François Mauriac, essayiste chretien*. Rio de Janeiro: Agir, 1951.

ARENDT, H. *A condição humana*. 8. ed. Rio de Janeiro: Forense Universitária, 1997.

BACCARIN, M.C. "A poética ontológica de *Uma aprendizagem ou O livro dos prazeres* de Clarice Lispector". *Estação Literária*, vol. 2, 2008. Londrina [Disponível em http://www.uel.br/pos/letras/EL/vagao/EL2Art1.pdf – Acesso em 29/01/2015].

BALTHASAR, H.U. *Le chretien Bernanos*. Paris: Seuil, 1996.

BARCELLOS, C. *O drama da salvação* – Espaço autobiográfico e experiência cristã em Julien Green. Juiz de Fora: Subiaco, 2008.

BARRE, J.L. *François Mauriac* – Biographie intime 1885-1940. Paris: Fayard, 2009.

BARRETTO, V. *Camus*: vida e obra. Rio de Janeiro: Paz e Terra, 1970.

BATAILLE, G. *O erotismo*. São Paulo: Arx, 2004.

_____. *A experiência interior*. São Paulo: Ática, 1992.

BEGUIN, A. *Bernanos par lui meme*. Paris: Seuil, 1954.

BENTO XVI. *Deus Caritas Est*, 2005 [Disponível em http://www.vatican.va/holy_father/benedict_xvi/encyclicals/documents/hf_ben-xvi_enc_20051225_deus-caritas-est_po.html – Acesso em 29/01/2015].

BERDYAEV, N. *Christian Existentialism*. Nova York: Harper and Row, 1965 [Ed. e trad. de D.A. Lowrie].

BERIAULT, Y. *Etty Hillesum, témoin de Dieu dans l'abîme du mal*. Paris: Médiaspaul, 2010.

BERNANOS, G. *Essais et écrits de combat*. Tomo II. Paris: Gallimard, 1995.

_____. *Essais et écrits de combat*. Paris: Gallimard, 1961.

_____. *Journal d'un curé de campagne*. Paris: Plon, 1936.

BETTELHEIM, B. *Psychanalyse des contes de fées*. Paris: Robert Laffont, 1976.

BINGEMER, M.C. *Simone Weil*: mística da paixão e da compaixão. Bauru: Edusc, 2014.

_____. *Simone Weil*: a força e a fraqueza do amor. Rio de Janeiro: Rocco, 2007.

_____. "Simone Weil et Albert Camus – Sainteté sans Dieu et mystique sans Eglise". *Cahiers Simone Weil*, vol. 28, n. 4, 2005, p. 365-386. Paris.

_____. "Transcendência e corporeidade – Experiência de Deus segundo Adélia Prado". *Gragoatá*, vol. 8, n. 14, 2003, p. 89-107. Niterói, UFF.

_____. "Luxúria". In: YUNES, E. & BINGEMER, M.C. (orgs.). *Pecados*. Rio de Janeiro/São Paulo: PUC-Rio/Loyola, 2001, p. 117-129.

_____ *A identidade crística*. São Paulo: Loyola, 1998.

BOFF, L. "Constantes antropológicas e revelação". *REB*, n. 32, 1972, p. 26-41. Petrópolis.

BRESSIANI, I. "O diabo não há. Existe é homem humano!" – Apontamentos sobre o demônio em *Grande sertão: veredas*. *REB*, 2002. Petrópolis.

CABAUD, J. *L'expérience vécue de Simone Weil*. Paris: Plon, 1957.

CAMUS, A. *A queda*. 16. ed. Rio de Janeiro: Record, 2009 [orig. francês: *La chute*. Paris: Gallimard, 1972].

_____. *O homem revoltado*. 4. ed. Rio de Janeiro: Record, 1999.

_____. *La peste*. Paris: Gallimard, 1947.

_____. *L'étranger*. Paris: Gallimard, 1942.

_____. *Le Mythe de Sisyphe* – Essai sur l'absurde. Paris: Gallimard, 1942b [trad. bras.: *O Mito de Sísifo*. 3. ed. Rio de Janeiro: Guanabara, 1989].

_____. *L'Envers et l'endroit*. Paris: Gallimard, 1937.

CARVALHAES, C. "A nervura do sagrado: a intertextualidade da obra de Camus e o cristianismo". In: CABRAL, J.S. & BINGEMER, M.C. *Finitude e mistério*. Rio de Janeiro: PUC-Rio/Mauad, 2014.

_____. "O absurdo em Albert Camus". *Cláudio Carvalhaes*, 30/09/2012 [Disponível em http://www.claudio carvalhaes.com/articles-pt-br/absurdo-em-albert-camus-por-claudio-carvalhaes/#_ftn6 – Acesso em 29/01/2015].

CASTELLO, J. *Introdução à edição digitalizada* [Disponível em http://catracalivre.folha.uol.com.br/wp-content/uploads/2010/08/apaixaosegundogh.pdf].

CELSO. *Discurso verdadero contra los cristianos*. Madri: Alianza, 1989.

CHAVANES, F. *Albert Camus: "Il faut vivre maintenant"* – Questions posées au christianisme par l'oeuvre d'Albert Camus. Paris: Du Cerf, 1990.

COOKE, J.E. *Georges Bernanos* – A Study of Christian Commitment. Amsterdã: Avebury, 1981.

DAVID, P. *La déchirure du réel* – Simone Weil et la métaphysique, personne et impersonnel dans la pensée de Simone Weil. Paris: Université Paris X Nanterre, 2003 [Dissertação de mestrado].

DAVY, M.M. *Simone Weil*. Paris: PUF, 1966.

DETIENNE, M. "Verb. Eros". *Encyclopaedia Universalis*. Version numérique. Londres: Encyclopaedia Britannica, 2009.

DI NICOLA, G.P. *Nostalgia di Antigone*. Teramo: Andromeda, 1998.

DOWNEY, M. "A Balm for All Wounds: the Spiritual Legacy of Etty Hillesum". *Spirituality Today*, n. 1, primavera/1988.

DUMÉRY, H. "Verb. Agape". *Encyclopaedia Universalis*. Version numérique. Londres: Encyclopaedia Britannica, 2009.

ELWELL, W. *Enciclopédia histórico-teológica da Igreja cristã*. Vol. III. São Paulo: Vida Nova, 1990 [Trad. de G. Chown].

ESTRADA, J.A. *La imposible teodicea*. Madri: Trotta, 1997.

FESTUGIÈRE, J. *La Sainteté*. Paris: PUF, 1949.

FIORI, G. *Simone Weil*: une femme absolue. Paris: Du Félin, 1993.

FORNI ROSA, G. *Simone Weil*: politica e mistica. Turim: Rosenberg & Sellier, 1996.

FREI BETTO. "A economia dos corpos". *O Globo*, 22/06/2000. Rio de Janeiro.

GABELLIERI, E. "Simone Weil e a metafísica do dom". *Être et Don, Simone Weil et la philosophie* – Bibliothèque Philosophique de Louvain. Lovaina/Paris: Peeters, 2003.

_____. "S. Weil, la source grecque et le christianisme". *Études*, mai./2001, p. 41-53.

_____. "Herméneutique de la culture et universalité éthique: Simone Weil e Paul Ricoeur". *Théophilyon*, n. 1, 1998.

GAI, F. "Citer, acte au cœur du dispositif romanesque mauriacien". *Communications du IVe Ci-dit Colloque international*. Nice, 11-13/06/2009 [Disponível em http://revel.

unice.fr/symposia/cidit/index.html?id=474 – Acesso em 29/01/2015].

GARRIGOU-LAGRANGE, R. *Les trois âges de la vie intérieure, prélude de celle du ciel*. Paris: Cerf, 1938.

GAUCHER, G. *Georges Bernanos ou l' invincible Esperance*. Paris: Plon, 1962.

GOLDSTAIN, J. "Camus et la Bible". *Revue des Lettres Modernes*, n. 3, 1971.

GRAY, F.P. *Simone Weil*. Montreal: Fides, 2003.

GUTIÉRREZ, J.L. "Albert Camus". *Revista Pandora Brasil*, s.d. [Disponível em http://revistapandorabrasil.com/existencialismo/camus.htm – Acesso em 29/01/2015].

HILLESUM, E. *Une vie bouleversée, suivi de Lettres de Westerbork*. Paris: Seuil, 1995.

HOHLFELDT, A. "A epifania da condição feminina". *Cadernos de Literatura Brasileira*, n. 9, 2000. São Paulo: Instituto Moreira Salles.

HOURDIN, G. *Simone Weil*. Paris: La Découverte, 1989.

IMBERTI, F. *François Mauriac, un inspire*. Saint Jean de Braye: Imprimerie Nouvelle, 2000.

JARRETT-KERR, M. *François Mauriac*. New Haven: Yale University Press, 1954.

KHAN, G. et al. *Simone Weil, philosophe, historienne et mystique*. Paris: Aubier, 1978.

KÜHN, R. "L'Inspiration religieuse et philosophique en Grèce vue à partir des mystères d'Eleusis (Élements d'une philosophie religieuse chez Simone Weil)". *Revue d'Histoire et de Philosophie Religieuses*, set./1983, p. 268. Estrasburgo.

LACOUTURE, J. *François Mauriac*. Paris: Seuil, 1980.

LIBANIO, J.B. *Teologia da Revelação a partir da Modernidade*. São Paulo: Loyola, 1992.

LISPECTOR, C. *Uma aprendizagem ou O livro dos prazeres*. Rio de Janeiro: Sabiá, 1969.

_____. *A paixão segundo G.H.* Rio de Janeiro: Sabiá, 1964.

LITTLE, J.P. "Grandeur et misère du langage". *Recherche sur la Philosophie et le Langage*, n. 13, 1991, p. 199.

LORENZON, A. (org.). *Ética e hermenêutica na obra de Paul Ricoeur*. Londrina: UEL, 2000.

LOYOLA, I. *Exercícios espirituais*. São Paulo: Loyola, 2012.

MAÇANEIRO, M. *Mística e erótica* – Um ensaio sobre Deus, Eros e beleza. 2. ed. Petrópolis: Vozes, 1996.

MARCONDES, D. & JAPIASSU, H. *Dicionário Básico de Filosofia*. Rio de Janeiro: Zahar, 1989.

MARIANELLI, M. "A verdade dos mitos em Simone Weil". In: BINGEMER, M.C. & DI NICOLA, G.P. *Simone Weil*: ação e contemplação. São Paulo: Edusc, 2005, p. 155-186.

MAURIAC, C. *François Mauriac*: sa vie, son œuvre. Paris: Frederic-Bir, 1985.

MAURIAC, F. "Journal II, III". *Œuvres Completes*. Vol. XI. Paris: Grasset, 1963.

_____. *Les anges noirs*. Paris: Grasset, 1936.

_____. *Ce qui était perdu*. Paris: Grasset, 1930.

McGINN, B. *The Foundations of Mysticism*. Nova York: Crossroad, 1992.

MOCH, L. *La sainteté dans les romans de Georges Bernanos*. Paris: Belles Lettres, 1962.

MOLNAR, T.S. *Bernanos*: His Political Thought & Prophecy. New Brunswick, NJ: Transaction, 1997.

MOUNIER, E. *La nuit des désespérés*. Paris: Point-Seuil, 1953.

MOUROUX, J. *L'expérience chrétienne*. Paris: Aubier, 1954.

NUNES, B. *O drama da linguagem*: uma leitura de Clarice Lispector. São Paulo: Ática, 1989.

NYGREN, A. *Eros et ágape*. Paris: Cerf, 2011.

OLIVEIRA, C.M. *Por um Deus que seja noite, abismo e deserto* – Considerações sobre a linguagem apofática. Rio de Janeiro: PUC-Rio, 2010 [Tese de doutorado].

ORÍGENES. *Contra Celso*. Madri: BAC, 2001.

OTTO, R. *Lo santo* – Lo racional y lo irracional en la idea de Dios. Madri: Alianza, 1980.

PELL, E. *François Mauriac* – In Search of the Infinite. Nova York: Philosophical Library, 1947.

PERRIN, J.M. *Mon dialogue avec Simone Weil.* Paris: Nouvelle Cité, 1984.

PERRIN, J.M. & THIBON, G. *Simone Weil telle que nous l'avons connue.* Paris: Fayard, 1967.

PERRON, J.P. *Le passage de temoin.* Paris: Cerf, 2006.

PÉTREMENT, S. *La vie de Simone Weil.* Paris: Fayard, 1973.

PHILIPPE, M.D. *O amor na visão filosófica, teológica e mística.* Petrópolis: Vozes, 1997.

PLESHOYANO, A. "L'heritage spiritual d'Etty Hillesum: 'Je me sens comme une des nombreuses heritieres d'un grand legs spirituel'". *Studies in Religion/Sciences Religieuses,* vol. 37, n. 1, 2008, p. 63-79.

PRADO, A. *A duração do dia.* Rio de Janeiro: Record, 2011.

_____. *Prosa reunida.* São Paulo: Siciliano, 2001.

_____. *Poesia reunida.* 8. ed. São Paulo: Siciliano, 1999a.

_____. *Oráculos de maio.* Rio de Janeiro: Record, 1999b.

_____. *Solte os cachorros.* Rio de Janeiro: Nova Fronteira, 1979.

_____. *Bagagem.* Rio de Janeiro: Imago, 1976.

QUONIAM, T. *François Mauriac du peche a la redemption.* Paris: Tequi, 1984.

RAHNER, K. "O ouvinte da Palavra". *Curso Fundamental da Fé.* São Paulo: Paulinas, 1989.

_____. *Ecrits de théologie.* Paris: DDB, 1968.

REMY, G. "Etty Hillesum et Saint Augustin: l'influence d'un maitre spirituel?" *Recherches de Science Religieuse*, vol. 95, n. 2, 2007, p. 253-278.

RENARD, P. *Georges Bernanos, temoin*. Grenoble: Presses Universitaires du Mirail, 1994.

RICOEUR, P. "Entre filosofia e teologia II: nomear Deus". *Leituras 3* – Nas fronteiras da filosofia. São Paulo: Loyola, 1996.

_____. *Le mal*: un défi à la philosophie et à la théologie. Genebra: Labor et Fides, 1986.

_____. "Herméneutique de l'idée de révélation". *La révélation*. Bruxelas: Facultés Universitaires Saint-Louis, 1977.

_____. *La symbolique du mal*. Paris: Aubier-Montaigne, 1963.

_____. *Philosophie de la volonté*. Tome II: Finitude et culpabilité. Paris: Aubier-Montaigne, 1960.

ROSA, J.G. *Grande sertão*: veredas. 19. ed. Rio de Janeiro: Nova Fronteira, 2001.

SAGRADA CONGREGAÇÃO PARA A DOUTRINA DA FÉ. *Fé cristã e demonologia*, 06/07/1975.

SANTOS, L. *Cristo e Eros* – Reflexões a partir de *Deus Caritas Est*. Salvador: [mimeo.], 2010.

SHERRY, P. "Novels of Redemption". *Literature & Theology*, vol. 14, n. 3, set./2000.

SOARES, A. *De volta ao mistério da iniquidade*. São Paulo: [mimeo.], 2006.

_____. *O mal*: Como explicá-lo? São Paulo: Paulus, 2003.

SOBRINO, J. "Espiritualidade e teologia". *Liberación con Espíritu*. Santander: Sal Terrae, 1985a.

_____. "O aparecimento do Deus da vida em Jesus de Nazaré". In: RICHARD, P. et al. *A luta dos deuses*: os ídolos da opressão e a busca do Deus libertador. São Paulo: Paulinas, 1985b, p. 93-142.

TRABUCCO, G. *Poetica soprannaturale* – Coscienza della verità in Simone Weil. Milão: Glossa, 1997.

VARONE, F. *El Dios sádico, ama Dios el sufrimiento?* Santander: Sal Terrae, 1999.

VAZ, H.C.L. "Fé e linguagem". *Escritos de filosofia, problemas de fronteira*. São Paulo: Loyola, 1986.

VAZQUEZ, U.J. *A orientação espiritual*: mistagogia e teografia. São Paulo: Loyola, 2001.

VICENTE, J.J.N.B. & GONTIJO, F.D. "O absurdo e a revolta em Camus". *Revista Trías*, vol. 3 [Disponível em http://revistatrias.pro.br/artigos/ed-3/o-absurdo-e-a-revolta-em-camus.pdf – Acesso em 29/01/2015].

VON BALTHASAR, H.U. *Le chrétien Bernanos*. Paris: Seuil, 1996.

_____. "Teologia y espiritualidad". *Selecciones de Teologia*, n. 13, 1974.

WEIL, S. *Oeuvres complètes*. Vol. 3: Cahiers février 1942-juin 1942. Paris: Gallimard, 2002.

_____. *Oeuvres complètes*. Vol. 2: Cahiers septembre 1941-février 1942. Paris: Gallimard, 1997.

_____. *Oeuvres complètes*. Vol. 1: Cahiers 1933-septembre 1941. Paris: Gallimard, 1994.

_____. *Leçons de philosophie (Roanne 1933-1934)*. Paris: Plon, 1989 [trad. bras.: *Lições de filosofia*. Campinas: Papirus, 1991].

_____. *Intuitions pré-chrétiennes*. Paris: Librairie Arthème Fayard, 1985.

_____. *Attente de Dieu*. Paris: Seuil, 1977.

_____. *Lettre à un religieux*. Paris: Seuil, 1974.

_____. *Sur la science*. Paris: Gallimard, 1966.

_____. *Pensées sans ordre concernant l'amour de Dieu*. Paris: Gallimard, 1962.

_____. *Ecrits de Londres et dernières lettres*. Paris: Gallimard, 1957.

_____. *La source grecque*. Paris: Gallimard, 1953.

_____. *La connaissance surnaturelle*. Paris: Gallimard, 1950a.

_____. "La personne humaine, le juste et l'injust". *La Table Ronde*, n. 36, dez./1950b.

Há esperança para a criação ameaçada?
Jürgen Moltmann
Leonardo Boff

Qual é a contribuição que a teologia cristã pode dar para a superação da crise ecológica e humanitária que estamos vivendo? Este é o tema principal do ensaio escrito por dois dos mais eminentes teólogos atuais, um de tradição católica – Boff – e outro de tradição protestante – Moltmann.

Em sua contribuição, Jürgen Moltmann apresenta os caminhos e descaminhos que a reflexão teológica passou para que pudéssemos chegar ao "estado atual das coisas" e sinaliza – com o contributo da teoria de Gaia – as novas abordagens que estão surgindo e trazem esperança, entre outras, com a teologia natural.

Já Leonardo Boff apresenta as virtudes necessárias para superar a crise ecológica tendo em vista, principalmente, fomentar práticas alternativas. Em primeiro lugar apresenta as cinco razões que nos permitem considerar a Terra como Mãe, denominação reconhecida oficialmente pela ONU em 2009. Em segundo lugar, apresenta os quatro princípios (hospitalidade, convivência, tolerância, comensalidade) e as quatro virtudes (cuidado, respeito, responsabilidade e cooperação) que sinalizam para um novo tempo.

Nestas duas contribuições temos resumidamente o roteiro de pensamento que nos levou a esta crise e, ao mesmo tempo, a visão que nos abre a outro mundo possível.

Jürgen Moltmann é conhecido como o teólogo da "esperança", revelando preocupação e sensibilidade para os problemas sociais e ecológicos da atualidade.

Leonardo Boff é o mais famoso teólogo brasileiro e autor de mais de sessenta livros sobre a teologia da libertação, ecologia e espiritualidade.

SEM ÉTICA NÃO HÁ DESENVOLVIMENTO
Óscar Andrés Rodríguez Maradiaga

O texto do Cardeal Óscar A. Maradiaga, que é apresentado agora ao juízo do leitor, faz parte do conjunto de discursos, homilias, cartas pastorais que essa figura privilegiada de pastor e de estudioso foi produzindo no decorrer das últimas décadas. O traço característico da obra é a plena coerência entre aquilo que escreve e aquilo que realiza nas suas práticas a serviço da Igreja. Seu enfoque é o de quem, tocando com a mão a gravidade e o caráter escandaloso da nova ordem socioeconômica em nível mundial, reputa que a Doutrina Social da Igreja (DSI) não possa se limitar ao convite a curar as feridas – tarefa esta sempre necessária, naturalmente – mas tenha de ir além, até desvelar as causas profundas que estão na origem daquelas feridas.

A análise ética do desenvolvimento amplia a perspectiva e o horizonte de estudo, introduzindo nesse contexto um componente de racionalidade que não permite separar a questão do *como* fazer as coisas da questão do *porquê* fazê-las.

Óscar Andrés Rodríguez Maradiaga (1942), cardeal, é arcebispo de Tegucigalpa e presidente da Conferência Episcopal de Honduras. É presidente da Caritas Internationalis e coordena o grupo de oito cardeais que assiste o Papa Francisco no governo da Igreja e no estudo da reforma da cúria.

CULTURAL

Administração
Antropologia
Biografias
Comunicação
Dinâmicas e Jogos
Ecologia e Meio Ambiente
Educação e Pedagogia
Filosofia
História
Letras e Literatura
Obras de referência
Política
Psicologia
Saúde e Nutrição
Serviço Social e Trabalho
Sociologia

CATEQUÉTICO PASTORAL

Catequese
  Geral
  Crisma
  Primeira Eucaristia

Pastoral
  Geral
  Sacramental
  Familiar
  Social
  Ensino Religioso Escolar

TEOLÓGICO ESPIRITUAL

Biografias
Devocionários
Espiritualidade e Mística
Espiritualidade Mariana
Franciscanismo
Autoconhecimento
Liturgia
Obras de referência
Sagrada Escritura e Livros Apócrifos

Teologia
  Bíblica
  Histórica
  Prática
  Sistemática

REVISTAS

Concilium
Estudos Bíblicos
Grande Sinal
REB (Revista Eclesiástica Brasileira)
SEDOC (Serviço de Documentação)

VOZES NOBILIS

Uma linha editorial especial, com importantes autores, alto valor agregado e qualidade superior.

VOZES DE BOLSO

Obras clássicas de Ciências Humanas em formato de bolso.

PRODUTOS SAZONAIS

Folhinha do Sagrado Coração de Jesus
Calendário de mesa do Sagrado Coração de Jesus
Agenda do Sagrado Coração de Jesus
Almanaque Santo Antônio
Agendinha
Diário Vozes
Meditações para o dia a dia
Encontro diário com Deus
Guia Litúrgico

CADASTRE-SE
www.vozes.com.br

EDITORA VOZES LTDA.
Rua Frei Luís, 100 – Centro – Cep 25689-900 – Petrópolis, RJ
Tel.: (24) 2233-9000 – Fax: (24) 2231-4676 – E-mail: vendas@vozes.com.br

UNIDADES NO BRASIL: Belo Horizonte, MG – Brasília, DF – Campinas, SP – Cuiabá, MT
Curitiba, PR – Florianópolis, SC – Fortaleza, CE – Goiânia, GO – Juiz de Fora, MG
Manaus, AM – Petrópolis, RJ – Porto Alegre, RS – Recife, PE – Rio de Janeiro, RJ
Salvador, BA – São Paulo, SP